마케링 지배사회

소진, 파괴 그리고 **불평등**

마케팅 지배사회

ⓒ들녘 2017

초판 1쇄 발행일 2017년 1월 31일

지 은 이 송재도

출판책임 박성규
편집진행 구소연
편   집 유예림 · 현미나
디 자 인 김지연 · 김원중
마 케 팅 나다연 · 이광호
경영지원 김은주 · 박소희
제   작 송세언
관   리 구법모 · 엄철용

펴 낸 곳 도서출판 들녘
펴 낸 이 이정원
등록일자 1987년 12월 12일
등록번호 10-156
주   소 경기도 파주시 회동길 198
전   화 마케팅 031-955-7374 편집 031-955-7381
팩시밀리 031-955-7393
홈페이지 www.ddd21.co.kr

I S B N 979-11-5925-225-9 (93320)

이 도서의 국립중앙도서관 출판예정도서목록(CIP)은 서지정보유통지원시스템 홈페이지(http://seoji.nl.go.kr)와 국가자료공동목록시스템(http://www.nl.go.kr/kolisnet)에서 이용하실 수 있습니다. (CIP제어번호 : CIP2016031389)

마케팅 지배사회

소진, 파괴 그리고 불평등

송재도 지음

들녘

_박원순(서울특별시 시장)

우리는 과연 더 많은 소비를 통해 행복해질 수 있을까? 소비와 성장의 논리 속에서 너무나 많은 가치들이 희생되고 있지는 않은가? 『마케팅 지배사회』는 마케팅 이론서의 형식을 빌려 우리 삶의 방향을 결정짓는 중요한 근본적인 질문을 던진다.

마케팅은 사람들의 생각에 영향을 미치는 것을 목적으로 한다. 광고, 드라마, 인터넷 검색결과, 길거리의 점포들 모두가 소비욕구를 자극하기 위한 메시지들로 채워져 있다. 이런 환경 속에서 우리는 필요 이상으로 소비를 추구하며 살 수밖에 없다. 개개인과 사회가 균형 잡힌 가치를 추구하기 위해서는 마케팅이 우리에게 어떤 영향을 미치는지를 이해해야만 한다. 이 책은 마케팅, 심리학, 뇌과학 분야의 연구결과들을 통해 마케팅의 구체적 원리와 실행방식, 영향을 설명하고 있다. 또한 지나친 소비의 추구가 개개인과 사회의 행복에 미치는 영향에 대한 연구결과들을 소개한다.

우리가 접하는 수많은 마케팅 메시지들은 더 많은 소비를 통해 행복해질 수 있다고 말한다. 더 많은 소비를 통해서만 유지·성장할 수 있는 기업들이 전달하는 이런 메시지들이 우리의 삶을 규정하고 있다. 국가 또한 성장을 통해 우리의 문제들이 해결될 수 있으며, 경제를 성장시키기 위해 소비해야 한다고 말한다.

우리 사회에 보편적 복지에 대한 관심이 높아졌지만 대다수 국민들의 삶이 더 행복해지고 있다고 확신하기 어렵다. 여전히 경제의 성장을 최우선 과제로 삼고 이를 명분으로 부의 집중을 허용하는 경제운영이 지속되고 있다. 형평성, 여가와 행복, 자연과의 조화와 같은 가치들이 더 많은 소비와 성장을 위해 희생되고 있다. 이 책의 저자는 마케팅이 주도하는 소비문화가 우리의 물질적 욕구를 극대화하고 다른 가치를 희생시키는 원인이라고 주장한다. 자유시장경제가 이루어온 번영을 다 같이 나누고 우리 아이들의 미래를 설계하기 위해 우리는 이런 비판적 지적에 귀기울여 볼 필요가 있다.

이 책은 마케팅의 원리와 구체적인 실행방식들을 설명함으로써 마케팅이 어떻게 우리의 사고를 장악하는지 논하고 있다. 또 더 많은 소비의 추구가 우리의 행복에 어떤 영향을 미치는지에 대한 연구결과들을 소개한다. 이런 논의는 자유시장경제를 부정하려는 것이 아니다. 형평성을 희생하고 극단적으로 소비와 성장을 지향하는 신자유주의 경제체제를 비판하고자 하는 것이다. 이미 우리는 신자유주의 경제체제의 문제점을 적나라하게 목도하고 있다. 또한 심각한 환경문제, 인공지능과 같은 새로운 기술들이 가져올 미래의 도전에 현재의 경제시스템이 대응할 수 없음을 피부로 느끼고 있다.

정치적 참여와는 다소 거리가 있어 보이는 경영학자의 입장에서 제시된 이런 비판은 각계각층에서 표출되는 변화의 필요성을 상징적으로 보여준다. 새로운 사회를 지향하는 일은 변화의 방향성과 이유를 제시하고 국민들의 공감을 얻어가는 과정이어야 한다. 이 책을 통해 더 많은 사람들이 변화의 필요성을 공감하고 토론하길 기대한다. 이제는 이 책이 던지는 우리 삶의 근본적인 질문에 대해 답해야 하는 때다.

오늘날 경제적 성장을 최우선 과제로 하는 국가 운영원리의 근간에는 소비를 통한 개개인의 효용 극대화라는 원칙이 자리 잡고 있다. 실제 우리의 삶은 소비활동으로 채워져 있다. 사랑받고 소속되고자 하는 욕구도, 삶의 행복, 자기실현도 모두 더 많은 소득과 소비를 통해 달성될 수 있다고 생각한다. 이런 우리 삶의 방식을 경제학에서는 행복의 극대화를 위한 합리적 판단의 결과라고 설명한다.

그러나 마케팅을 공부하는 학자로서 우리가 외부 환경에 매우 민감함을 절감한다. 우리의 삶의 방식은 스스로 선택한 것이기보다 마케팅이 주도하고 미디어가 주입하는 소비문화와 양극화된 사회구조의 결과라고 생각된다. 본문의 논의에 앞서 지나친 소비문제의 예시로서 과체중, 비만의 문제를 다루어보자.

우리는 오랜 세월 달고 기름기 있는 음식을 좋아하는 본성을 만들고 물려받았다. 그런데 생존에 필수적이었던 이런 본성은 이제 우리의 적이 되었다. 비만은 수면무호흡증이나 관절 손상, 심장질환, 당뇨병처럼 무서운 질병의 주된 원인이다. 과체중인 사람은 그렇지 않은 사람보다 돈을 적게 벌며, 행복도가 낮고 심리적인 문제에 시달리는 경우가 많다고 한다.[1]

그런데 『욕망의 경제학』의 저자 피터 우벨은 비만의 주요 원인이 유전자가 아니라 더 편하게, 더 많이 먹으라고 재촉하는 '자유시장'이라고 주장한다. 비만이 개인의 문제가 아니라 이 사회가 만들어내는 병이라는 말이다. 따라서 정부가 나서서 이런 문제를 해결하기 위해 노력해야 한다고 주장한다. 아이들을 위해 학교 내에서 정크푸드에 대한 판매를 규제한다든가, 정크푸드에 대한 추가적 과세를 하는 방안을 생각할 수 있다. 하지만 정부가 나서서 특정 부류의 생산활동에 편파적인 규제를 도입하는 것은 자유경제의 운영원칙에 맞지 않다는 반발에 부닥친다.

더 근본적인 문제는 소비자 스스로가 그런 제품들을 원한다면 이를 억제하기 위한 정책은 기업뿐 아니라 소비자들의 지지도 얻기 힘들 것이라는 점이다. 행복과 해방감의 상징 콜라와 자랑스러운 한류로서 치맥, 쾌적하고 편리한 패스트푸드점들의 이미지를 소비자들 스스로 지워버릴 수 없는 한 규제는 실효성이 낮다. 이론적으로 볼 때에도 비만은 개인의 선택으로 정부가 이를 해결하려고 하는 것은 자유를 침해하고 복지를 저해한다는 주장이 가능하다.

실제로 경제학자들은 건강하지만 비싸고 조리가 어려운 음식을 먹지 않고 싸고 편리한 정크푸드를 먹는 것, 그리고 나가서 운동을 하기보다 TV 앞에서 스포츠를 즐기는 것은 모두 최대의 만족을 위해 개인이 선택한 결과이므로 존중받아야 한다고 주장한다.[2] 그러나 이는 마치 각종 마케팅과 최첨단 생산·유통시스템으로 무장한 정크푸드업체들의 승리 선언과 같이 들린다.

다음은 13~14세의 청소년 25명의 콜라 구매 행동에 대한 생각을 기록·분석한 것이다. 이들이 콜라를 소비하며 부여하는 가치는 다음 세 가지로 정리되었다. 1) 삶의 활기·생동감을 느끼는 것(being full of life), 2) 느굿한 휴식의 느낌을 갖는 것(being relaxed), 3) 사회적 집단의 일원이 되는 것. 뒤따르는 콜라 소비와 관련된 즐거움에 대한 기대는 '일체감의 공유를 통해 우정을 확인하는 일종의 의식(ritual)', '살아 있다는 느낌', '원기 왕성한 느낌' 등을 포함한다.[3] 이런 가치, 즐거움에 대한 기대가 어떻게 만들어졌는지 생각해보라. 콜라가 비만에 미치는 영향에 대한 경고가 청소년들에게 영향력이 있을까? 아니면 선망하는 연예인들과 삶의 기쁨, 상쾌함을 전달하는 광고가 영향력이 있을까?

사실 비만 문제는 현대 사회에서 일종의 아이러니다. 각종 광고들은 멋진 몸매를 이상으로 만들고, 매력이 사회적 지위를 상징한다고 말한다. 그를 통해 설득하고자 하는 것은 결국 소비다. 반면 코카콜라와 각종 패스트푸드들은 당장의 즐거움을 설득한다. 여러 가지 선택이 있지만 모든 길은 소비로 통한다. 기업은 성장하고 우리는 소비한다.

현대 사회는 이미 충분한 물질 자원을 생산해낼 역량을 확보했다. 우리는 굶주려 죽을 가능성보다 비만으로 죽을 가능성이 훨씬 더 높은 시대를 살고 있다. 하지만 우리 사회는 더 많은 소비를 성공의 잣대로 여기고, 검소함을 인색함으로 본다. 우리는 남들보다 더 많이 소비하기 위해, 또 그를 위한 더 많은 소득을 위해 강한 노동에 자발적으로 나선다. 그 과정에서 사회의 다수가 패자로 규정되며, 그렇게 되지 않기 위해 모두가 스스로를 채찍질해야 한다.

2016년 봄 이세돌과 알파고의 대국은 4차 산업혁명이라고 명명되고 있는 인공지능 기술에 대한 사회적 논의에 불을 지폈다. 흥미로운 점은 대다수 사람들이 새로운 기술에 대해 희망을 가지기보다 일자리가 희생되지는 않을까 하는 두려움을 느끼고 있다는 점이다. 새로운 기술에 의한 더 많은 생산 가능성이 우리를 두렵게 한다면 현대 사회의 운영방식이 크게 잘못된 것이 아닐까? 우리가 진정 바라는 것은 스스로가 사회에 기여하고 가족과 친구들에게 떳떳한 사람으로 살 수 있는 사회다. 그러나 분배를 희생하고 소비 중심의 경쟁에 몰입케 하는 현대 사회가 기본적인 인간의 욕구에 부응하지 못하기 때문에 우리는 두려운 것이 아닐까?

우리는 소비를 강요하는 사회 속에서 더 많은 소비와 소득 외에 다른 방법을 생각지 못하고 살고 있다. 과연 가족과 친구들과의 관계, 건강, 여가의 즐거움들을 희생하면서까지 더 많은 소비, 소득이 필요한 것일까? 덜 벌고, 덜 쓰는 삶을 실패라고 규정지어야 하는 것인가? 많은 질문들이 있지만 자유민주주의 체제하에서 각자의 삶은 자발적 선택의 결과이고 이에 대해 옳고 그름을 논하는 것이 허용되지 않는다.

하지만 진정 다시 생각해보아야 한다. 우리는 TV, 인터넷, 신문, 잡지, 길거리를 뒤덮는 광고의 홍수 속에 살고 있다. 정확한 추정은 어려우나 미국의 경우 개개의 소비자들에게 하루 평균 노출되는 광고 메시지는 500~3,000개로 추정된다.[4] 기본적으로 팔아야 생존하는 기업들이 만들어내는 콘텐츠들은 소비문화를 담고 있다. 또 그런 문화에 젖어든 우리들 스스로가 상승작용을 만들어내고 있다.

사람들은 강요를 싫어한다. 강요된 삶을 살고 있다고 인정하는 것은 참을 수 없는 일이다. 하지만 사람들은 유혹을 사랑한다. 마케팅은 절대 강요하지 않는다. 어서 와서 선택하라고 말한다. 행복하고 더없이 아름다운 사람들을 휘감은 상품들을 보여줄 뿐이다. 견물생심(見物生心)이라고 하였다. 우리가 이런 환경 속에서 살면서 자발적으로 소비를 지향하고 있다고 믿는 게 도리어 이상한 일이다.

최근 심리학과 뇌과학 분야의 연구성과들을 살피면 합리적 인간이라는 관점과 자유방임적 철학의 타당성에 의문을 품을 수밖에 없다. 사람들은 감정과 무의식에 지배받으며, 장기적인 행복보다는 단기적인 쾌락을 추구한다. 비만이나 알코올중독, 흡연은 사람들의 합리성을 의심케 하는 중요한 사례이다. 기업들이 인기 연예인과 아름다운 영상, 음악에 의존하는 광고에 엄청나게 투자하는 현상 역시 감정과 무의식의 역할을 고려하지 않고는 설명되지 않는다. 냉철한, 합리적인 인간들은 예쁜 연예인이 광고한다고 1,000원 가치의 물건을 2,000원에 사지는 않는다.

합리적 인간관의 원조, 경제학 분야마저도 인간이 가진 합리성의 한계에 주목하고 있다. 『넛지(Nudge)』라는 책을 통해 널리 소개된 행동경제학 분야는 사람들의 장기적 행복을 위한 정부의 개입을 옹호하고 있다. 그렇지만 이런 연구결과들이 우리의 삶, 사회 운영방식에 대한 성찰로 이어지고 있지는 않아 보인다.

사실 심리학, 뇌과학, 행동경제학 분야의 성과를 가장 먼저 이해하고 활용하고 있는 분야는 마케팅이다. 특히 전통 경제학과 합리성이 설명하지 못하는 분야는 사람이 무엇을 원하는가의 문제이다. 합리성은 원하는 것이 주어졌을 때 어떻게 효과적으로 획득할 수 있는가의 문제를 다룰 뿐이다. 무엇을 원하는가의 문제를 가장 잘 이해하고 통제하는 분야가 마케팅이다.

사람들의 욕구는 감정과 무의식에 의해 지배된다. 사람들은 왜 마세라티(Maserati) 자동차를 원하는가? 멋진 디자인과 성능, 안전성, 다양한 기능 등 합리적인 설명을 시도할 수 있다. 그러나 심리학과 뇌과학은 사람들이 감정적으로 먼저 각성되고 그 이후에 정당화를 위한 논리들을 내세움을 알려준다.

광고가 보여주었던 성공의 이미지, 거침없는 질주, 사람들의 선망의 이미지들은 우리의 잠재의식(암묵기억: Implicit Memory) 어딘가에 깊이 새겨져 있고 그 브랜드를 보는 순간 무의식적인 감정들을 불러일으킨다. 우리는 먼저 원하고 값비싼 비용을 정당화하기 위한 이유들을 찾는다.

마케팅은 이런 감정과 무의식의 통제를 다루는 학문이고 실용적 기술이다. 그 힘은 우리가 생각했던 것 이상으로 강력하다. 제임스 트위첼(James Twitchell)은 "상업주의의 광고는 물이고, 우리는 물고기이다. 물고기에게 사고능력이 생긴다 해도 물에 대해 생각하기는 힘들 것"이라고 하였다.[5] 또한 감정과 암묵기억, 무의식을 지배하는 마케팅의 특성은 우리가 마케팅의 영향력을 논리적으로 이해하기 어렵게 만든다.

실제 마케팅은 현대 사회를 움직이는 기본적인 힘이다. 과거에는 사람들이 필요로 하는 물건들을 만들어내는 능력, 생산력의 발전을 통해 경제를 성장시켰다. 그러나 이제 우리는 경제를 성장시키기 위해 소비해야 한다고 말한다. 여러분은 소비자본주의라는 용어를 들어보았을 것이다. 제품을 만드는 것보다 판매하는 것이 더 어려워지면서 현대 소비자본주의가 시작되었다고 말한다.

마케팅은 좁게는 특정 상품에 대한 욕구를 창출하고 생산·판매를 가능하게 하여 기업을 존속·성장시키는 수단이다. 이런 기업 단위의 마케팅은 집체적으로 발현되어 소비욕구, 소비문화를 유지·강화한다. 그리고 이 소비문화가 경제를 성장시키는 힘이 된 것이다. 마케팅 원리의 이해는 현대 사회를 움직여가는 힘에 대한 이해이다.

또한 우리 개개인의 사고와 행동방식은 마케팅, 그리고 마케팅이 주도하는 문화에 의해 영향 받는다. 따라서 마케팅에 대한 이해는 우리 자신에 대한 성찰이기도 하다. 우리는 마케팅의 원리와 구체적 실행방식들을 이해함으로써 현대 사회와 우리 자신을 이해하고 평가할 수 있다.

이 책의 제1장은 현대의 소비문화가 본래 존재했던 것이 아니며 점차 소비를 확대시키는 방향으로 변화해온 결과임을, 그리고 마케팅이 어떻게 문화의 변형을 주도하였는지를 설명할 것이다. 또한 개인에게 미치는 문화적 힘이 얼마나 강력한 것인지를 설명하는 뇌과학, 심리학 분야의 연구들을 소개할 것이다. 이런 논의를 종합해보면 마케팅이 주도하는 문화는 욕구를 분출하고 더 많은 소비를 위해 매진하는 사람들을 만들어낸다.

광고의 힘은 과거 사회학 분야에서 이미 주목했던 것이며, 사회학은 논리적 사유체계 속에서 이를 설명하고자 했다. 그러나 필자는 마케팅의 원리(제2장)와 구체적인 실행방식(제3~6장)을 설명함으로써 이 문제에 접근해보고자 한다. 특히 제2장은 앞서 강조한 감정과 암묵기억, 무의식을 공략하는 마케팅의 원리를 경제학의 합리적 인간관과 비교를 통해 설명한다. 이를 통해 자유방임적 경제철학의 타당성을 재평가해볼 것이다.

이 책의 제3~5장에서 다루는 마케팅의 구체적인 방법론은 크게 세 가지 주제를 담고 있다. 첫 번째(제3장), 마케팅은 물질적인 만족보다는 심리적 만족을 추구하는 과시적, 경쟁적 소비를 자극한다. 브랜드 가치, 개성/라이프스타일 마케팅과 같은 개념들이 이런 심리적 가치를 창출하는 방법을 설명한다. 마케팅은 심지어 쓰레기통과 같은 기본적인 용품에도 심리적 가치를 부여한다. 이를 통해 과시를 위한 또는 소외되지 않기 위한 경쟁적 소비를 부추긴다.

두 번째(제4장), 마케팅은 소비자들이 이미 가진 것들을 버리도록 만들어 새로운 수요를 창출한다. 이를 위해 새로운 기술·기능·유행의 도입이라는 기술적, 심리적 진부화(陳腐化)를 유도한다. 달라지기 위한 새로운 유행의 창조와 소속되기 위한 유행 따라잡기의 경쟁적 순환 과정은 자연스런 현상이기보다 마케팅적 기획의 결과이다. 이는 제3장의 경쟁적 소비 관점과 일맥상통하지만 가치의 창출보다는 이미 팔린 물건들의 가치를 소멸시키는 데 더 주안점이 있다.

세 번째(제5장), 마케팅은 전통적 미디어 이외에도 다양한 수단들을 통해 사람들의 생활 전반을 둘러싼다. 가격신호, 쇼핑공간, 모바일을 포함한 인터넷 가상공간들은 소비를 유도하는 수단들이 된다. 이런 수단들로 채워진 환경 속에서 우리의 삶 자체가 소비 자극에의 노출과 해석, 소비행위들로 채워진다. 결과적으로 우리는 물질뿐만 아니라 구매행위 자체를 소비하게 된다.

추가적으로 제6장은 신용카드/대부업, 어린이 마케팅, 사회적 책임 마케팅과 같이 부정적, 긍정적 관점에서 사회적 관심의 대상이 되는 마케팅 관행들을 검토한다. 그리고 앞에서 설명한 마케팅 방법론들을 정리하고 마케팅이 사람들의 행복에 기여하는지 질문을 시도한다.

제2~6장에서 제시하는 마케팅 원리와 관련해 이미 뛰어난 마케팅 교재들이 많다. 그럼에도 불구하고 기존 마케팅 교재들은 사회적 비판을 피하고, 받아들여질 수 있는 방식으로 마케팅을 묘사해왔고 그 과정에서 본질을 정확히 묘사하지 못하였다. 이 책은 마케팅에 대해 비판적 관점을 가짐으로 인해 더 명쾌한 설명을 시도할 수 있다.

정리하자면 마케팅은 경쟁적 소비의 부추김, 이미 팔린 제품 가치의 체계적인 소멸, 구매를 자극하는 다양한 메시지들을 통해 소비욕구를 창출한다. 마케팅이 소비욕구를 창출하지 못한다면 기업들의 엄청난 마케팅 지출은 정당화될 수 없다.

오늘날 우리는 온갖 문제들이 물건을 사는 것으로 해결될 수 있다는 메시지들을 끊임없이 받고 있다. 사랑을 얻기 위해서라면 멋진 차를 사야

하고, 유행하는 브랜드의 점퍼와 가방을 통해 친구들로부터 인정받을 수 있다. 행복한 가정은 프리미엄 신용카드와 '셰프 컬렉션' 냉장고 없이는 불가능한 것이 되었다. 심지어 스토케 유모차를 사주지도 못할 바에야 왜 아이를 낳아야 하냐는 의문을 품기도 한다.

우리가 물질적 풍요로움을 추구하는 것은 본성이라고 할 수 있다. 그러나 마케팅과 마케팅이 주도하는 소비문화는 우리의 욕구를 본성 이상으로 부풀리고 있다. 우리는 진정 더 많은 소비를 원하고 있고 그를 위해 더 많은 소득을 추구한다. 그러나 그 소비욕구가 단지 주입된, 외부의 힘에 의해 부풀려진 것이라면? 소비와 소득을 지향하는 것은 잘못된 행복 추구 방식이 아닐까? 마케팅은 분명 우리 삶의 방식에 지대한 영향을 미치고 있다. 그렇다면 마케팅이 우리의 삶에 미치는 영향에 대한 가치판단을 시도할 필요가 있다.

이를 위하여 제7장은 소비와 부의 추구가 개인의 행복 수준에 미치는 영향들을 검토해볼 것이다. 또한 제8장은 사회 전반의 소득 수준, 형평성 수준이 행복에 미치는 영향을 검토한다. 소비 및 물질주의에 대한 심리적 문제들, 부·소비와 행복의 관계를 다루는 많은 좋은 서적들이 있다. 다만 이런 책들은 다소 난해하며, 장황하다는 느낌을 준다. 필자는 제7장과 8장에서 간략하게 핵심적인 문제들을 정리해보고 싶었다.

많은 학자들이 마케팅이 주입하는 '지나친' 욕구와 결과적으로 나타나는 소비, 소득 지향이 우리의 행복을 저해한다고 생각한다. 노벨 경제학상 수상자인 폴 사무엘슨(Paul A. Samuelson)은 행복은 욕망 대비 소비의 양에 의해 결정된다고 했다. 소비를 늘려 행복해질 수 있지만 욕망을 줄이는 것 또한 행복을 증진할 수 있다. 우리가 익히 알고 있는 지혜이지만 우리는 후자를 잊고 지낸다. 도리어 마케팅이 주도하는 소비문화는 더 많은 욕망을 가지라고 요구한다.

많은 사람들은 물질적 풍요를 누리고 있음에도 가사도우미를 쓰고 BMW를 모는 동창생에 비해 초라함을 느낀다. 각박한 직장 생활의 경쟁에 밤잠을 설치고 미래에 대한 불안에 시달리곤 한다. 가장 행복한 시간을 보내야 할 우리의 아이들이 학원을 맴돌고 있지만 그렇지 않으면 도태될까 다른 방도를 생각하지 못한다. 우리는 분명 더 많은 소비를 위해 너무나 많은 것을 희생하고 있다. 우리는 변화를 시도해야 한다.

이와 관련하여 제7장과 8장에서는 사회적 소외, 불평등과 같은 문제들이 물질주의를 강화하고, 물질주의가 다시 소비와 성장 지향을 낳으면서 소외와 불평등 문제를 심화시키는 악순환 관계가 나타나고 있음을 설명한다. 마지막으로 제9장과 10장은 이런 악순환의 문제와 관련하여 우리 경제시스템에 대한 구조적 이해를 시도하고 개선 방안을 논의할 것이다.

책을 쓰면서 마케팅과 소비문화에 대한 비판이 금욕주의를 표방하는 것으로 받아들여지지 않을까 조심스러웠다. 물론 개인적 성찰을 통해 과도한 욕구를 절제하는 것은 중요하다. 그러나 개인의 금욕을 통해 우리의 문제가 해결될 수는 없다. 모두가 소비를 통해 성취를 보여주고자 할 때

나만 가난한 철인(哲人)이 될 수는 없다. 그래봤자 그렇게 똑똑한데 왜 돈은 못 버냐는 소리나 들을 것이다. 이 책의 제1장, 2장은 우리가 환경, 문화로부터 결코 자유로울 수 없음을 보여주고 있다.

우리는 다 같이 변해야 한다. 그리고 그를 위해 사회를 운영하는 원칙들을 바꿔나가야 한다. 필자는 성장을 중시하고 형평성을 희생하는 신자유주의 경제체제가 마케팅과 소비문화의 문제점을 심화시킨다고 생각한다.

남들보다 더 비싼, 더 최신의 것을 원한다는 점에서 소비의 많은 부분은 경쟁적인 것이다. 개인의 자유를 강조하는 신자유주의는 이런 경쟁적 소비와 상대적 결핍감을 조장한다. 또한 기업을 중시하는 신자유주의적 정책들은 삶의 안정성을 저해하고 불안감을 조성한다. 많은 연구들은 사람들이 불안해할수록 물질지향성과 소비지향성이 커짐을 보여주고 있다. 또한 성장 추구가 만들어내는 양극화 속에서는 뒤지지 않기 위해, 도태되지 않기 위해 앞만 보고 달리는 수밖에 없다. 결국 불평등 수준이 높은 국가에서는 사람들에게 부의 추구 외에 다른 가능성을 보여주지 못한다. 형평성의 악화는 그 자체로 악순환의 구조를 만들어내는 것이다.

어쩌면 기업의 이윤을 다루는 마케팅에서 출발하여 사회 운영원칙의 변화를 논의해보고자 하는 시도는 지나치게 비약적일 수 있다. 그러나 우리의 소비욕구에 대한 이해와 성찰은 변화의 출발점이 될 수 있다. 우리는 무력감에서 벗어나야 한다. 사회의 변화를 추구하는 것은 너무 먼 이야기고 현실이 버겁게 느껴진다. 무력감은 결국 나와 가정을 위해 열심히 살아가는 소시민을 만들어낸다. 개인의 만족을 위해 최선을 다하라는 신자유주의적 이념은 자기 재생산적인 가치관이다.

그러나 한 발짝 떨어져서 바라보면 사회시스템은 구성원이 추구하는 방향을 반영한다. 겨우 수십 년을 살아보고도 이 사회가 얼마만큼 빠르게, 크게 변화했는지 절감한다. 늑대 모습을 한 인민군 책을 보고 부모님과 한 방에서 자던, 서울시 뒷동산에서 가재가 잡히던 나의 국민(초등)학교 시절과는 너무나 다른 세상을 살고 있다. 이 세상이 바뀌고 있다면 우리가 끌려가고 있든지 우리가 바꾸고 있는 것이다. 우리가 바꿔야 한다. 이 책이 우리가 지향해야 할 바를 함께 성찰하는 계기가 될 수 있기를 기대한다.

마지막으로 이 책에 공감해주시고 추천사를 써주신 박원순 서울시장 및 김상곤 전 경기교육감께 감사의 말씀을 전하고 싶다. 책을 쓰는 과정에서 비판과 격려를 아끼지 않으셨던 전남대학교의 선배, 동료 교수님들, 광운대학교의 이병헌 교수님, '소통과 공감' 이승호 대표, 더 좋은 책을 만들기 위해 노력해주신 '도서출판 들녘' 관계자들께도 감사 말씀을 드린다. 또한 항상 힘이 되어주고 더 좋은 사회를 꿈꾸게 만드는 아내와 두 딸에게 사랑의 마음을 전한다.

2016. 12. 28
송재도

01

소비문화의 형성과 문화의 힘

___

새로운 이념을 찾아내기가 어려운 것이 아니라
오래된 이념에서 벗어나기가 어려운 것이다.

존 메이나드 케인스

1990년에만 해도 '과소비는 마약' '헛바람 때문에 헛수고가 됩니다'와 같은 메시지가 담긴 공익광고가 신문에 버젓이 실렸다.[1] 이 시절까지만 해도 소비를 억제하고 저축을 늘려, 자본을 축적하고 생산력을 발전시키던 국가 성장전략이 영향력을 미쳤던 모양이다.

하지만 20여 년이 지난 지금은 소비의 진작이 국가정책의 최우선 과제가 되었다. 경기 부양을 위해 자동차 취득세를 한시적으로 인하하고 주택담보대출규제를 완화하는 등의 정책들은 백화점 할인행사나 할부혜택과 그다지 다르지 않다. 국가가 나서서 소비를 장려하는, 소비가 미덕인 사회가 되었다.

인간이 더 많은 자극과 물질을 희망하는 본성을 가지고 있음을 부인하기 어렵다. 그런 관점에서 보면 과소비를 문제 삼는 과거의 사고방식이 더 의아하게 생각된다. 그러나 불과 수십 년 사이의 변화는 국가의 성장전략과 문화가 소비를 바라보는 시각을 상당 부분 규정한다는 점을 보여준다.

사실 우리의 소비지향성은 본성이 아니라 문화로부터 주입된 특성이라는 견해가 있다. 마케팅이 주도하는 현대의 문화는 소비욕구를 장려하는 수준을 넘어서 소비하는 인간을 육성한다는 것이다. 역사적으로 문화의 변화를 살펴보면 이런 주장은 상당한 신빙성을 가진다.

본격적으로 마케팅의 원리와 구체적 실행방법들을 논의하기에 앞서 소비와 관련된 문화의 변화와 그 과정에서 마케팅이 어떻게 작용했는지를 사례들을 통해 살펴보자.

1. 소비문화의 형성

산업혁명을 전후로 절약을 강조하며 물질 부족에 적응하던 문화가 점차 소비지향적으로 변화했다. 영국에서 엘리자베스 1세(재위 1558~1603) 시대까지는 새로움이 평범함의 표시였다고 한다. 그에 반해, 고색(古色)은 지위를 표현하는 기호였다. 고색은 오랫동안 확립되어온 부를 상징했다. 즉, 자신의 지위가 한순간에 형성된 것이 아니라 고귀한 혈통으로부터 이어져 내려온 것임을 보여주는 징표였던 셈이다.[2]

당시 대다수 평민들은 극도의 물질적 제약 속에서 생산을 담당했다. 소수의 귀족들만이 잉여생산물을 향유했지만 그들도 지역의 평민들에게 일자리를 제공하고 후손들에게 부를 대물림한다는 명분을 중시했다. 고색을 중요한 가치로 여겼던 데는 물질을 소중한 것으로 여기던 사고가 깔려 있으며, 절제를 바탕으로 한 문화로 이해할 수 있다.

그러나 무역이 확대되고 새로운 물건들이 쏟아져 들어오는 시기에 지위 표현의 방식 자체가 변화했다고 한다. 유행이 생겨났고 남들이 가지지 않은 새로운 물건들을 구입할 수 있는지의 여부 즉, 소비능력이 지위의 상징이 되었다. 이런 변화는 더 많은 판매를 위해 소비를 창출하는 방식이 작용하기 시작했음을 의미한다. 모두가 절제하는 상황에서는 더 많은 상품이 유입되고 생산될 필요도 없다.

소비능력이 지위의 상징으로 인식된 것은 전통 귀족이 아니더라도 지위를 뽐내고자 하는 신흥 계층이 발흥하는 문화적 배경이 되기도 하였다. 다양한 계층에서 이런 과시적 시도가 이루어지는 소비의 대중화가 시작된 것이다. 이 역시 더 많은 생산을 위한 소비 계층의 확산으로 이해할 수 있다.

이 과정에서 저항도 있었던 모양이다. 기존 지배층은 자신들과 구분되지 않는 신흥 계층의 소비행위를 위협적으로 받아들였다. 일종의 사칭(詐稱)으로 인식되는 이런 행위를 근절하기 위해 사치금지법(Sumptuary Legislation)이 만들어졌다. 양복점 주인인 토머스 브래드쇼는 멋진 옷을 입은 죄로 관리에게 붙잡혀 '지나친' 의복이 찢기고, 누더기 옷을 입은채 시가지를 돌아다녀야 하는 모욕적인 처벌을 받았다고 한다. 이것은 관리의 자의적인 행패가 아니라 법의 집행이었다.[3]

그러나 15-16세기에 출현한 이런 변화들은 궁극적으로 계급구조의 변화를 수반하면서 더 많은 소비를 위한 문화적 변화를 이루어냈다. 우리는 물질적 풍요의 원인을 기술 발전에서 찾지만 더 많은 소비를 뒷받침할 문화가 존재하지 않는다면 기술 발전의 욕구가 발생하지 않는다. 우리는 소비문화 확산과 생산력 발전의 순환 관계가 가지는 중요성과 의미를 이해할 필요가 있다. 실제 소비문화의 출현은 자본주의, 산업혁명을 만들어내는 중요한 문화적 배경이다.[4]

산업혁명 이전에는 천천히 변화가 진행되었고 그 변화를 추동하는 힘이 분명치 않았다. 그러나 20세기 들어서 광고나, 상업적 목적의 드라마, 영화들이 강력한 영향력을 행사하기 시작하였고, 문화의 변형이 가속화된 것으로 보인다. 이런 문화적 변형의 가속화는 20세기 생산력의 급격한 발전과 궤를 같이한다. 또한 생산력의 발전뿐 아니라 문화적 변화를 추동하는 힘도 자본에 부여되었음을 의미한다.

에바 일루즈(Eva Illouz)가 저술한 『낭만적 유토피아 소비하기』는 사랑과 결혼의 관념이 어떻게 소비를 확대하는 방향으로 변형되었는지 예시적으로 설명한다.[5] 18세기에는 덕행과 이성으로 통제되지 않는 사랑은 불행한 삶으로 이어지는 위험한 감정으로 생각되었다. 따라서 절제된 감정을 통해 가족의 평안과 안정을 추구하는 것을 부부의 이상으로 삼았다.

그러나 20세기 초반이 되면서 사랑의 개념은 열정적, 낭만적인 것이 되었다. 개인은 매력을 뽐내고 사랑을 통해 즐거움을 찾도록 고무되었다. 또한 결혼이 사랑을 현실로, 열정을 지루함으로 변화시키는 것을 막기 위한 노력이 필요하다는 인식도 유포되었다. 새로운 사랑과 결혼의 문화에서는 절제의 개념이 폐기되었고 매력을 유지하기 위한 상품들의 소비, 행복을 지속시키기 위한 풍족한 가정용품과 여가의 소비가 필수가 되었다. 이 과정에서 드라마, 영화, 잡지와 같은 자본이 지배하는 미디어의 영향력이 강하게 작용하였다.

결혼 관념의 변화와 함께 진행된 것이 여성 지위의 변화이다. 여성 해방, 여성 지위의 상승은 그 자체로 의미가 크다. 그러나 여성 해방을 추동한 힘은 여성 스스로의 자각뿐 아니라 기업적 이해와도 연결되어 있다. 가정을 관리하는 검소한 현모양처형 여성은 생산과 매출의 증대를 추구하는 기업에게는 의미가 없다. 소비를 통해 자신 있게 스스로를 표현하는 여성이 필요한 것이다. 생산에 참여하여 더 많이 벌고 더 많이 소비한다면 더욱 바람직하다.

단지 몇 가지 예를 제시했을 뿐이지만 20세기 사회 각 분야에서 일어난 변화들은 소비문화의 확산과 연관되어 있다. 민주화 개념과 연계되는 소비의 대중화, 도시화/핵가족화와 같은 사회 구성단위의 변화에서부터 자기표현과 육체적 매력의 강조, 여가 활용방식까지 다양한 영역들에서 더 많은 소비를 촉진하고 정당화하는 방향으로 변화가 발생하였다.

압축성장을 경험한 한국은 문화의 급격한 변화를 살피는 좋은 예일 듯 싶다. 앞서 1990년에만 해도 검소함이 한국 사회에서 미덕이었음을 언급 하였다. 그러나 그 시점은 1987년 대통령 직선제가 관철되고 이후 민주화 의 물결이 군사독재문화를 밀어내는 과도기였다. 다양한 변화의 물결 속 에서 기업들은 개성의 자유로운 표현과 욕구 분출을 독려하는 문화를 채 택하였다.

1994년 남양유업의 스텝 Royal 분유의 광고에는 "내 아기는 다르다"라 는 당시에는 도발적으로 보이던 카피가 채용되었다. 비싼 분유를 살 수 있는 부유한 사람들에게는 내심 흡족함을 주고, 비싼 분유를 사야할지 망설이던 소비자에게는 자신의 초라함을 자극했을 이 문구는 필자에게 선명한 기억으로 남아 있다.

이와 관련하여 당시 동아일보 '독자의 편지' 란에는 다음과 같은 기사 가 실렸다.

나는 다르다 식式 광고廣告문안 집단 이기주의 유발 위험

광고문안 가운데 「그들은 다르다」 「내 아기는 다르다」 「나는 다르다」는 등의 문구들을 자 주 보고 듣게 된다. 그러나 이는 개성 시대에 맞는 특출한 자기표현 방법으로서는 적합 할지 몰라도 대중매체를 통한 상업광고로서는 너무 편향성을 부추기고 이기심을 유발한 다는 생각이다.… 그러한 광고문안이 범람하게 된다면 알게 모르게 개인주의가 팽배해질 것은 분명하다.[6]

하나의 경향성을 드러내는 광고문화에 대한 비판이다. 로레알(Loreal)의 "나는 소중하니까!(Because I'm worth it!)" 캠페인을 비롯하여 집단문화를 벗어나 자신이 주체임을 선언하는 것은 90년대 문화의 변형을 추동하는 핵심 개념이었던 것으로 보인다.[7]

한 분석에서는 "내 아기는 다르다"를 외치며 아이를 안고 있는 당당한 아줌마의 모습이 당시 신드롬이었던 미시족의 전형을 담고 있다고 말한다. 전업주부일지라도 젊은 감각을 지닌 사람을 미시족이라 일컫는데 당시에는 미시족을 소재로 한 광고가 이어졌다. "늘 애인 같은 아내" "원만한 것? 나는 싫어!" "나만의 세계" 등의 광고카피가 당시 대세였다.[8] 또 X세대는 당시 20대를 규정하던 용어로 기존 질서를 거부하고 소비와 유행에 상당히 민감한 젊은이들을 의미하며 역시 수많은 광고에서 이용되었다.

자신에 대한 주체 선언, 당당한 전업주부, 소비와 유행에 민감해야 하는 20대. 특정 자아 형태를 이상화하여 제시하는 이런 광고들은 그 시대를 살아간 젊은 주부들과 20대들에게 행위규범을 제공했을 것이다. 현재의 우리들도 이런 변화의 맥락 속에서 존재한다. 그리고 이런 새로운 자아 형태는 욕구의 해방, 소비의 증진과 관련된 것이다.

우리는 한 시점을 살아가고 있기 때문에 문화의 변형을 쉽게 인지하지 못한다. 따라서 현재의 문화를 자연스러운 것으로 인지하고 비판적 시각을 가지는 데 한계가 있다. 오늘날 소비를 추구하고 장려하는 문화는 점진적으로 형성되어온 것이며, 20세기 이후 절정에 이르러 있다. 환경문제와 소득 양극화와 같은 다양한 사회적 문제들이 제기되는 상황에서 이런 문화를 당연한 것으로 받아들이기보다 비판적으로 성찰해볼 필요가 있다. 이를 위해 우리는 문화적 변형을 주도하는 마케팅, 미디어의 힘을 이해해야 한다.

2. 마케팅과 문화

마케팅은 소비욕구를 주입하기 위해 문화를 의도적으로 변형시킬 수 있다. 혹자는 이를 지나친 비약이고 의심이라고 생각할 수 있겠으나 제품을 판매하는 데는 사람들의 생각과 행동의 변화가 필요하다. 문화의 변화란 결국 생각과 행동의 변화이고 마케터들은 기업의 명운을 걸고 변화를 만들어내야만 한다. 그리고 이러한 시도는 매우 조직적인 방식으로 이루어진다.

1) 마케팅에 의한 문화의 조작

여성 지위의 변화는 20세기 문화의 변화에서 중요한 개념이 아닌가 싶다. 이런 변화의 과정에서 기업이 어떤 역할을 수행했는지 하나의 사례로 다음을 살펴보자. 담배회사들은 여성의 흡연을 널리 전파하기 위해 흡연 행위를 여성 해방운동과 연결시키는 전략을 개발하였다.

　"1929년 부활절에 미국 뉴욕시 5번가에는 아주 이색적인 사건이 벌어졌다. 10여 명의 젊은 여성이 담배를 피우며 거리를 활보했던 것이다. 늘 진기한 사건에 굶주려 있는 신문들은 이 행진을 보도하기 위해 1면을 아낌없이 할애했다. 이 사건 이후 여성이 공공장소에서 담배를 피우는 행위에 대한 사회적 반발은 점차 누그러지기 시작했다. 그런데 이 행진은 한 담배회사가 치밀하게 계획한 이벤트였다. 아메리칸 토바코 사(American Tobacco Co.)는 여성 흡연 인구를 늘리기 위해 그런 이벤트 이외에도 페미니즘의 가치를 옹호하는 광고 공세를 치열하게 전개하였는데 그 결과는 대성공이었다."[9]

그림 1-1.
부활절 흡연 퍼레이드(상)와
여성을 대상으로 한 담배 광고 캠페인

성형수술에 대한 초기 저항감을 극복해가는 과정도 문화적 변형의 좋은 사례다. 성형수술이 일반적이지 않던 시절에는 수술 자체가 주는 두려움, 외모에 대한 지나친 관심을 바라보는 사회적 시선이 극복하기 어려운 문제였을 것이다. 주름제거 시술을 개발했던 콜라겐사(Collagen Corp.)는 마케팅을 통해 이 문화적 저항을 뛰어넘어야 했다.[10]

광고의 가장 기초적인 원리는 제품을 매력적인 이미지와 결부시키는 것이다. 콜라겐사의 마케팅팀은 다음과 같은 광고를 개발했다. 활동적이고 부유한 여성의 물건들이 놓인 화장대 이미지를 배경으로 "그녀는 몇 개의 주름이 생길 만큼 성공했고, 그 주름들을 어떻게 해야 할지 알 만큼 현명했다"라는 카피가 제시되었다.

여러분은 이 내용을 글로 읽지만 카피의 배경에도 주의를 기울일 필요가 있다. 물건들은 기호의 역할을 한다. 세련된 우아한 배경 자체가 시술의 이미지를 결정짓는다. 카피는 그 이미지를 설명해주는 보완적인 것이다. 이제 두려움과 세속적인 이미지는 성공과 현명함의 이미지로 전환된다. 이 광고는 당연히 부유한 사람들이 보는 고급 잡지들에 실렸다. 상류층부터 성형문화가 받아들여지고 점차 대중적으로 확산되었다.

멋지고 효과적인 광고는 소수 사람들의 반짝이는 아이디어로 창출되는 것이 아니다. 조직적인 연구와 기획의 산물이다. 다음에 제시하는 사례는 마케터들이 소비자들의 문화적 장애 요인을 파악하는 방식을 보여준다.

처음 인스턴트커피가 개발되었을 때 블라인드 테스트(Blind Test)에 따르면 잠재 소비자들의 대다수가 인스턴트커피와 원두커피의 맛을 구분하지 못했다고 한다.[11] 원두커피에 비해 빠르게, 쉽게 준비할 수 있고 맛에도 차이가 없는 인스턴트커피의 성공은 보장된 것처럼 보였다. 하지만 실제로 제품이 출시되었을 때 소비자들은 전혀 반응하지 않았다. 이유를 확인하기 위해 실시된 시장조사에서 인스턴트커피의 구매를 거부하는 사람들은 거의 모두가 자신들은 인스턴트커피의 맛이 싫다고 대답했다. 이전의 블라인드 테스트와는 상이한 이해할 수 없는 답변이었다.

문제를 파악하기 위한 노력 중에는 메이슨 헤어(Mason Haire) 교수의 다음과 같은 실험이 있었다. 주부들을 모아 두 집단으로 나눈 후 각각 한 가지 제품만 빼면 동일한 쇼핑리스트를 주었다. 쇼핑리스트는 다음과 같다.

1.5파운드짜리 햄버거	1.5파운드짜리 햄버거
식빵 2개	식빵 2개
럼퍼드 베이킹파우더 한 깡통	럼퍼드 베이킹파우더 한 깡통
델몬트 복숭아 통조림 두 깡통	델몬트 복숭아 통조림 두 깡통
감자 5파운드	감자 5파운드
원두커피	**인스턴트커피**

그림 1-2. 주부들로 이루어진 두 집단에 제시된 쇼핑리스트

두 개의 리스트에서 단 하나의 차이점은 한쪽에는 원두커피가 다른 한쪽에는 인스턴트커피가 포함되어 있었다는 것이다. 이제 각 집단의 주부들은 자신에게 제시된 쇼핑리스트를 보고 이 리스트를 구매했을 것 같은 주부를 묘사해보라고 요청받았다. 그 결과는 다음과 같다.

원두커피가 포함된 쇼핑리스트를 구매했을 것 같은 주부	인스턴트커피가 포함된 쇼핑리스트를 구매했을 것 같은 주부
☐ 검소하고 현실적인 여자	☐ 늦잠 잘 것 같은 여자
☐ 요리하기 좋아하는 여자	☐ 게으를 것 같은 여자
☐ 절약하며 분별력 있는 주부	☐ 생각 없을 것 같은 여자
☐ …	☐ …

표1-1. 리스트에 따른 묘사

마케팅 지배사회

이 실험의 결과를 보면 인스턴트커피의 판매가 부진했던 원인을 이해할 수 있다. 당시의 주부들은 가족들에게 정성스레 준비된 커피를 대접하는 일을 중요한 의무로 생각했으며, 인스턴트커피를 사용하면 위와 같이 보일 것을 의식적이든 무의식적이든 두려워했던 것이다.

이런 상황을 이해한 마케터들은 더 이상 인스턴트커피를 편리한 제품으로 소개하지 않았다. 대신 활동적이고 계획성 있는 세심한 여자가 인스턴트커피를 대접하고, 그런 행위가 사회적으로 보상받는 모습을 비춰주었다. 이제 인스턴트커피는 활동적이고 현대적인 여성의 상징으로 변화된다. 이러한 이미지 중심의 광고 이후 다시 조사를 한 결과 원두커피 이용자들은 고루하게 비치는 반면 인스턴트커피 이용자들은 현대적이고 긍정적으로 인식되었다고 한다.

이 사례는 지금은 당연해 보이는 편리함의 추구가 주부가 가지는 문화적 제약에 의해 억눌려 있었음을 보여준다. 마케팅은 이러한 억눌린 욕구들을 해방시킴으로써 상품의 수요를 창출해낸다.

필자는 이 사례를 소비자들이 구매 동기를 잘 모르거나 알더라도 잘 표현하지 않음을 설명하기 위해 수업 시간에 자주 이용한다. 왜 인스턴트커피를 사지 않는지 물었을 때 소비자들은 진짜 원인을 답변하지 못했다. 의외로 "당신이 왜?"가 아니라 "저 사람은 왜?"라는 질문을 통해 진짜 원인을 알게 된다. 사실은 자신의 생각을 다른 사람의 모습에 투영한 것이지만 자신은 그런 사소한 일들에는 초연하다고 생각하는 것이다. 우리는 의외로 스스로의 행동 원인을 잘 파악하지 못한다. 그런 성향은 마케팅의 조작에 쉽게 영향 받는 이유가 되기도 한다. 이에 대해서는 제2장에서 다시 논의할 것이다.

2) 문화의 선택

새로운 문화의 씨앗은 혼란과 갈등의 과정을 거치거나 사람들을 매혹함으로써 기존 문화를 변화시킨다. 대체로 마케팅은 저항을 원하지 않는다. 마케팅은 압력보다는 유혹으로 작용한다. 아름다운 사랑으로, 열정으로 다가온다. 따라서 우리는 저항할 이유조차 가지지 못한 채 마케팅이 제시하는 문화에 젖어든다. 다양한 문화적 변화 가능성이 존재할 때 마케팅이 사회적 선택을 좌우할 수 있다.

우리가 잘 알고 있는 과학학술지 《사이언스(Science)》에 실린 한 논문은 사회적 선택의 한 단면을 보여준다.[12] 이 논문에서는 48개 음원을 보유한 가상의 음악시장을 이용한 실험 결과를 보여준다. 이 음악시장에서는 실제 참가자들이 몇 개의 곡을 들어본 이후 1곡씩을 다운로드하였고 그 결과 발생하는 다운로드 횟수의 점유율을 측정하였다.

이때 음원의 제시 방식을 두 가지 유형으로 달리하여 결과를 비교하였다. 첫 번째는 먼저 참여했던 사람들의 다운로드 횟수에 따라 48개의 곡을 점유율 순서대로 배열하고 곡 제목 옆에 다운로드 횟수를 적어놓는 상황이다. 두 번째는 아무런 정보 없이 음원들을 무작위 순서로 제시한 상황이다. 두 상황에서 음원의 제시 방식 이외의 다른 조건들은 모두 동일하다.

실험 결과 첫 번째 상황에서는 지니 계수가 0.5(상위 10개 음원과 하위 10개 음원의 점유율 비율이 17.22배), 두 번째 상황에서는 지니 계수가 0.2 수준(동일 비율이 2.65배)으로 나타났다.[13] 이는 다른 사람들의 선택 정보를 아는 상황에서는 소수의 대안에 선택이 더 집중됨을 보여준다.

마케팅, 광고의 역할도 비슷하다. 광고는 다양한 문화적 선택의 가능성에서 무엇이 대세인지를 보여주는 역할을 한다. 미디어들을 통해 지속적으로 광고에 노출되는 우리들은 광고의 행동양식을 문화적 대세로 인식하게 되고 우리 스스로 그 문화를 강화한다.

문화의 변형은 대체로 개별적인 사건이 장기적으로 누적되어 이루어진다. 하지만 경우에 따라서는 특정 문화적 추세가, 특정 시점에 매체들을 지배하고 빠른 시간 내에 문화적 대세로 자리 잡기도 한다. 1990년대 한국에서 미시족, X세대와 같은 개념들이 이상적 자아로 묘사되는 추세가 나타났음은 이런 문화 선택의 좋은 사례이다.

개별 회사 차원에서 변화가 시도되지만 결과적으로는 기업들이 집단적으로 지배적인 메시지를 쏟아내면서 추세가 발생하는 것이다. 이는 마치 기러기들이 누가 명령을 내리지 않아도 줄을 맞춰 가지런히 날아가는 모습과 동일하다.

한편 광고가 문화를 창조한 것인지 단지 문화를 반영한 것인지에 대한 논의도 의미가 있다. 당시 미시족이 허상인가 실재하는가를 두고 논쟁이 벌어졌다는 것이 흥미롭다.[14] 일각에서는 미시 개념을 광고회사들이 소비 조장을 위해 창안한 개념이라며 비판을 제기했고 반대에서는 이제 30/40대 주부가 아가씨처럼 보이고 또 그러기 위해 노력하는 것은 전혀 이상한 일이 아니며 실재하는 현실이라고 주장했다. 둘 모두가 사실을 반영하는 것이다.

"광고는 문화에서 태어나 문화의 일부가 된다"고 하였다.[15] 필자에게는 광고회사가 연예기획사처럼 비춰진다. 광고회사는 아직 주목받지 못한 매력적인 문화를 발굴한다. 이 문화에 이름을 부여하고 더 매력적으로 치장해서 시장에 내놓는 것이다. 광고가 보여주는 모습은 우리 사회 어딘가에 비슷하게 존재한다. 그것을 팔아서 문화로 만들어내는 것이 광고회사의 몫이다. 어떤 문화가 선택될 것인가? 기준은 돈이 되는, 소비를 이끌어내는 문화이다. 광고는 욕구를 분출하는 문화를 선호한다.

3. 문화와 경험

문화는 일종의 공유된 기호들이다. 그 의미를 이해하기 위해 마케터들이 흔히 사용하는 극장, 무대의 비유를 생각해보자. 세상은 하나의 무대이며, 사람들은 이 무대에서 배역을 맡고 있다. 그리고 그 배역을 적절히 수행하기 위해 대사와 행동을 계획하고 적절한 무대의상과 각종 소도구를 준비한다. 사람들은 세상이라는 무대 위에서 일종의 연출가가 되는 것이다. 연출가로서 사람들은 자신의 역할과 생각을 남들이 보고 이해할 수 있는 방식으로 표출해야 한다. 따라서 자신의 배역을 남들도 다 알아볼 수 있도록 의상과 소품을 구비할 것이다.

예를 들어 경영컨설턴트를 표현하고 싶다면 명품 정장과 넥타이를 의상으로 선택해야 한다. 명품 정장과 넥타이는 컨설턴트의 특징적 모습이며, 대다수 사람들이 이해하는 일종의 공유된 기호이다. 이 공유된 기호들은 언어보다 많은 것을 표현하며, 문화의 중요한 부분이다. 달리 설명하면 우리는 문화적 기호로 작용하는 상품들을 통해 자신을 표현하고 다른 사람들을 이해한다는 것이다. 따라서 우리는 문화적 코드, 공유된 기호들로부터 자유롭지 못하다. 마치 우리가 공용의 언어를 마음대로 바꾸지 못하듯이.

이번 장에서 논의한 사례들은 광고가 문화 창조의 주역임을 보여준다. 광고는 세상이라는 무대에서 어떤 제품을 통해 자신을 표현하고 의사소

통해야 하는지도 알려준다. 성공한 사람이 되는 방법, 자상한 아버지가 되는 방법, 피로를 요령 있게 푸는 방법까지 광고는 끊임없이 현대인의 삶에 방법론을 제시한다. 그렇다면 우리의 사고와 행동방식을 규정짓는 것은 광고일 것이다. 우리는 그 속에서 숨 쉬고 있기 때문에 그 영향을 느끼지 못할 뿐이다. 우리는 주입된 생각을 자신의 생각인 듯 인식하기 쉽다. 다른 사람들의 생각은 내 생각의 근거가 된다.

그림 1-3. 주입된 생각의 영향[16]

감정도 마찬가지다. 학자들은 감정을 생리적인 각성과 해석 과정의 결합물이라고 설명한다.[17] 얼굴이 화끈거리고 심장이 두근거리는 생리적인 반응을 지각하고 이것이 눈앞의 여성에 대한 열정의 반응이라고 해석할 때 우리는 이를 사랑의 감정이라고 느낀다. 이러한 해석은 재미있는 현상들을 예측하기도 한다. 예를 들어 롤러코스터를 타고 나서 사랑을 고백하면 받아들여질 가능성이 훨씬 크다고 한다. 롤러코스터의 흥분으로 각성된 생리적 반응이 상대방의 사랑 고백에 대한 반응과 혼동되고 쉽게 더 강한 사랑의 반응으로 해석되기 때문이다. 이는 감정 반응에서 해석의 중요성을 의미한다. 우리는 사랑을 있는 그대로 느끼는 것이 아니라 사랑이라고 해석한다. 즉 동일한 현상에 대한 인식이 사람의 의지와 해석에 따라 달라진다는 말이다. 일체유심론(一切唯心論)의 현대적 해석이다.

이러한 해석의 과정에서 문화가 중요한 역할을 한다. 육체적으로 건강하고 아름다운 배우자, 전원 환경과 모든 것이 갖추어진 풍요로움, 행복한 아이들이 함께하는 광고 또는 드라마의 모습들이 우리가 생각하는 행복의 기호들이다. 사람들은 이런 기호들을 통해 자신의 경험을 이해한다. 당신은 병자들과 함께하는 봉사의 삶을 행복이라고 느끼는가? 아마도 그렇지 못할 것이다. 이는 헌신, 희생, 성자와 같은 이미지들과 연관되어왔으며, 행복과는 다르게 부호화되어왔다. 그러나 과거에는 "돈은 중요한 게 아니다. 돈으로 행복을 살 수 없다. 중요한 것은 남을 위해 봉사하면서 평온한 마음으로 사는 것이다"라고 교육받으면서 자라던 시대가 있었다.[18] 현실의 삶을 어떻게 평가할지, 무엇을 이상으로 삼을지를 결국은 사회가 제공하는 문화가 결정하게 된다.

앞서 1절에서는 절제된 감정과 평화, 안정을 추구하던 사랑 관념이 열정적, 낭만적인 것으로 변화하였으며, 이런 변화가 소비를 촉진하는 문화 변형의 예시가 됨을 언급했다. 이런 문화적 변형에는 제품들이 사랑의 기호를 부여받는 과정이 포함된다. 영화와 드라마, 광고 이미지 속에서 특별한 의복과 향수, 근사한 레스토랑, 음악 그리고 다이아몬드 반지와 같은 많은 제품들은 사랑을 상징하거나 사랑의 순간에 같이하는 제품의 지위를 부여받는다. 그리고 이런 제품, 서비스의 소비가 사랑의 관행이 된다. 상품에 부여된 기호, 소비와 함께하는 사랑의 관행이 우리가 사랑을 경험하는 기준이 된다.

행복이든 사랑이든 우리는 소비를 통해 느끼고 표현한다. 슬픔마저도 멋진 바에서 홀로 와인을 곁들여야만 자본주의적으로 승화된 아름다운 슬픔이 된다. 우리 사회를 특징짓는 소비문화는 주로 기업들이 지배하는 매체에 의해 형성된 것이며 우리를 지배한다. 다음 절에서는 왜 우리가 문화적 힘에 의해 규정되는지를 살펴보도록 하자.

4. 개인에 대한 문화의 힘

1) 문화에 대한 순응

1950년대에 이미 솔로몬 애쉬(Solomon Asch)는 재미있는 실험을 통해 사회의 주류 의견으로부터 자유로워지는 것이 얼마나 어려운 일인지를 보여주었다.[19] 그의 실험에서는 다수의 사람들을 한 공간에 모아놓고 하나의 직선을 보여준다. 이후 사람들에게 서로 다른 길이의 직선이 그려진 다수의 카드를 제공하고 어느 카드의 직선이 앞서 제시된 직선의 길이와 가장 유사한지 선택하도록 요청하였다. 각 직선들의 길이는 확연히 달라서 정답을 고르기가 그다지 어렵지 않은 실험이다.

그런데 문제는 이 실험에 참여한 사람들 중 진짜 피실험자는 오직 한 명뿐이라는 사실이다. 나머지 사람들은 고용된 사람들로 다 같이 동일한 틀린 답을 말하도록 사전에 지시를 받았다. 이제 진짜 피실험자는 자기 눈에 보이는 정답을 골라야 하는지 다른 사람들의 의견을 따라야 하는지 선택해야만 하는 상황이다. 반복적인 실험의 결과는 대다수 피실험자들이 다른 사람들의 의견을 따름을 보여주었다.

학자들은 타인들의 의견에 순응하는 행동을 규범적 순응(Normative Conformity)과 정보적 순응(Informative Conformity)으로 구분한다. 애쉬의 실험은 다른 사람들에게 배척당할 것을 두려워하여 그 의견에 따르는 규범적 순응을 보여준다. 반면 정보적 순응은 무엇이 적절한 행동인지, 무엇이 옳은지 잘 모르는 상황에서 질문에 대한 쉬운 해답으로 다수의 의견을 사용하는 것을 말한다.[20]

사회적 압력이든 정보든 다른 사람들의 의견은 구성원들에게 어떤 행동을 판단하는 기준(Social Standard)이 되며, 대다수 사람들이 이러한 사회적 기준에 순응하는 경향을 보인다. 우리는 사회로부터 배척당하지 않도록, 동화·인정되도록 훈련받는다. 아직 주관이 뚜렷하지 않은 어린이들도 다수의 친구들의 행동을 따라 하는 것이 어떤 의미인지를 잘 알고 있다. 다수의 의견은 단지 친구들의 의견만을 의미하는 것이 아니다. 광고와 PPL(Product Placement)로 가득한 드라마들도 다수의 의견이 무엇인지 알려준다.

순응 현상은 특히 집단에 어울리지 못하거나 그런 두려움을 가지고 있을 때 더 강하게 나타난다고 한다. 한 연구에서는 중국계 캐나다인들에게 추상화 작품들을 평가하게 하고 유럽계 캐나다인들의 의견(다수 의견)에 어느 정도 순응하는지를 살펴보았다. 이때 한 집단은 거울로 자신의 외모를 비춰본 후 작품을 평가하고, 다른 집단은 거울 없이 그냥 평가하였다. 그 결과 거울로 자신의 외모를 비춰본 집단에서 순응성이 더 높게 나타났다고 한다.[21] 소수 인종으로서 자신의 상황을 인식한 것이 영향을 미쳤을 것이다. 또 다른 연구에서는 다른 사람들을 조롱하는 TV 영상물을 본 사람들의 경우 그렇지 않은 사람들에 비해 타인들의 의견에 순응하는 경향성이 더 높게 나타남을 보여주었다.[22] 이런 연구들은 아직 주관이 뚜렷하게 형성되지 않고 또래 집단에의 소속감을 가장 중시하는 청소년들이 TV가 비춰주는 유행에 민감한 이유를 설명해준다. 또한 사회적 지위 상승의 욕구를 강하게 느끼는 현대인들이 소비문화에 취약한 것도 같은 맥락으로 해석될 수 있다.

마리케 드 무이(Marieke K. De Mooij)는 문화를 설명하면서 집단·사회 내에서 공유된다는 측면과 사람들의 행동을 조종하기 위한 통제의 기제(Mechanism)라는 두 가지 측면을 강조한다.[23] 우리는 공유된 문화를 통해 서로의 행동을 예측하고 이해하며, 이런 문화는 집단을 서로 묶어주는 접착제와 같다. 따라서 공유되지 않은 새로운 생각, 행동방식은 집단을 균열시키는 위험한 것이며, 배척당하기 쉽다. 결과적으로 문화는 자기를 따르지 않는 사람들을 배척하며 통제의 기제가 되는 것이다.

그러나 마리케 드 무이는 가치를 포함한 문화는 무의식적으로 학습되기 때문에 사람들은 문화 및 가치를 부분적으로만 지각한다고 하였다. 대부분의 문화적 요소는 강제되기보다는 자연스럽게 받아들여지는 것이다. 사랑하는 가족들과의 상호작용, 친구들과 함께하는 학교에서의 교육, 우리가 즐기는 놀이와 TV를 통해 문화는 천천히 스며들어온다. 결국 문화·가치는 많은 부분에서 개인의 저항 자체를 허용하지 않는다. 이미 형성된 문화는 우리의 행동과 사고를 규정한다.

2) 무의식적인 순응

말콤 글래드웰(Malcolm Gladwell)은 그의 저서 『블링크』에서 인상 깊은 실험을 소개하였다. www.implicit.harvard.edu에서 참여할 수 있는 실험은 다음과 같이 진행된다. 사람들의 사진 또는 단어들이 연속적으로 나타나면 피실험자는 이 사진이나 단어를 가급적 빨리 두 범주 중에 하나로 분류해야 한다.

실제 실험은 두 가지 유형으로 구분되어 실행된다. 첫 번째 유형에서는 두 범주가 "백인 또는 나쁜 것" "흑인 또는 좋은 것"으로 제시된다. 두 번째 유형에서는 두 범주가 "백인 또는 좋은 것"과 "흑인 또는 나쁜 것"으로 제시된다. 두 유형에서 다른 조건들은 동일하다. 실험의 목적은 두 가지 유형에서 사람들의 반응 시간을 비교하는 것이다.

실험 결과는 사람들을 당혹하게 만든다. 인종에 대한 편견이 전혀 없다고 생각하는 사람들마저 "백인 또는 나쁜 것", "흑인 또는 좋은 것"의 범주로 분류하라고 하면 망설이면서 반응속도가 느려진다. 흑인 또는 좋은 것이라는 범주에 대해 혼란을 느끼는 것이다. 논리적 사고 속에서 인종 편견이 나쁘다고 생각하고 스스로는 인종 편견이 없다고 생각했을지라도 실상 사회가 가지는 편견을 그대로 흡수했던 것이다. 그리고 은연중에 스며든 편견을 극복하는 사람이 많지 않다.[24]

한번 형성된 문화는 강력한 힘을 가지고 있다. 우리는 생각해보지 않은 것, 경험해보지 않은 것에 대해서도 태도를 가지고 있다. 그리고 그 태도는 대부분 문화에 의해 주입된 것이다.

그리고 우리는 아주 작은 환경적 차이에도 놀랍도록 민감하게 반응한다. 역시 『블링크』에서 소개된 실험이다. 학생을 불러 문장 테스트를 시킨다. 뒤죽박죽 섞여 있는 일련의 단어들을 정리해서 문장으로 만들라는 것이다. 5분 정도의 짧은 문장 테스트 이후 학생은 돌아가라는 지시를 받는다. 이때 출입구는 사전에 공모한 두 사람이 이야기를 나누면서 가로막고 있다. 실험은 학생이 그들의 대화를 막고 지나쳐 나가는 데까지 걸리는 시간을 측정하는 것이다.

이 실험 역시 두 가지 유형으로 구분되어 진행된다. 두 유형의 차이는 단지 문장 테스트에서 사용된 단어들에 있다. 실험 결과 첫 번째 유형의 단어들이 적용된 경우 학생들이 평균 5분을 기다렸다. 그런데 두 번째 유형의 단어들이 적용된 경우 82%의 학생들이 제한시간 10분까지 계속 기다리고 있었다. 제한시간을 두지 않았다면 얼마를 기다렸을지 알 수 없는 상황이다. 과연 어떤 단어들이 사용된 것일까?

첫 번째 유형의 단어들은 '공격적으로(Aggressively)' '대담한(Bold)' '무례한(Rude)' '괴롭히다(Bother)'와 같은 것들이다. 두 번째 유형의 단어들은 '걱정했다(Worried)' '낡은(Old)' '외로운(Lonely)' '잿빛의(Gray)' 등이다. 첫 번째 유형의 단어를 접했던 학생들은 실제로 공격적이고 무례한 경향성을 보였고, 두 번째 유형에서는 힘없고 무력한 행동을 보였다.[25]

이런 실험들은 사람들의 사고나 행동이 환경에 얼마나 민감하게 반응하는지를 보여준다. 사회가 무엇을 긍정적으로 판단하는지, 어떤 행동에 호응을 해주는지와 같은 문화적 요소들이 사람들에게 지대한 영향을 미칠 수 있다. 그리고 그 영향은 우리가 인식하는 것 이상이다.

한편 문화에 의해 주입되었든 개인의 판단이었든 개인의 견해가 일단 형성되고 나면 이를 바꾸는 것이 매우 어렵다는 사실을 우리는 경험적으로 잘 알고 있다. 사람들이 특정 입장, 견해를 채택하고 나면 그들은 그 입장과 견해를 옹호하는 정보들을 선호하는 반면, 그에 반하는 정보들은 회피하거나 배척하는 경향이 있다. 심리학자들은 이를 확증편향(Conformity Bias)이라고 부른다. 사람들은 기존 믿음에 배치되는 사실을 접하면 심리적인 불편함(인지부조화: Cognitive Dissonance)을 경험하며, 그런 상황을 회피하려고 한다는 것이다.[26]

우리가 가장 흔하게 발견하는 확증편향의 예는 정치 문제이다. 일단 특정 정치인을 선호하는 사람은 그 정치인에 대한 좋은 측면만을 바라보고, 좋은 측면만을 기억하여 다른 사람들한테 말한다. 나쁜 면에 대해서는 불편을 느껴 무시하고 기억에서 지워버리곤 한다. 동일한 행동에 대한 평가도 선호하는 사람들과 싫어하는 사람들이 완전히 다른 경우가 흔하다. 하지만 그 선호의 출발점은 부모님의 견해, 사는 지역, 특정 정치인과 악수해본 경험과 같이 단순한 경우가 많다.

확증편향을 단순히 표현하면 "사람들은 다른 사람들을 포함한 외부 환경에 영향을 받아 자신의 견해를 바꾸는 것을 매우 싫어한다"라고 정리된다. 우리는 스스로의 생각에 강한 집착을 보인다.

확증편향은 사람들이 타인의 견해를 따르는 경향을 보인다는 순응의 개념과는 모순된다. 그러나 사람들은 미묘한 방식으로 이런 상반된 측면들을 공존시킨다. 예를 들어 사람들은 애초에 주어진 문화, 다수의 견해를 따름으로써 이런 심리적 갈등, 인지부조화의 가능성을 원천적으로 차단할 수 있다. 실제 우리는 문화에 의해 습득된 생각들을 스스로의 생각으로 인식하고 이와 다른 생각을 배척한다. 결과적으로 확증편향은 환경에 의해 주어진 행동과 사고방식을 강화하는 방식으로 작용한다.

5. 소비문화에 대한 평가의 필요성

20세기 이전에는 많은 사회들이 절제, 검약을 미덕으로 삼았다. 한국의 경우에는 90년대 초반까지도 검약의 문화가 지배적이었던 것으로 보인다. 소비를 긍정적으로 보고 장려하는 오늘날 사회 운영방식은 문화 변형의 결과이다. 변화된 문화는 청빈함을 무능력으로, 검소함을 인색함으로 인식한다. 더 많은 소비가 행복함의 상징이고 남들에 뒤처지는 브랜드를 사용하는 것은 실패와 불행을 의미한다. 이런 변화의 결과가 과연 우리를 행복하게 하는지 스스로 자문해본 적이 있는가?

그러나 문화의 힘은 너무나 강력하여 우리에게 다른 사고를 허용하지 않는다. 한국 사회는 특히 다른 사람들의 시선에 민감하고 이질적인 특성을 받아들이는 데 너그럽지 못하다. 강준만 교수와 전상민 선샤인뉴스 편집장은 한국만의 독특한 그 무엇을 '쏠림문화'라고 규정하였다. 그리고 이 쏠림문화의 이면에는 인구의 사회문화적 동질성과 더불어 강력한 중앙집권적 미디어 구조가 버티고 있다고 하였다.[27]

더욱이 오늘날 문화를 주도하는 힘은 기업에게 주어져 있다. 기업들은 더 많은 생산과 그를 통한 이윤을 위해 더 많은 소비를 필요로 한다. 그리고 소비를 창출하기 위해 조직적으로 문화를 조작한다. 개별 기업의 마케팅 활동은 그 기업의 판매를 위한 것이지만 이들 마케팅 활동들은 집합적으로 작용해 소비문화를 강화하는 것이다.

또 하나 중요한 점은 우리가 문화에 의해 주입된 사고를 스스로의 선택인 듯 오인하며, 이를 비판적으로 바라보지 못한다는 데 있다. 이번 장의 후반부는 사람들이 문화가 주입하는 사고방식을 자연스레 흡수하고 이를 스스로 강화하는 경향이 있음을 설명하기 위한 것이었다.

윈스턴 처칠은 다음과 같이 말했다고 한다. "나는 배우는 건 좋아하지만 가르침을 받는 것은 좋아하지 않는다." 하지만 배우는 것과 가르침을 받는 것의 차이는 모호하다. 우리가 진보하기 위해서는 주입받은 사고와 주체적으로 선택한 사고를 구분해볼 필요가 있다.

이를 위해 이 책은 문화를 주도하는 마케팅의 원리를 설명하며 마케팅이 주도하는 소비문화가 어떻게 우리의 사고를 지배하고 있는지 이해해보고자 한다. 그리고 이후 소비문화가 우리를 행복하게 만드는지 가치판단을 시도할 것이다.

우리는 오늘날 환경문제와 소득의 양극화를 비롯해 수많은 사회적 병폐를 안고 살아가고 있다. 우리는 문제를 인식하고 있지만 현재 소비문화는 병폐들을 해소할 수 없으며 문제를 악화시키고 있다. 우리에게는 변화가 필요하다. 케인스(John Maynard Keynes)는 "새로운 이념을 찾아내기가 어려운 것이 아니라 오래된 이념에서 벗어나기가 어려운 것이다"라고 하였다. 우리는 오래된 이념에서 벗어나기 위해 우리의 사고를 지배하는 힘을 이해해야만 한다.

02

광고의 원리

: 경제적 합리성 vs. 감정과 무의식

—

우리가 하는 작업의 대상은 인간의 정신 구조다.

밴스 패커드, 『숨은 설득자들』 중에서

사람들은 흔히 스스로의 선택은 다양한 요소들을 고려하여 가장 적합한 대안을 찾아낸 결과라고 믿는다. 따라서 사람들의 선택은 스스로의 행복을 위한 최선이며 존중되어야만 한다. 현대 경제 운영원리의 근간에는 합리적인 사람들의 선택이 개인은 물론 사회에 최선을 가져온다는 사고가 깔려 있다. 만약 사람들의 선택이 누군가에 의한 조작의 결과라고 주장한다면 그만큼 주제넘은 일이 어디 있겠는가?

하지만 오늘날 모든 시간과 공간을 뒤덮고 있는 광고들을 생각하면 의구심이 든다. 엄청난 비용을 들여서 만들어지고 전달되는 광고의 기본적인 목적은 물건을 팔기 위한 것이다. 사람들이 설득되지 않고 조작되지 않는다면 도대체 왜 그런 막대한 비용을 쏟는 것이 정당화되는가? 예전에는 광고가 합리적인 선택을 위한 정보를 제공한다고 믿기도 했지만 오늘날의 광고에는 제품에 대한 구체적인 정보가 그다지 보이지 않는다.

최근 자주 접하는 스마트폰 광고를 떠올려보라. 선명한 색감의 아름다운 영상들, 행복한 사람들, 마음을 울리는 음악… 화면 어딘가 스마트폰이 보이기는 하지만 흡사 영화의 하이라이트들을 모아서 보여주는 것 같다. 특별히 왜 그 브랜드를 선택해야 하는지 구체적으로 설명해주지 않는다. 군이 설명하자면 고품질의 카메라와 액정에 대해 암시하려는 것 같다. 통상 정보는 의사결정의 질을 향상시킨다는 점에서 유용성을 가지는 지식, 현실의 묘사로 설명된다. 솔직히 정보의 전달 관점에서는 빵점 광고이

그림 2-1. 애플의 아이폰 광고

다. 하지만 뛰어난 전문가들의 고심이 담긴 광고다.

동아비즈니스리뷰에 실린 한 글에서는 "우리나라 광고를 결정적으로 망친 건 (초기) 아이폰 광고였다"라고 주장한다. 그 광고에서는 제품 자체가 클로즈업되었고 아이폰에 어떤 기능이 있는지 정보를 제공하였다. 처음 출시된 아이폰에는 정말 획기적인 속성이 있었고 그 속성에 대한 정보를 알려주면 됐었다. 그런데 그 광고를 본 다른 광고주들이 제품의 속성을 강조하기를 바라게 되면서 광고계를 곤란하게 만들었다는 것이다.[1] 광고회사들은 그다지 혁신적일 것이 없는 보통의 상품들을 다루는 광고에서 속성에 대한 정보를 담아내는 게 무의미하다는 사실을 잘 알고 있다. 그렇다면 단지 아름다운 영상과 음악이 제공되는 광고는 무엇을 담고 있을까? 이런 광고가 우리에게 어떤 영향을 미치는지는 흥미롭고도 중요한 질문이다.

오늘날 소비의 문제를 평가하기 위해서는 왜 우리가 소비를 원하는지 이해할 필요가 있다. 눈에 띄는 두 가지 설명은 1) 행복의 극대화를 위한 합리적 판단의 결과라는 경제학적 설명과 2) 외부로부터 주입받은 욕망

56

의 결과라는 심리학, 마케팅적 설명이다.

1. 합리성 vs. 감정

계몽주의 시대를 거치면서 인간의 이성, 합리성은 인간을 인간답게 만드는 요인으로 부각되었다. "나는 생각한다, 고로 존재한다." 여기서 생각이라는 것은 논리적 사고를 의미한다. 증기기관을 설계해내고 컴퓨터를 개발해낸 그 논리적 사고이다. 논리적 사고가 우리를 자연 만물로부터 구별되게 하고 인간을 지구 밖 세계로까지 나아가게 만든 요인임을 부정할 수없다. 과학적 세계관과 기술 만능론으로 우리는 전 우주를 정복해낼 것같은 인간을 그려낸다.

그런 이성적·합리적 인간관이 가장 강력하게 반영된 것이 아마도 고전파/신고전파 경제학일 것이다. 경제학에서 묘사하는 인간은 물건을 소비함으로써 행복을 생산해내는 기계와 같다. 호모 이코노미쿠스(Homo Economicus)라는 이름의 이 인간의 삶은 '효용극대화'로 표현된다. 효용이란제품 사용에서 발생하는 만족으로 일반적으로 생각하는 행복에 비해 상당히 협소한 개념이다. 이코노미쿠스는 가진 돈을 고려해 무엇을 얼마만큼 구매하면 효용이 극대화되는지 정확히 알고 있다.

아무래도 지나치게 똑똑하면서도 너무나 단순한 사람이다. 경제학자들이 실제 인간이 호모 이코노미쿠스와 동일하다고 생각하지는 않을 것이다. 다만 인간이 가진 다양한 측면들을 모두 고려해서 사람의 행동을 설명·예측하고자 하면 불가능한 일이 된다. 따라서 가장 중요한 행동원리하나만을 고려할 때 도리어 평균적인 사람의 행동을 가장 잘 예측할 수 있다고 설명한다. 그리고 이때 채택된 개념이 효용극대화의 원리이다.

　실제 경제학은 사람들의 행동에 대해 의미 있는 설명과 예측을 제시하고 있다. 그렇지만 경제학만으로 설명하기에는 사람들의 사고와 행동이 지나치게 복잡하다. 경제학이 현실과 동떨어진 잘못된 학문이라고 말하고자 하는 것은 아니다. 그러나 경제학이 사회 운영을 독식하는 학문이어서는 안 된다.

　실제 경제학이 설명하지 못하는 비합리적인 행동들이 너무 많다. 경제학은 효용극대화 원리가 잘 작동되지 않는다면 그것은 이코노미쿠스가 충분한 정보를 가지고 있지 않기 때문이라고 설명한다. 광고란 이코노미쿠스에게 어떤 제품이 있고 그 제품이 얼마만큼의 효용을 제공하는지 알려줌으로써 이코노미쿠스가 더 높은 행복을 달성하도록 도와준다고 설명한다. 물론 의미 있고 중요한 설명이다.

　그러나 합리적이고 자신이 무엇을 원하는지 확실히 알고 있는 이코노미쿠스에게는 광고 속 모델이 누구인지, 어떤 경치를 배경으로 하는지, 어떤 음악이 나오는지는 무의미하다. 광고를 정보의 문제로 해석하는 것은 현실과 괴리가 크다. 사람의 감정과 무의식을 고려하지 않는다면 광고의 효과는 설명될 수 없다.

　합리성의 의미를 제대로 이해하기 위해 우리는 수단의 합리성과 목적의 합리성을 구분해서 생각할 필요가 있다. 사실 경제학이 가정하는 호모 이코노미쿠스는 수단의 합리성을 가졌을 뿐이다. 즉, 목적이 주어지면 그것을 어떻게 효과적으로 달성할지 판단할 수 있다는 의미이지 목적이 타당한 지에 대해서는 논할 수가 없다는 것이다. 우리가 직관적으로 생각할 때 목적은 합리성이 아닌 감정의 영역이다. 우리가 사랑하는 사람에게 선물을 사주는 이유는 사랑에 있으며, 예산 제약과 합리적인 선택은 부차적인 의미만을 갖는다.

감정이 없으면 결정도 없다는 것은 심리학자들에게는 이미 입증된 사실이다. 미국의 신경과학자 안토니오 다마지오(Antonio Damasio)는 뇌종양 때문에 뇌 일부를 절개하여 제거한 '엘리엇'이라는 30대 환자를 관찰한 결과를 소개한 바 있다.[2] 엘리엇의 절개된 뇌 부위에는 감정을 담당하는 편도체가 포함되어 있었다. 때문에 그는 감정을 느낄 수 없었다. 반면 그의 지능지수는 여전히 변함이 없었다. "아내가 가장 아끼는 꽃병을 깨뜨렸을 때 어떻게 하면 아내가 화를 내지 않을까요?"라고 물으면 논리적으로 설득력 있는 대안을 제시했다. 하지만 그는 제시한 대안 중 어떤 것도 선택할 수 없었다. 대안을 구성하고 장·단점을 나열할 수는 있지만 선택하지는 못했던 것이다. 이유가 무엇일까?

일반적인 사람은 깨진 꽃병을 깨끗하게 치우고 모른 체할 때 상당한 수치심을 느낄 것이다. 만약 솔직하게 고백할 경우 부인이 화를 낼까 봐 두렵다. 사람들은 이런 행동의 결과 예상되는 감정들을 미리 느끼고 비교하여 행동을 선택한다. 엘리엇은 비교하고 선택할 감정을 느끼는 데 제약이 있었던 것이다.

사람은 이성적 계산만으로 행동하지 않는다. 사람들은 어떤 행동의 결과 얻어지는 감정을 기억하고 미래의 행동이 불러일으킬 감정을 예측한다. 그를 통해 긍정적 감정을 불러일으킬 행동을 선택하는 것이다. 실제 사람이 계획하고 예측하는 인지자원은 한정되어 있다. 따라서 감정을 통해 인지자원의 사용을 최소화하면서 행동을 계획하는 것이다. 사람은 대부분 감정이 시키는 대로 행동한다. 중요한 문제에 대해서는 계산된 것으로 보이는 행동을 하지만 이 경우마저도 감정이 개입한다.

유럽 신경마케팅 분야의 권위자인 한스-게오르크 호이젤(Hans-Georg Häusel)은 "뇌에서 감정이 주도권을 쥐고 있다는 사실을 부정하는 사람은 소수에 불과하다"고 하였으며, 이제 관심사는 그 영향력이 어떻게 처리되는지로 넘어갔다고 주장하였다.[3] 광고를 이해하는 데 이성과 합리성보다는 감성, 무의식과 같은 개념이 더 중요하다.

2. 광고의 원리: 개념의 연계, 분류

한때는 광고를 정보전달 수단으로 생각했었지만 설득이라는 설명이 더 적절해 보인다. 설득은 정보를 포함한 다양한 수단들을 동원한다. 예쁜 화면과 광고 모델, 아름다운 음악들은 설득의 수단으로 생각할 수 있다. 하지만 현대의 광고는 설득 이상의 것이다. 설득은 동의의 과정을 수반한다. 그런데 현대의 광고에서는 이런 동의를 구하는 절차를 볼 수 없다. 단지 무심코 보고 듣다 보니 어느 순간 제품을 욕망하게 된다. 이를 생각해보면 광고는 사람들이 제품을 구매하도록 체계적으로 조작하는 행위이다.

이런 조작을 설명하는 가장 기본적인 개념은 고전적 조건화(Classical Conditioning)이다. 개를 이용한 이반 파블로프(Ivan Pavlov)의 조건화 실험은 아마도 대부분의 독자들에게 익숙할 것이다. 음식(무조건자극)을 넣어줄 때 침을 흘리는(무조건반응) 반응은 학습되지 않은 것으로 '무조건반응'이라 부른다. 파블로프가 발견한 고전적 조건화는 지속적으로 종소리(조건자극)와 함께 음식(무조건자극)을 제공하면 개는 종소리(조건자극) 만으로도 침을 흘리게(조건반응) 되는 현상을 의미한다. 여기서 조건이라는 용어가 붙으면 학습된 것임을 의미한다. 개는 종소리가 음식을 의미한다는 사실을 학습하게 된 것이다.

파블로프가 발견한 현상은 사람들이 학습하는 기본적 원리를 설명한다. 특정 자연환경에서 자주 먹이를 발견하면 그 환경과 먹이의 개념을 연계하여 이후 먹이를 찾기 쉽게 된다. 무서운 동물이 나타날 때 느꼈던 냄새는 동물과 연계되어 두려움을 만들어내며, 사람들이 빨리 도망갈 수 있게 한다.

이 고전적 조건화의 개념은 광고 또한 효과적으로 설명한다. 사람들에게 두 가지 자극을 연합하여 지속적으로 노출시키면 사람들은 두 가지 자극을 연계한다. 예를 들어 대자연과 멋진 카우보이를 배경으로 한 말보로(Marlboro) 담배 광고에 지속적으로 노출되면 사람들은 말보로 브랜드를 대자연, 멋진 남성의 개념과 연계한다. 대자연이나 멋진 남성은 본래 선호되는 이미지로 무조건자극(음식)에 해당한다. 말보로 브랜드는 새로 학습되는 대상으로 조건자극(종소리)이다. 이제 말보로 브랜드는 대자연과 멋진 남성이 불러일으키는 긍정적 감정(무조건반응)과 동일한 긍정적 감정(조건반응)을 불러일으킬 수 있게 된다. 대다수 광고들은 이런 자극(이미지)의 연계를 활용한다. 비싼 골프장 회원권에는 성공한 사업가의 이미지를, 커피 브랜드는 책임감 있고 열심히 일하는 여성에 대한 보상을 연계한다.

여러분들은 또 조작적 조건화(Operant Conditioning)에 대해서도 들어본 적이 있을 것이다. 고전적 조건화가 개인의 행동과 무관한 두 자극, 개념 간 연계를 다루었다면, 스키너(B. F. Skinner)에 의해 정교화된 조작적 조건화는 행동과 결과적으로 초래된 사건 간의 연계 학습을 다룬다. 스키너 상자로 알려진 조작실 내에서 쥐에게 레버를 누르는 행동을 가르치기(조

그림 2-2.
대자연, 멋진 카우보이와 연계된
말보로의 이미지

성하기) 위해 먹이라는 보상(강화물)을 제공한다. 이와 같은 강화물을 이용한 행동학습 또한 광고의 핵심적인 작동원리이다.

"어떻게 지내냐는 친구의 말에 내 차를 보여주었습니다"라는 예전 그랜저 광고는 성공한 사람과 그랜저 자동차라는 두 가지 개념을 연계한다. 이는 고전적 조건화 개념을 활용한 것이다. 그러나 이 광고 속에서는 친구의 부러움이라는 보상(강화물) 개념이 포함되어 있다. 직접 경험하는 보상이 아닐지라도 사람들은 거울 뉴런, 공감능력을 가지고 있다. 광고를 통해 원하는 보상을 획득하는 것을 경험할 때에도 그 구매가 가져올 효과를 간접 경험한다. 이런 감정적 보상에 대한 기대가 제품을 구매하는 원인이 된다.

그림 2-3. 성공한 사람과 자동차라는 두 가지 개념을 연계한 현대 그랜저 광고

이렇듯 광고의 원리는 생각보다 단순하다. 하지만 그 효과는 그다지 단순하지 않다. 사람들이 의식하지 않더라도 그 효과는 매우 강력하다. 한 실험에서는 실험 대상인 두 집단에게 한 여학생을 찍은 사진을 보여줬다. 한쪽 집단에게는 잘사는 사람들이 사는 지역을 배경으로 찍은 그 여학생의 사진을 보여주었고, 다른 집단에게는 가난한 지역을 배경으로 찍은 사진을 보여줬다. 두 사진은 단지 배경만 달랐다. 그러고 나서 각 집단의 실

험 대상자에게 여학생의 시험 성적을 보여주면서 지능지수를 추측해보라고 했다.

사진에 대해 전혀 언급하지 않았음에도 불구하고 잘사는 지역을 배경으로 찍은 사진을 본 집단의 사람들은 여학생의 지능을 평균 이상으로 추측하고 미래를 밝게 내다봤다. 그러나 가난한 지역을 배경으로 찍은 사진을 본 집단의 사람들은 여학생의 지능을 평균 이하로 추측하고 앞으로의 인생도 평탄치 않을 것이라고 판단했다.[4] 이 실험의 참가자들에게 결과의 차이를 보여주면 아마도 깜짝 놀라지 않았을까? 왜 이런 일이 벌어지는 것일까?

사람들은 패턴이 있든 없든 간에 사물들 속에서 패턴을 보려고 하는 경향이 있다.[5] 이는 복잡한 세계를 단순화하여 손쉽게 이해하고 의미를 부여하기 위해 사람들이 가지는 사고방식으로 이해된다. 또한 사람들은 특정 개념을 기억할 때 독립적으로 기억하는 것이 아니라 기억 속에 저장된 다른 정보의 조각들과 연관시키며, 결과적으로 기억된 개념들은 실질적으로 하나의 연합망을 구축한다.[6]

위의 여학생 사진 실험은 가난함과 낮은 지능, 힘든 인생과 같은 개념들이 하나의 패턴 또는 연합망을 형성하며, 부유함과 높은 지능, 평탄한 인생이 대비되는 패턴, 연합망을 형성하고 있음을 의미한다.

이런 패턴, 연합망의 개념은 우리가 멋진 광고 속에 등장한, 화려한 진열대에 놓인 제품들을 어떻게 분류하여 이해하는지 보여준다. 멋지고 화려한 외모의 모델이 들고 나온 핸드백은 모델과 같은 유형으로 분류되며, 자연스럽게 명품으로 인식된다. 반면 동일한 제품이 볼품없는 시장 매대 위에 쌓여 있을 때에는 싸구려, 품위를 손상시키는 물건의 유형으로 분류·인식되는 것이다. 또한 가격이 비싼 식품들과 가격이 낮은 식품들은 역시 건강한 식품과 불량한 식품의 분류 목록에 연계될 것이다. 조작적 조건화에서 발생하는 행동과 보상들도 유사한 분류체계로 사람에게 기억될 것이다. 이런 분류는 대부분 무의식적이고 자동적으로 진행되지만 실제 사람들의 행동과 의사결정에는 중요한 영향을 미친다.

아래 그림은 애플 컴퓨터와 관계된 개념적 사회지식 구조에 대한 실증 분석의 결과이다. 이 그림에서 굵은 선은 더 강한 연계를 의미한다. 애플 컴퓨터는 마이크로소프트 연관 제품들과는 달리 '영리한', '매력적인'과 같은 개념들과 더 연결되어 있다. 주목할 부분은 자신과 친구들이 이런 애플 컴퓨터 및 긍정적인 개념들과 뒤섞여 연계되어 있다는 점이다. 이는 제품이 자신과 친구 그룹을 특징짓고 있음을 의미한다. 사람들은 제품을 통해 스스로의 정체성을 표현하며, 매력적인 제품의 이미지를 자신에게 덧씌운다.

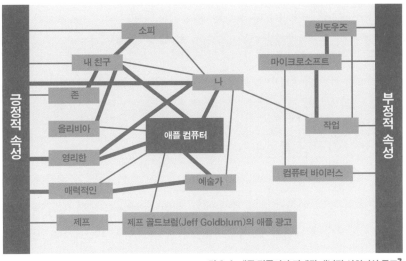

그림 2-4. 애플 컴퓨터와 관계된 개념적 사회지식 구조[7]

우리는 이미 세계를 몇 가지 유형으로 나누어 인식하고 있고 우리가 알고 있는 제품, 브랜드들 또한 그 분류체계 내에서 의미를 부여받는다. 구찌 핸드백과 향수, 샤넬 원피스, 벤츠의 마이바흐와 같은 제품들, 그리고 부, 사회적 성공, 매혹적임과 같은 개념들은 서로 뒤섞인, 연결된 개념들로 유형화된다. 어떤 제품들이 어떤 유형으로 연계, 분류되는지의 여부가 그 제품의 성패를 좌우한다.

여기서 주목할 부분은 이런 연계, 분류가 무의식적이고 자동적으로 이루어진다는 점이다. 과거에는 담배가 대자연 및 멋진 남성과 연계될 수 있었다. 하지만 요즘의 금연 광고에서는 담배가 공포와 혐오의 이미지와 연계된다. 동일한 대상물이 이렇듯 상반되는 대상과 쉽게 연계될 수 있음은 우리가 광고에 의해 쉽게 조작될 수 있음을 의미한다. 실제 담배를 바라보는 시각은 2000년대 이후 크게 달라졌다. 과연 담배를 둘러싼 객관적 정보가 변화했기 때문인지 사회가 담배에 대해 전달하는 문화적 코드들, 이미지들이 변화한 것인지 생각해보기 바란다. 또 그 과정에서 금연 광고를 포함한 매체의 역할을 생각해볼 필요가 있다.

3. 감정의 중요성

다음으로 논리와 감정, 이미지의 문제를 생각해보기 위해 담뱃갑에 새겨진 경고 문구를 떠올려보자. 문구에는 암이나 임산부 관련 경고가 간결하고 정확하게 제시되어 있다. 하지만 이 문구에 아무리 노출되어도 사람들은 담배를 끊지 못한다. 반면 금연 포스터를 떠올려보기 바란다. 그리고 이 포스터를 책상 앞에 붙여놓았을 때를 생각해본다면 문구와는 사뭇 다른 효과를 느낄 것이다. 문제는 감정에 있다.

이번 장의 앞부분에서 감정과 관련된 뇌 부분이 손상되었던 환자 '엘리엇'에 대해 언급한 바 있다. 이 환자의 사례를 통해 우리는 논리적 이해와 감정이 독립적일 수 있음과 사람의 행동에서 감정이 중요함을 이해할 수 있었다. 담배 사례에서 담배가 불러일으킬 수 있는 잠재적 문제에 대한 이해 자체가 반드시 감정을 불러일으키는 것은 아니다. 실제 몰랐던 문제를 깨달았을 때 느끼는 놀라움, 발생될 문제에 대한 상상이 불러일으키는 긴장감, 두려움과 같은 각성(覺醒, Arousal)이 수반되지 않는다면 감정이라고 볼 수 없다. 각성을 불러일으키지 않는 이해, 이미 익숙한 경고 문구는 그다지 의미가 없다. 우리는 폐암이 무엇인지를 알아도 그 공포를 가깝게 느끼지 못한다. 하지만 시각적으로 그 영향을 보여줄 때 즉각적으로 '혐오와 공포'의 감정이 발생한다. 그 감정이 행동을 만드는 것이다.

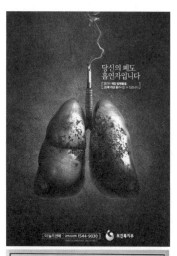

그림 2-5. 금연 광고 사례:
혐오스러운 이미지를 사용한 공익광고와
담뱃갑 경고 문구

일반적인 경험에 비추어볼 때 논리적 정보가 좋음, 싫음, 공포와 같은 감정을 일으키기 쉽지 않다. 반대로 아무리 비합리적인 스토리라도 강력한 이미지를 연상시킬 수 있다면 큰 영향을 미친다. 우리에게 익숙한 패스트푸드 판매점 맥도날드는 햄버거에 들어가는 고기 패티를 지렁이 고기를 갈아 만든다는 루머로 곤경에 처한 적이 있다. 이 루머로 맥도날드 매장의 판매량은 이전보다 30% 가까이 떨어졌다고 한다. 맥도날드는 이 상황에서 자사 햄버거에 전혀 문제가 없다는 사실을 확인받기 위해 농림부장관으로부터 확인서를 받았고 FDA가 승인한 100% 순수 쇠고기만을 사용한다는 사실을 홍보했다. 심지어 지렁이 고기를 사용하면 소고기보다 훨씬 더 많은 비용이 든다는 사실을 지적하기도 했다. 그러나 이런 대대적인 캠페인은 아무 효과가 없었다. 사실 대다수 사람들이 이런 루머를 믿을 리가 없다. 다만 맥도날드 햄버거를 보았을 때 무의식적으로 지렁이가 연상되고 관련된 혐오감을 느꼈을 뿐이다.

맥도날드가 루머를 부인하기 위해 도입한 캠페인들은 소비자들이 이미 알고 있는 사실을 재확인시킬 수는 있었을 것이다. 그러나 중요한 점은 부인하고 이슈화하는 캠페인들이 루머로 인해 무의식적으로 연계된 지렁이의 이미지를 더 강화할 수 있다는 사실이다. 이런 상황에서 논리는 매우 무력하다. 무의식적 연계, 감정의 문제가 이 상황을 이해하는 핵심 개념이다.[8]

이 상황을 거꾸로 생각해본다면 제품에 연계된 긍정적인 감정들도 논리의 문제와는 관련성이 없을 수 있음을 이해할 수 있다. 오늘날 마케팅 교과서들은 브랜드가 설득력을 발휘하려면 의미 있는 감정적 반응을 불러일으켜야 함을 강조한다. "모든 구매 결정은 강렬한 감정을 기반으로 이루어지기 때문이다."[9] 이 과정에서 시각적 이미지는 특히 중요하다. 인류는 수백만 년 동안 시각적 정보를 통해 사고해왔다. 언어를 사용한 지는 불과 몇 천 년밖에 안 된다.

광고가 어떻게 강렬한 감정을 만들어내는지에 대해 생각해보자. 사람들의 구매행동을 일으키는 감정의 원천은 제품이어야 온당하다. 하지만 실제 감정의 근원은 광고 영상 속의 제품이 아니라 생기발랄한 여배우의 매혹적인 몸짓과 밝은 햇살로 가득 찬 창문 너머 풍경, 음악이다.

이와 관련하여 감정의 파급효과(Spillover Effect), 귀인(歸因, Attribution)에 대해 생각해보아야 한다. 강렬한 운동을 하거나 록밴드의 공연을 관람함으로써 각성된 사람을 공격하면 자신의 각성이 그 공격 때문이라고 잘못 귀인하기 쉽다. 롤러코스터를 타고 흥분한 상태로 내린 사람이 바로 사랑 고백을 받는다면 그의 흥분은 사랑 고백 때문인 것으로 해석될 수 있다. 이런 파급효과, 잘못된 귀인은 감정이 각성+이름 붙이기(인지, 해석)의 과정을 거쳐 생성되기 때문에 발생한다. 각성은 정서에 에너지를 공급하고 인지는 감정에 이름(놀라움, 기쁨, 행복…)을 붙이고 원인을 파악한다(귀인 : 원인의 해석).[10]

만약 광고를 보는 동안에 기분이 좋았다면(각성) 뇌는 그 좋은 기분을 그 제품이 좋다는 신호로 받아들인다(귀인). 그 좋은 기분이 사실 광고에 삽입된 어여쁜 모델, 경쾌한 시엠송에서 기인했을지라도. 광고가 유발하는 각종 정서적 자극들은 제품에 귀인된다. 이런 설명은 파블로프가 보여준 조건화와 매우 유사하다. 그 광고 모델과 음악뿐 아니라 광고를 볼 때 느꼈던 감정까지도 제품에 연계되는 것이다.

한스-게오르크 호이젤은 브랜드란 뇌 속에 있는 신경 네트워크와 같다고 표현하였다. 제품 또는 브랜드가 보유한 시각 자극은 대뇌피질 후방에 저장되며, 광고 음악과 같은 음향 요소는 측면에, 감정적인 요소는 신피질 전방 영역에 저장된다. 이렇게 분산된 영역에 분포하는 기억들 간에 네트워크가 형성됨으로써 제품, 브랜드는 우리에게 의미를 가지게 된다. 반복적인 광고에 의해 그 신경 네트워크가 광범위하고 강하게 형성될수록 강력한 브랜드가 탄생된다. 이런 신경 네트워크의 개념은 앞에서 제시했던 애플 컴퓨터를 대상으로 한 개념들의 네트워크와 유사하지만 개념들을 넘어 정서적 자극들을 포함하고 있다.[11]

4. 암묵기억의 역할

기억하고 있지만 기억하고 있음을 지각하지 못하는 암묵기억(Implicit Memory)은 다소 혼란스럽게 느껴지는 개념이다. 신경학자 올리버 색스(Oliver Sacks)는 지미라는 이름의 두뇌손상 환자에 대한 기록을 남겼다.[12] 이 사람은 1945년에 뇌손상을 입은 이후 새로운 기억을 형성하지 못했다. 1975년에 미국 대통령의 이름을 묻자 트루먼(재임 1945~1953)이라고 답했고, 자신의 나이를 19세로 인식하고 있었다. 거울로 자신의 모습을 보여주면 소스라치게 놀라며, "악몽"이라고 외쳤다. 하지만 다른 곳으로 주의를 돌리면 바로 그 충격도 잊어버리곤 했다.

놀라운 점은 이 사람에게 어려운 숨은그림찾기 과제를 보여주면, 나중에 그 그림을 신속하게 찾아낼 수 있었다는 것이다. 심지어 이 사람에게 복잡한 기술을 가르칠 수도 있었다. 이 사람은 그것을 학습했는지를 지각하지 못하지만 그 일을 할 수 있었다. 다른 기억상실증 환자의 경우 알던 사람의 얼굴을 기억해내지는 못했지만 그 사람의 얼굴을 보면 두려움이나 기쁨 같은 반응을 일으킨다.

이 사례들은 사람들이 기억으로 인출해내지는 못하지만 실제로 기억하고 있는 암묵기억의 존재를 보여준다. 이런 암묵기억은 의식적으로 기억(인출)해낼 수 있는 외현기억(Explicit Memory)과 대응되는 개념이다. 우리는 외현기억만을 기억으로 생각하기 쉽지만 우리에게는 방대한 암묵기억이 있으며, 암묵기억은 우리의 의사결정과 행동에 중요한 역할을 한다.

논리적이고 언어적인 개념들과 달리 언어적으로 표현되지 못하는 비정형적인 이미지들은 의식적으로 불러내기가 상대적으로 힘들며, 많은 경우 암묵기억의 형태로 무의식 세계에 축적된다. 사람들이 언어를 충분히 학습하지 못했던 어렸을 때를 잘 기억하지 못하는 것도 우리가 외현기억을 언어로 표상하기 때문이다.[13]

그러나 정확히 말하면 기억 속에서 인출하지 못할 뿐이지 우리의 기억 어디인가에 남아 있는 기억들 또한 우리에게 영향을 미친다. 프로이트가 설명하는 무의식은 이런 부류의 기억들과 연관된 것이다. 특정 자극에 노출되면 의식 표면으로 올라와 행위를 유발할 수 있다. 광고가 제공하는 이미지들도 무의식에 축적되기 쉽다.

다음의 실험 결과는 암묵기억으로 축적되는 광고의 효과를 추론할 수 있는 근거를 제공한다. "한자를 모르는 사람은(미국 사람들) 100개의 한자를 연속으로 볼 경우, 특정 글자를 앞에서 보았는지 분간하기 어렵다. 다시 말해 73번째 글자가 처음 나왔는지 아니면 몇 번이나 나왔는지 알지 못한다. 그러나 글자에 대한 기억이 아니라 느낌을 물으면 처음 나오는 글자보다 이미 나온 글자를 훨씬 좋아한다."[14] 즉 기억으로 인출하지는 못할지라도 이미 여러 번 보았던 한자들에 대해 이유를 모른 채 더 호감을 보이는 것이다.

많은 마케팅 학자들은 잦은 노출에 의한 친숙성의 효과를 강조한다. 조건화의 핵심 원리는 반복이다.[15] 마케팅 분야의 구루(Guru)로 알려진 잭 트라우트(Jack Trout)도 마케팅의 기본 원리로 힘의 원리를 꼽았다.[16] 즉, 마케팅의 기본은 물량 전쟁이라는 뜻이다. 더 많이 노출되면 고객의 선호를 얻을 수 있다. 그것이 이데올로기이든 제품이든 우리는 반복적으로 메시지들에 노출되면 신뢰하는 경향이 있다. 논리적 문제가 아니다. 익숙한 정보는 처리하는 데 훨씬 낮은 수준의 인지자원이 필요하므로 편안함으로 인식되며, 저항감이 낮아진다. 친숙함은 낮은 위험으로 받아들여지며 감정적 애착을 불러일으킨다.

설사 의식적으로 인출하지 못하더라도 광고는 암묵기억에 남아 영향을 미친다. 브랜드는 기억하지만 광고 내용을 기억하지 못해도 마찬가지다. 심리학자들은 명시적 기억과 암묵적 기억의 효과를 분명하게 구분하며, 일부 학자들은 암묵기억이 광고 효과를 측정하는 데 더 효과적이고 명시적 기억보다 더 오래 지속된다고 주장한다.[17]

우리는 이런 암묵기억의 효과로 인해 광고의 역할을 잘 인지하지 못할 수 있지만 실제 광고는 강력한 영향을 미친다. 광고회사 중역을 지낸 로버트 히스(Robert Heath)는 저서 『무의식을 유혹하는 법(Seducing the Subconscious)』에서 "특정 광고가 아무 내용도 없고 그것에 우리가 무관심하고 기억하지 못해도 우리의 선택에 심오한 영향을 미친다"고 말했다.[18] 물론 인상적인 이미지와 더 많은 노출을 통해 광고의 이미지가 외현기억이 될 정도면 그 효과는 더욱 지대할 것이다.

5. 무의식의 힘: 식역하 광고

1957년 미국에서는 실제 너무 짧게 스쳐지나가 사람들이 의식할 수 없는 수준의(3,000분의 1초) 광고를 영화 필름 사이에 반복적으로 삽입함으로써 사람들의 행동에 영향을 미칠 수 있다는 주장이 제기되었다. 제임스 비케리(James Vicary)라는 광고업자는 실제 영화에 이런 광고를 삽입해 코카콜라 판매의 18.1%, 팝콘 판매의 58%가 증가했다고 주장하였다. 식역하 광고(Subliminal Advertising)라고 불리는 이런 광고의 효과에 대한 주장이 언론에 의해 발표되었다.

사람들은 이제 광고업자들이 사람들의 생각을 아무도 모르게 조작할 수 있게 되었다고 생각하며 분개하였다. 또한 식역하 광고가 정치를 비롯해 어떤 분야에 응용될지 모른다는 생각에 대한 두려움을 표출하였다. 이 사건 후 종적을 감췄던 제임스 비케리는 수년 후 한 잡지와의 인터뷰에서 식역하 광고는 파산 지경에 이른 마케팅 사업을 다시 일으켜보려고 자신이 꾸며낸 일이라고 고백했다.[19]

하지만 이후 다수의 학자들은 100분의 1초 간 제시된 자연 경관, 거울 뒤에서 영사기로 비춰준 카드와 같이 식별하지 못하는 영상들에 사람들이 반응한다는 사실을 확인하였다. 특히 네덜란드의 요한 카레만(Johan C. Karremans) 교수와 동료들이 실행한 실험에서는 23,000분의 1초 동안 화면에 비춰진 립톤 아이스라는 단어가 실제 이 제품을 선택하는 사람들의 비율을 증가시킨다는 결과를 제시하였다.[20] 이는 제임스 비케리의 주장과 매우 흡사한 결과이다.

물론 식역하 광고의 효과를 지지하지 못한 다수의 연구들이 있음도 유의해야 하지만 상황에 따라 영향을 미칠 수 있는 것으로 판단된다.[21] 식역하 광고는 사람들의 구매의사결정이 이성적인 판단의 결과가 아닐 수 있음을 보여줄 뿐만 아니라 광고 기법들이 사람들의 생각과 행동을 조작할 수 있음을 보여준다.

오늘날 마케터들은 소비자들이 스스로의 행동에 대한 이유를 정확히 모르는 경우가 많다고 생각한다.[22] 지그문트 프로이트는 우리의 정신활동 중 많은 부분이 보이지 않는 곳에서, 즉 잠재의식 속에서 일어난다는 개념을 확립했다. 그는 잠재의식을 어두운 욕망, 감춰진 충동, 묻힌 감정들의 저장소로 보았다. 오늘날 심리학자들은 대부분 잠재의식의 존재를 받아들이지만, 동기 유발이 오로지 성적 또는 공격적 성향에 기반을 둔다는 개념은 거부하는 편이다. 아무튼 우리는 잠재의식 속에 수많은 동기와 욕구들을 감춰두고 있으며, 그것이 무의식적 수준에서 표출되는 것을 행동을 통해 관찰할 수 있다. 광고 효과의 많은 부분들은 이런 무의식적 수준의 표출과 관련된다.

암묵기억이나 식역하 광고에 대해 생각하면 우리는 우리 스스로를 통제할 수 있는가에 대해 의문을 느끼게 된다. 우리는 무의식의 역할을 쉽게 무시해버린다. 우리는 실제 마케팅이 가르치는 대로 행동하지만 자신의 행동이 주체적으로 결정된 것이며, 논리적이라고 포장하는 데 익숙하다.

6. 불완전한 합리성

1) 합리성과 감정/무의식의 공존

우리는 여태껏 광고가 사람들이 이성적으로 통제하지 못하는 방식으로 영향을 미칠 수 있음을 살펴보았다. 이런 설명은 우리를 다소 혼란스럽게 만든다. 실제 의식은 우리 스스로를 훨씬 자율성이 있고 합리적인 것으로 인식한다. 과연 사람은 합리적인 존재인가? 허버트 사이먼(Herbert Simon)이 제시한 제한된 합리성(Bounded Rationality) 개념이나 이중정보처리 이론(Dual Process Theory)은 합리성에 관해 호모 이코노미쿠스에서 한 발짝 물러난 견해들이다.

이중정보처리 이론은 사람들이 특정 외부 자극의 해석이나 의사결정 상황에서 두 가지 시스템 중 하나를 선택적으로 이용한다고 가정한다. 시스템 1(충동적 사고체계, System Impulsive)은 본능적이고 직관적인 시스템으로 단순감정과 무의식의 영역에 해당한다. 반면 시스템 2(반추적 사고체계, System Reflective)는 합리적인 시스템으로 의식의 영역을 의미한다.

인간이 처리해야 하는 외부적 자극들은 너무나 방대하기 때문에 모든 자극에 의식을 할당할 수 없다. 실제 우리는 운전을 할 때 우회전을 하기 위해 핸들을 얼마만큼 돌려야 하는지 계산하지 않는다. 매 순간 의식은 가장 중요하게 생각되는 하나에만 집중할 뿐이고 거의 모든 정보는 무의식, 시스템 1에 의해 처리된다. 시스템 1이 직관적인 결론을 생산한다면 시스템 2가 이를 검열하고 문제의 가능성을 제거한다.[23] 이중정보처리 이론은 사람이 가지는 두 가지 특성, 합리적 이성과 무의식을 조화시킨다. 또한 합리적인 시스템 2를 시스템 1의 감독관 지위에 올려놓음으로써 무의식의 존재(시스템 1)를 인정하면서도 합리적 인간(시스템 2) 관점과의 상충을 피한다.

한편 허버트 사이먼이 제시한 제한된 합리성 개념에서는 정보와 인지 자원(사고능력)의 한계를 반영해 사람들이 최적의 대안이 아니라 적당히 만족할 만한 대안을 선택한다고 설명한다. 이는 시스템 2마저도 한계를 가짐을 의미한다.

최근 많은 연구들은 시스템 2 또한 한정된 자원을 이용하기 때문에 시스템 1의 잘못된 결론을 탐지하지 못하거나 탐지된 오류를 수정하지 못하는 경우가 많다고 주장한다.[24] 시스템 1은 무수하게 많은 일들을 자동적으로 처리하고 있으며, 시스템 2에 의해 감독되는 행동들은 극히 일부분에 불과하다. 또한 시스템 2가 감독하는 경우마저도 사람의 인지자원의 한계에 의해 최선의 선택이 무엇인지 찾지 못한다는 것이다. 행동경제학 분야에서는 이런 제한된 합리성에 의해 사람들이 휴리스틱(주먹구구식) 방식의 의사결정을 이용한다고 생각한다. 그리고 휴리스틱이 단지 최적 행동으로부터의 무작위적(Random) 오차가 아닌 체계적인 오류, 편향을 발생시킨다고 보고 있다. 이런 체계적인 편향은 마케터들에게 활용될 여지가 많다.

2) 휴리스틱의 마케팅적 의미

몇 가지 널리 알려진 휴리스틱의 사례들을 살펴보자. 많은 행동경제학자들이 일단 자기 것이라고 생각하면 더 애착이 생기고 더 높은 가치를 부여하게 된다는 소유효과(Endowment Effect)의 사례들을 발견하고 있다. 동일한 물건이라도 그것을 가지고 있는 사람이 팔 때 최소한 얼마를 받아야 하는지 질문할 때 나오는 가격은(WTA: Willingness-to-Accept) 그것을 사려고 하는 사람이 최대 얼마나 지불할 의향이 있는지 물어볼 때 나오는 가격(WTP: Willingness-to-Pay)에 비해 대부분 높게 나타난다.

저명한 마케팅 저널에 실린 논문에서는 이런 소유효과로 인해 터치스크린을 이용할 경우 사람들이 더 높은 가격을 수용하게 됨을 보여주었다. 사람들은 멀찌감치 바라보았던 것 대비 만져서 느껴본 것에 대해 소유감을 느낀다고 한다. 그렇다면 마우스로 클릭하는 것 대비 터치로 제품을 구경하면 그 제품을 소유하는 심리가 생기고 이는 곧 소유효과로 이어져 상대적으로 높은 가치를 매길 수 있다.

이를 증명하기 위해 보스턴 대학의 브라셀(Adam Brasel)과 깁스(James Gips)는 3개 집단의 학생들이 스웨터 같은 제품을 각각 터치 정도가 낮은 마우스, 터치 정도가 중간인 터치패드, 터치 정도가 높은 터치스크린으로 구경하도록 했다. 이후 최대 구매의향가격(WTP)과 최대 판매의향가격(WTA)을 적도록 했다. 결과에서 터치스크린으로 구경한 학생들은 평균 43달러에 구매하고 73달러에 판매하겠다고 대답해 168%의 소유효과가 나타났다. 반면 터치패드로 응답한 학생들은 39달러에 구매하고 47달러에 판매한다고 답해 121%의 소유효과가 나타났다. 마우스로 응답한 학생들은 터치패드로 응답한 학생들과 유사한 결과를 보였다. 터치스크린을 사용한 경우 더 높은 소유효과가 나타났으며, 가치를 더 높게 평가하는 것이다.[25]

사소한 상황적 차이가 이토록 큰 가치평가의 차이를 만들어낸다. 이런 연구결과가 저명한 마케팅 저널에 실릴 수 있는 이유는 마케터들이 제품을 소개하는 인터페이스를 잘 선택함으로써 제품의 가치를 더 높게 인정받을 수 있으리라는 응용의 가능성 때문이다.

또 다른 휴리스틱으로 현상유지편향이라고 불리는 현상이 있다. 사람들은 선택 상황에서 되도록 현재 상태를 유지하는 쪽을 선호한다는 것이다. 그렇다면 이동전화를 가입시키거나, 여행상품을 제시할 때도 가능한 많은 옵션을 붙여서 기본 조건으로 제시할 수 있다. 소비자들이 일부 확실히 불필요하다고 생각하는 항목들을 빼더라도 상대적으로 추가되는 옵션이 증가될 수 있을 것이다.

컬럼비아 대학의 존슨(Eric Johnson)은 기본 조건이 얼마나 강력한 영향을 미치는지를 다음과 같은 사례를 통해 소개했다. 두 개의 주에서 모두 A-타입 보험과 B-타입 보험 중 하나를 의무적으로 가입할 것을 법제화하였다. A-타입 보험은 상대적으로 보험료가 비싸지만 다른 운전자의 과실에 의한 사고도 배상받을 수 있다. 그런데 뉴저지 주는 B-타입 보험을, 펜실베니아 주는 A-타입 보험을 기본 조건으로 설정하였다. 그 결과 뉴저지 주는 A-타입 보험에 가입한 비율이 20%였지만 펜실베니아 주는 무려 75%로 나타났다.[26] 기본 조건과 무관하게 자신에게 최대의 이익이 되는 대안을 선택했을 호모 이코노미쿠스들이라면 있을 수 없는 결과이다.

		A-타입	B-타입
특성		비싸고 다른 운전자 과실까지 배상	싸고 자신의 과실만을 배상
선택 비율	A-타입 기본 조건 상황	75%	25%
	B-타입 기본 조건 상황	20%	80%

표 2-1. 보험 선택에서 현상유지편향의 효과

3) 휴리스틱의 존재 이유

위에서 설명한 휴리스틱은 단지 몇 가지 예일 뿐이며, 행동경제학자들은 수많은 휴리스틱을 발견해가고 있다. 실제 휴리스틱은 사람이 가지는 한정된 인지자원, 사고능력을 효율적으로 사용하기 위해 발전된 진화의 산물일 수 있다.

『마음의 미래』의 저자 미치오 카쿠(Michio Kaku)는 다음과 같이 설명한다. "두뇌는 최소한의 에너지로 운영되어야 하므로 에너지를 낭비할 여력이 없다. 우리의 뇌는 20W 정도의 에너지를 소모하고 있으며(희미한 전구의 전력 소모량과 비슷하다). 이 값은 몸이 고장 나지 않는 한 절대 증가하지 않는다. 만일 뇌에서 이보다 많은 열이 발행한다면 뇌조직이 손상되면서 심각한 장애가 발생할 것이다. 그러므로 두뇌가 정상 상태를 유지하려면 에너지를 최대한 절약해야 하고, 이를 위해서는 지름길을 택하는 수밖에 없다. 우리의 뇌는 긴 진화 과정을 겪으면서 절차를 무시하고 빠른 결정을 내리는 장치들을 다양하게 개발해왔다."[27] 우리는 이런 장치가 가동되고 있음을 인식하지 않으면서도 이런 방식에 의존하고 있다.

휴리스틱에 대한 이해는 사람들의 행동을 이해하고 사람들의 행동을 더 바람직하게 이끌 수 있다. 하지만 필자는 기업들이 이를 이용해 매출을 증대시키는 데 활용할 가능성이 더 크다고 생각한다. 결과적으로 사람들의 행동을 왜곡시키는 데 활용될 가능성이 크다.

한편 최근의 연구들은 언뜻 보기에 합리적인 시스템 2가 감독관이었던 것으로 보일지라도 사실은 시스템 1에 의해 지배되는 경우가 많음을 보여준다.[28] "두 가지 사고시스템이 자연스럽게 하나로 섞이는 경우도 있다. 출발은 충동적이었지만 심사숙고함으로 전환되는 경우도 있다. 그래서 심사숙고의 과정에서 나온 듯한 생각도 자세히 들여다보면 충동적인 생각에서 출발한 것임이 드러나기도 한다."[29]

아이들이 무언가를 가지고 싶다고 생각하면 이런저런 이유를 대면서 설득을 시도하는 모습과 같다. 어른이라고 해서 다르지 않다. 우리는 명품 가방이든 멋진 차든 일단 사고 싶다는 강한 욕구를 느낀 후에 자신의 욕구를 정당화하는 경우가 많다. "상품 구매를 결정하는 것은 뇌 깊숙이

자리 잡은 감정의 영역이며, 의식은 구매 결정이 이루어지고 난 뒤 그것을 합리화하는 기능을 수행한다."[30] 결국 부하 직원(시스템 1)이 감독관(시스템 2)을 속이고 마음대로 하는 상황이 발생한다는 것이다. 의식, 합리성은 선택의 일부분만을 설명한다.

7. 목적에 대한 합리성

사실 무엇을 원하느냐는 이성의 영역이 아니다. 아이의 행복, 연인에 대한 사랑, 명예… 어떤 목적이 과연 논리성, 합리성으로 설명될 수 있는가? 여태껏 살펴보았듯이 광고가 이성, 합리성보다는 암묵기억, 무의식, 감정을 자극하는 것임은 사실 너무나 당연하다. 또한 이런 암묵기억, 무의식, 감정의 영역은 합리성의 영역과는 달리 명확한 옳고 그름의 기준이 적용되기 어렵기 때문에 광고에 의해 쉽게 조작된다. 이번 장에서 설명된 다양한 사례들은 사람들의 선호가 쉽게 조작될 수 있음을 보여주는 것들이었다.

실제 사람들은 많은 경우 이유를 인식하지 못한 채 먼저 원한다. 그리고 이후에 욕망을 정당화한다. 필자는 가끔 학생들에게 에르메스(Hermès) 핸드백을 가지고 싶은지 묻는다. 그러고는 왜 그 비싼 에르메스를 원하는지 묻는다. 대부분 한참을 고민하다 답하곤 한다. 당신이 바로 답할 수 있다면 그런 질문에 익숙하여 이미 답변을 기억하고 있는 경우일 것이다. 그리고 그런 답변은 잡지와 광고를 포함한 우리 사회의 다양한 가르침의 결과이기 쉽다.

동의하기 어려운가? 『톰 소여의 모험(The Adventure of Tom Sawyer)』에서

이모의 울타리에 페인트를 칠해야 했던 톰을 기억해보라. 지겨웠던 페인트칠을 갑자기 놀이로 변신시켜 친구들에게 팔아먹는다. 우리가 무엇인가를 원하는지 싫어하는지는 절대 객관적이거나 논리적인 것이 아니다.

"톰 소여와 가치의 형성(Tom Sayer and the Construction of Value)"이라는 제목의 논문에서 에리얼리(Dan Ariely)와 동료들은 학생들을 대상으로 실험을 실시하였다. 한 집단에게는 $2를 대가로 받고(Accept) 시(詩) 낭송회에 참석할 의사가 있는지 물었다. 이 질문에 59%의 사람들이 참석 의사가 있다고 했다. 바로 이어서 그렇다면 공짜로 이 낭송회에 참석할 의사가 있는지 물었는데 이 경우 8%가 참석하겠다고 답변했다. 시 낭송회가 미국 학생들에게도 그다지 인기 있지 못한 듯하다. 그런데 다른 집단의 학생들에게는 $2를 내고(Pay) 이 낭송회에 참석할 의사가 있는지 우선 물었다. 이 경우 3%만이 참석 의사를 밝혔다. 충분히 납득이 되는 상황이다. 그런데 이어서 공짜로 이 낭송회에 참석할 의사가 있는지 물었을 때에는 35%가 참석 의사를 밝혔다.

돈을 받는 상황에서 공짜가 되었을 때 8%와 돈을 내는 상황에서 공짜가 된 경우 35%의 차이는 동일한 대상에 대해서도 상황에 따라 가치판단의 차이가 크다는 것을 보여준다. 논문의 저자들은 혹시 돈을 내는지의 여부가 낭송회의 품질을 다르게 인식시킨 것이 아닌지 의심하여 낭송회의 일부를 녹음하여 들려주고 질문을 해보기도 하였지만 비슷한 결과가 나타났다.[31]

무엇을 원하고 원하지 않고는 당연한 사실이라기보다 문화적으로 학습된 경우가 많다. 또 약간의 상황적 차이에 의해 무엇을 원할지가 달라진다. 두 개의 장난감 중에서 하나는 높은 유리벽 뒤에 두고 하나는 바닥에

두면 아이는 손쉽게 가질 수 있는 장난감을 무시한 채 유리벽에 다가간다. 하지만 벽을 충분히 낮추면 멀리 있는 장난감에 대한 아이의 선호는 약해진다.[32] 어른들도 무엇을 왜 원하는지 잘 알지 못한다. 합리적·경제적 인간, 호모 이코노미쿠스라는 자본주의적 인간상이 똑똑하고 합리적인 소비자의 환상을 만들어내었을 뿐이다.

경제학자들은 사람들이 무엇을 원하는지에 대해 설명하지 않고 단지 개인의 합리적인 판단의 결과라고 치부하고 넘어갔다. 하지만 마케터들은 사람들이 왜, 무엇을 원하는지 잘 알고 있다. 그리고 마케터들은 사람들이 무엇을 원해야 하는지 결정한다. 한 광고 전문가는 "내가 원하는 모든 것들, 현재의 갈증은 물론 예측하지 못한 미래의 욕망을 선지급해주겠다고 광고는 말한다. 그래서 광고는 소비자들에게 꿈을 주는 행위이다"라고 하였다.[33] 다시 말하면 광고는 사람들이 무엇을 원해야 하는지 알려주는 행위이다.

우리는 기업들이 지배하는 매체들을 통해 소비문화를 주입받으며 살아가고 있다. 소비를 목적으로 살아가는 것이 우리의 선택인가? 소비 수준을 유지·확대하기 위한 희생들, 가족, 건강, 여가, 환경의 파괴… 우리가 자유시장의 희생자가 되고 있지는 않은가?

8. 뇌과학이 보는 합리성

물리학자인 미치오 카쿠는 『마음의 미래』에서 최근 뇌·신경과학의 연구 성과들을 쉽게 풀어쓰고 있다. 과거에 사람들은 인간의 두뇌 활동을 컴퓨터와 비교하여 이해하고자 했다. 그러나 컴퓨터와 사람의 정보처리에는 큰 차이가 있다. 컴퓨터에서는 단일한 프로세서(CPU)에 의해 정보들이 한 번에 하나씩 직렬적으로 처리되지만 인간의 두뇌에서는 1천억 개에 달하는 뉴런들이 동시에 작용하는 병렬적인 처리가 가능하다. 따라서 인간의 두뇌는 컴퓨터보다는 인터넷에 가깝게 묘사될 수 있다고 한다. 컴퓨터는 인과적이고 논리적인 정보 프로세싱에 능하다. 반면 두뇌는 수많은 정보들을 동시에 처리하며 그러한 처리들 간에 완전한 일관성을 갖추기 어렵다.

저자는 또한 주식회사의 개념이 인간의 두뇌를 잘 설명할 수 있다고 말한다. 인간의 두뇌에는 거대한 관료 체계와 일련의 지휘 계통이 존재하며 방대한 정보들이 사무실 사이에서 수시로 교환된다. 그러나 가장 중요한 정보는 최종 결정권자인 CEO(이마의 바로 뒷부분에 있는 전전두피질 부위인 것으로 추정되는)의 지시에 따라 처리된다.

그런데 실제 주식회사에서나 두뇌 안에서 CEO에게 배달되는 정보는 극히 일부분이다. 정보의 대부분은 CEO(인간의 의식)보다는 직원들(잠재의식)에 의해 처리되고 있다. 여기서 의식이란 단순하게 설명하면 우리가 주목하는 부분을 의미한다. 우리가 특정 레스토랑에 들어설 때 우리의 의식은 눈에 띄게 키가 큰 직원과 전면의 샹들리에만을 주목할 뿐이지만 피부에서 느끼는 온도와 소음의 정도, 전체 색감 등 모든 요소들이 그 레스토랑의 느낌, 호감도를 결정한다. CEO가 주목하여 인식하는 정보는 우리가 실제 받아들이고 처리하는 정보의 극히 일부분에 불과하다.

CEO의 의사결정은 매우 합리적으로 보인다. 그러나 CEO가 관장하지 못하는 수많은 정보처리/의사결정들은 무의식과 감정의 지배하에 있다. 결과적으로 인간의 의사결정들이 완전히 합리적일 것으로 기대하기는 어렵다. 하버드 대학교의 심리학자인 스티븐 핀커(Steven Pinker)는 이러한 두

뇌의 활동에 대해 "의식이란 뇌 안에서 휘몰아치는 폭풍과 비슷하다"고 했다. 즉 "뇌 전체에 퍼져 있는 수많은 사건들이 CEO의 관심을 끌기 위해 치열한 경쟁을 벌이고 있다. 하나의 사건이 자신의 존재를 가장 큰 소리로 외치면, 두뇌는 거기에 합리적인 해석을 내림과 동시에 하나의 자아가 모든 결정을 내린다는 느낌을 만들어낸다. 요점은 우리는 스스로 합리적이라는 착각을 하고 있다는 것이다."[34]

다소 장황해졌지만 인간이 경제학에서 묘사하는 컴퓨터적인 존재와는 동떨어졌음을 같이 느끼고 싶었다. 과거에는 우리를 자연의 다른 존재들과 구분 짓고자 했고 합리성이 우리를 특징짓는 것으로 생각했다. 하지만 이제 알파고와 같은 인공지능과 우리를 구분 짓는 것이 무엇인가를 생각해야만 한다. 우리는 컴퓨터나 기계장치들과는 구별되는 생명들이다. 비이성적인 무엇으로 인해 사랑하고, 예술을 추구하고, 연민하는 아름다운 존재인 것이다. 수학적 정연함과 자연법칙에의 순응은 하늘을 떠가는 저 구름이나 가을이면 떨어지는 낙엽 속에도 존재하지만 그 속에서 아름다움과 행복을 찾아내는 것은 생명만이 할 수 있다. 이제 생명으로서의 우리와 생명 공동체로서의 지구에 더 많은 관심을 두어야 한다.

9. 합리성과 자유방임

개별 경제주체들의 자유로운 선택을 통해 개인의 행복과 사회적 행복이 극대화될 수 있다는 자유시장에 대한 믿음은 개인이 무엇을 원하는지에 대해서 물을 필요가 없음을 의미한다. 이로 인해 경제학은 인문학이나 심리학의 영역과 분리되어 자유로워졌다. 우리가 타당한 목적을 위해 살고

84

있는가라는 질문을 던져버리고 화폐로 측정되는 생산과 소비의 극대화만을 추구할 수 있게 된 것이다. 경제학이 사회를 움직이는 주된 논리가 되면서 무엇을 목적으로 해야 하는가라는 질문이 의미를 잃게 되었다. 철학과 인문학은 소일거리 또는 경영자들이 자신의 논리를 그럴듯하게 포장하기 위한 수단으로 전락했다.

사실 자유방임은 사람들이 진정 자신의 행복을 추구할 수 있는 역량을 가졌을 때만 의미가 있다. 따라서 자유방임적 사회에서야말로 삶의 의미와 목적에 대한 논의가 중요하고 철학과 인문학이 중심에 놓여야 한다. 하지만 오늘날 우리를 지배하고 있는 논리는 기업들이 지배하는 매체들에 의한 소비 철학일 뿐이다.

우리는 과거에 비하면 엄청난 생산력의 증대, 풍족함을 누리고 있음에도 돈이 없어서 아이를 낳지 못한다. '2013년 사망 원인 통계'에 따르면 한국에서는 하루 평균 39.5명이 자살로 생을 마감한다. 연간으로 보면 14,427명이 자살하는 것이며, 이는 교통사고 사망자 수의 두 배를 넘어서는 수치이다. 또한 이 수치는 10년 전에 비해 26.5% 증가한 것이다.[35]

자, 이제 우리는 스스로를 다시 한 번 판단해보아야 한다. 합리적인 사람들의 경제적 선택, 더 많은 소비가 우리 삶을 진정 의미 있게 만드는가? 과연 우리 삶의 방식은 우리가 선택한 것인가? 아니면 자본주의라는 시스템이 체계적으로 주입한 삶의 방식에 조건화된 것은 아닌가? 우리는 깊은 고민 끝에 많은 선택을 한 것처럼 느낀다. 하지만 일방적이고 압도적인 광고, 소비자본주의 문화가 다른 선택의 여지들을 지워버린 것은 아닐까?

03

소비는 나를 표현한다

: 상징적, 경쟁적 소비

———

나는 쇼핑한다. 고로 존재한다 I shop, therefore I am.

바바라 크루거(페미니즘 아티스트)

오늘날 소비는 나를 표현하고 나의 자존심을 유지하는 기본적인 수단이다. 오늘날 모든 제품에는 사회적 기호들이 담겨져 있다. 우리가 사는 동네, 입고 걸치는 모든 것, 자동차… 물건들만이 아니다. 출근길에 들렀다 나오는 커피숍은 은은한 향기와 고급스러운 인테리어를 통해 나의 격조를 높여주고 자신감을 심어준다. 지난여름 다녀온 해외여행 비용이 만만치 않았지만 친구들에게 "나를 위해 그 정도는 투자해줘야지!" 할 때는 나도 그들의 일부가 되었다는 뿌듯함을 느끼게 된다.

제품과 서비스는 생존의 수단에서 자아의 표현과 성취를 위한 도구로 격상되었다. 하지만 실제 온갖 제품들로 둘러싸인 오늘날 사람들이 자존감과 성취감으로 충만한 것 같지는 않다. 기업은 모든 제품들에 사회적 기호를 부여하고 그것을 가지지 않는다면 당신은 결핍된 사람이라고 암시한다. 가지지 못한 물건들은 부족한 자존감과 달성하지 못한 목표로 남는다. 그렇게 쌓여가는 결핍감, 채우지 못한 욕구가 우리를 일하게 하고 경제를 굴러가게 하는 소비를 창출한다.

소비를 통해 결핍감, 욕구들이 해소될 수 있는가? 그렇다면 소비사회는 지속될 수 없다. 우리는 지속적으로 소비해야만 하고, 충족되어서는 안 되는 모순에 빠져 있다. 이번 장에서 우리는 어떻게 내 주변의 상품들이 나의 자질들과 성취를 상징하는 제품이 될 수 있는지 살펴볼 것이다. 그리고 소비는 경쟁의 성격을 띠며, 끝날 수 없는 경쟁으로 인해 소비자본주의가 유지될 수 있음을 같이 생각해보자.

1. 마케팅의 정의와 브랜드

나이키의 창립자이자 최고경영자였던 필 나이트는 "우리가 만드는 상품은 우리 회사의 가장 강력한 마케팅 수단이다"라고 말했다.[1] 마케팅을 물건을 파는 것이라고 생각한다면 이 표현은 목적이 수단으로 전도된 기묘한 표현이다.

하지만 마케팅은 '소비자들에게 가치를 창출하고 전달하는 활동'이며 제품은 가치 전달의 한 요소일 뿐이다. 이미 충분히 성숙한 기술로 인해 상품 간 물리적, 기능적 차별화가 어려워졌으며, 브랜드의 차이가 상품의 차이가 되는 경우가 많다. 브랜드는 단지 이름과 로고만을 의미하지 않는다. 제품과도 다르다. 브랜드는 브랜드명, 패키징, 라벨, 브랜드를 판매하는 장소, 그 브랜드를 사용하며 후원하는 유명인 등이 합해져 경험되는 총체라고 볼 수 있다.

전통적인 마케팅 수단으로 4P가 언급된다. 여기서 4P는 제품(Product), 가격(Price), 유통망(Place), 판매촉진(Promotion)을 의미한다. 판매촉진은 소비자들에게 정보를 전달하고 가치를 설득하는 활동을 말한다. 제2장의 주된 논의 대상이었던 광고 또한 가격 할인이나 각종 이벤트를 포괄하는 판매촉진의 한 유형일 뿐이다. 에르메스 핸드백을 예로 들어 생각해보자. 아무나 넘볼 수 없는 놀라운 수준의 가격(Price), 들어가보기에도 가슴 떨리는 최고급 인테리어의 매장(Place), 흰 장갑을 끼고 도자기를 다루듯 제품을 보여주는 종업원(Place), 고급 잡지를 통한 예술에 가까운 광고(Promotion), 디자이너의 명성과 이 제품을 사용하는 명사들의 스토리(Promotion)들이 결합되었을 때 제품의 가치는 전달된다.

가치를 창출하기 위해서 기업은 소비자의 욕구를 이해하고 이를 기존 제품보다, 경쟁 기업들보다 더 잘 만족시킬 수 있는 제품(Product)을 개발해야 한다. 즉, 새로운 기능을 도입하는 일이 중요하다. 하지만 기술의 수준이 극도로 성숙한 상황에서 이것만으로 새로운 가치를 창출하기 어렵다. 기업들이 제시하는 광고는 "당신은 항상 최신 자동차로 치장된 화제의 중심에 선 사람이 되어야 한다"고 강조하고, 그에 적합한 최신 자동차를 끊임없이 보여준다(Promotion). 또한 조그마한 소음이라도 참을 수 없으며, 참아서는 안 된다는 인식을 심어주어야 한다(Promotion). 보기도 싫어진 차를 날려버리는 것을 도와줄 리스, 할부, 보상판매 프로그램(Price), 그리고 바로 오늘이 신상 구매를 위한 최상의 날임을 확신시키는 각종 혜택과 할인(Promotion)이 결부되어야 한다. 당신은 조금 더 고사양의 차에 어울리는 사람이고 바로 그 고사양이 조금만 더 쓰면 쟁취될 수 있도록 가격을 책정한다(Price).

의류, 액세서리와 같이 남에게 보여지는 제품들에서 매 계절마다 새로운 유행을 창조하는 것은 단지 상품을 만드는 과정이 아니다. 연예인을 포함한 명사들을 동원하여 그 유행을 따르면, 따라야만 그들의 부류에 속할 수 있으리라는 환상을 심어주어야 한다(Promotion). 자신들의 점포를 소비자들의 놀이터로 만들어 자주 방문케 하고 새로운 제품에 노출시켜야 한다(Place). 귀족처럼 받들고 친구의 역할도 대신해주어 스트레스를 받으면 제품을 사는 것으로 풀 수 있도록 훈련시켜야 한다(Place & Promotion).

여러분은 이제 왜 마케팅이 단지 광고, 제품과는 다른지 느낄 수 있을 것이다. 한 가지 중요한 점은 기업의 브랜드에 특별한 이미지, 느낌을 부여하기 위해 이런 모든 활동들이 일관성을 가져야 한다는 사실이다. 예를 들어 봄봄밴드 마케팅을 실시하는 삼성화재의 광고는 파란 하늘을 배경으로 파란 사탕을 강조하여, 삼성 브랜드의 파란색 로고를 연상하게 한다. 직원들의 의상, 점포의 인테리어도 파란색 계통을 주로 응용해야 한다. 색상 하나만으로도 많은 이미지가 전달된다. 갑자기 노란색이나 빨간색이 강조되면 사람들은 이 브랜드의 이미지에 혼란을 겪을 것이다. 색상만이 아니다. 모든 수단들이 특정한 이미지를 만들어내기 위해 조율되어야 한다.

따라서 마케팅은 전략의 지위를 갖는다. 기업은 자신의 제품을 어떤 유형의 사람들에게(목표시장: Target Market) 팔지 정의하고, 그 사람들에게 어떤 특징, 이미지로 기억되고자 하는지 결정한다(포지셔닝: Positioning). 그리

그림 3-1. 삼성화재 봄봄밴드 광고의 한 장면.
전반적으로 푸른 배경이 삼성 브랜드의 파란색 로고를 연상하게 한다.

고 4P를 이용해 일관된 특징, 이미지(Positioning)를 목표시장(Target Market)에 전달한다. 포지셔닝은 4P를 실행하는 가이드라인, 전략이 되는 것이다.

"Just Do It!"은 나이키의 포지셔닝을 상징하는 문구이며(Positioning Statement), 마이클 조던은 나이키의 이미지다. 자신의 숨소리와 심박만으로 가득 찬 텅 빈 거리를 달리는 몰입의 경험을, 강인한 체력과 승리의 환상을 파는 그들에게 제품은 경험의 구성품이다. 나이키의 광고는 제품을 말하지 않는다. "60초는 무엇을 설명하기에 너무 짧은 시간이다. 그러나 마이클 조던이 등장하면, 말이 필요 없다."[2]

그림 3-2. 나이키를 말하는 데 두 가지 외에 무슨 설명이 더 필요할까?

나이키만이 아니다. 기업은 이제 냉장고에 성에가 끼지 않는다, 에너지 효율이 높다고 말하지 않는다. 이런 주장을 하는 냉장고는 200만 원 이하의 냉장고다. 고기능 냉장고는 "여자라서 행복하다"라든가 "냉장고는 가족의 중심"이라고 말한다. 고기능은 기능으로서 가치를 지니는 것이 아니라 특별한 가치의 상징물, 신호(Cue)일 뿐이고 그 자체로는 가격 차이를 정당화하기 어렵다. 700만 원대와 200만 원대 냉장고의 차이는 가족에 대한 나의 사랑의 차이이고, 보통의 삶과 특별한 삶의 차이이다.

우리의 무의식은 이미 700만 원짜리 냉장고의 의미를 잘 알고 있다. 마이클 조던과 중첩된 이미지의 나이키, 김연아 선수의 스마트 에어컨, 손연재 선수의 휘센 에어컨은 어떤 기능적 설명보다 강한 의미를 지닌다. 그리고 이런 의미들은 물리적 제품보다는 브랜드를 통해 전달된다. 제품을 포함한 4P는 일관된 이미지, 경험을 전달하고 이를 브랜드에 축적하는 데 목적이 있는 것이다.

그림 3-3. 김연아 선수와 스마트 에어컨, 손연재 선수와 휘센 에어컨

정리하자면 현대 마케팅은 브랜드의 포지셔닝을 강화하는 일관된 경험을 강조한다. 여기서 경험이란 강렬한 정서적 반응을 수반하는 의미 있는 경험들을 말한다. 앞에서 설명한 모든 활동들, 제품의 경험은 정서적 반응을 수반하며, 외현기억이나 암묵기억의 형태로 기억된다. 그리고 그 축적된 기억은 소비자들의 반응을 이끌어낸다. 많은 연구들은 사람들이 비슷한 제품이라도 애착을 가지고 있는 브랜드를 선택하며, 그 브랜드에 훨씬 더 높은 가격을 지불할 의향이 있음을 보여주고 있다.[3] 어느 제품이 더 우수한지 모른다면 브랜드를 통해 우수성을 판단한다. 많은 경우 브랜

드 자체가 우수한 품질과 디자인의 기준이 된다. 우월한 브랜드 이미지를 구축하기 위해 전략으로서의 타깃팅(목표시장의 설정)과 포지셔닝, 전술로 서의 4P가 응용되는 것이며, 이 총체가 마케팅이다.

한 가지 주목할 점은 가치를 창출하고 전달하는 일은 많은 경우 옛것을 버리도록 만드는 과정이다. 그런 의미에서 가치의 창출과 전달은 계속적인 욕구의 창출이며 그에 대한 일시적 만족(곧 새로운 제품으로 대체되어야 할)이라고 할 수 있다. 뒤에서 다시 다루겠지만 기업들은 새로운 소비를 위해 팔려버린 제품을 급속히 옛것, 감정을 잃은, 어쩔 수 없이 써야 하는 애물덩어리로 만들어야만 한다. 신기술, 유행이 그 주된 수단이다. 따라서 사람들의 경험, 정서적 반응들은 금세 용도 폐기될 제품에 담겨서는 안 된다. 소비자가 기쁨을 느끼고 애착을 가져야 할 대상은 상품이 아니라 브랜드이다. 기업은 상품이 아니라 브랜드를 통해 존속한다.

2. 브랜드 가치

브랜드 가치란 소비자들이 해당 브랜드를 식별하고 관련 지식과 이미지, 정서적 반응을 축적하고 있기 때문에 브랜드가 현재 및 미래 수익에 기여하는 바를 화폐 단위로 측정한 것이다. 간단히 말하면 브랜드로 인해 소비자들이 그 기업의 제품을 선택하고 더 비싸게 사기 때문에 발생하는 가치를 의미한다.

참고로 국내 민간기업 중 주식시가총액 1, 2위 기업인 삼성전자와 현대자동차의 기업브랜드 가치는 산업정책연구원의 추산에 따르면 각각 124조 원, 30조 원이다.[4] 브랜드 가치는 삼성전자의 자산총액 241조 원(2016년

1분기 말 기업공시자료), 현대자동차의 자산총액 67조 원(2015년 말 기준 공시자료)의 대략 절반에 해당하는 금액이다. 대다수 알 만한 유력 기업들의 현황도 크게 다르지 않다. 브랜드 가치의 구축이 기업의 목적이라고 해도 크게 틀리지 않은 말이다.

구체적으로 살피자면 잘 구축된 브랜드는 소비자들에게 감정적 애착을 불러일으킨다. 펩시와 코카콜라의 대결은 마케팅 전공자들에게는 너무나 익숙한 사례이다. 1970년대에 실시된 "펩시 챌린지(Pepsi Challenge)" 캠페인에서는 블라인드 테스트를 통해 실험한 결과 사람들이 코카콜라보다 펩시를 더 선호한다는 내용을 광고에 담았다. 그 캠페인은 상당히 성공적이어서 펩시의 점유율 상승에 크게 기여하였다. 그런데 여기서 궁금한 점은 블라인드 테스트에서 우위를 보였던 펩시콜라가 실제 판매나 인지도 측면에서 왜 열위를 보이는가 하는 점이다. 베일러 의과대학의 신경과학자 리드 몬터규(Read Montague)가 진행한 자기공명영상장치(MRI)를 이용한 실험은 결국 브랜드와 관련된 기억과 감정이 결정적인 역할을 함을 보여준다.

67명의 피험자들을 대상으로 어떤 브랜드인지를 알려주지 않은 채 콜라를 제공했을 때에는 모두 동일한 뇌 영역, 측중격핵(달콤한 맛을 느끼는 부분)이 크게 활성화되었다. 그런데 브랜드 명을 알려주고 콜라를 맛보게 했을 경우에는 그 결과가 매우 달랐다. 코카콜라를 맛보게 했을 때에는 측충격핵 외에도 정서적 판단과 브랜드의 가치를 평가하는 영역으로 알려진 '복내측전두엽피질(Ventromedial Prefrontal Cortex)'의 활동이 크게 증가했지만 펩시콜라를 마실 경우에는 그렇지 않았다. 이는 브랜드에 대한 정서와 기억이 사람들의 선택에 미치는 영향을 보여준다.[5] 또 다른 실험에서는 같은 감자튀김을 맥도날드 포장지와 아무런 표시가 없는 포장지에 각각 넣고 아이들에게 제시했을 때 아이들은 맥도날드 포장지에 든 감자튀김을 더 맛있게 느끼는 것으로 나타났다.[6] 감정적 기억이 일단 뇌에 자리를 잡으면 소비자가 그 브랜드를 볼 때마다 똑같은 느낌과 기억을 되살리게 되며 결국 잘 정립된 브랜드의 제품을 선호하게 되는 것이다.

다음의 실험은 브랜드의 친숙도가 위험과 인지적 부담을 감소시키는 역할을 함을 보여준다. "독일의 신경과학자들은 최근 실험 참가자에게 여러 기업의 로고를 보여주면서 뇌를 촬영하는 실험을 했다. 이때 3초 동안 폭스바겐의 로고를 보여주자 실험 참가자들의 뇌에서 긍정적인 감정과 보상체계를 담당하는 부분이 활성화되었다. 뒤이어 세아트(Seat)라는 덜 알려진 스페인 자동차회사의 로고를 보여주자 이번에는 부정적인 감정 중추와 기억 중추가 활성화되었다. 익숙하지 않은 로고를 접한 실험 대상자들이 어느 회사의 것인지 파악하려 애썼기 때문이다."[7]

또한 상품이 사회적 기호가 된다는 것은 누차 언급한 바 있다. 그러나 그런 기호로서의 상징은 상품 자체보다는 브랜드에 부여된다는 것이 더 올바른 표현이다. 브랜드 이미지의 누적은 어떤 유형의 사람들이 어떤 브랜드를 사용한다는 고정관념을 부여하게 되며, 소유주·사용자를 범주화하는 표상으로 작용한다. "이러한 표상·상징은 종종 마케팅의 결과로 획득되며, 사회 환경에 의해 강화된다."[8] 결과적으로 내가 입고 걸치는, 이용하는 제품들의 브랜드가 나를 표현한다. 즉, 나의 성격과 이상을 시각적인 형태로 표현하는 것이다.

한편 상품은 정체성의 표현 수단이기도 하지만 정체성을 만들어내는 도구로 작용하기도 한다. 정체성이 먼저 존재하고 이를 표현하는지, 표현되는 이미지에 의해 스스로의 정체성을 인식하는지는 다른 차원의 문제이다. 저명한 행동경제학자인 댄 애리얼리(Dan Ariely)는 사람들이 자기가 누구인지에 대한 명확한 개념을 가지고 있지 않다고 말한다. 도리어 어떤 제품을 사용하거나 특정한 행동을 함으로써 자신을 특정한 유형의 사람이라고 해석하고자 노력한다고 말한다. 애리얼리는 이런 경향을 자기신호화(Self-signaling)라고 명명하였다.[9] 예컨대 메르세데스 벤츠 자동차는 성공의 상징으로 간주되는 경우가 많으므로 벤츠를 운전할 때 부자가 된 듯한 느낌이 들면서 스스로를 성공한 사람으로 인식하게 될 것이다.[10] 사회적으로 선호되는 이미지를 축적한 브랜드가 막대한 가치를 갖는 것은 자연스러운 일이다.

정리하자면 상품에 의미를 부여하여 정서적 반응을 일으키는 과정이 마케팅이다. 기업이 상품에 부여하고자 하는 의미와 정서적 반응을 정의하는 작업이 포지셔닝이며, 성공적인 포지셔닝은 가치있는 브랜드를 창출·유지한다. 따라서 혹자는 마케팅이란 차가운 공산품에 따뜻한 인간의 감성을 입히는 것이라고 말한다. 그리고 그 감성의 결정체가 브랜드이다. 이제 더 구체적으로 상품, 브랜드가 어떻게 이런 의미를 부여받게 되는지 생각해보자.

3. 값비싼 신호이론

앞서 브랜드가 나의 정체성을 표현하는 도구, 또는 나의 정체성을 형성하는 도구임을 설명하였다. 여기서 정체성의 가장 중요한 부분은 소득이다.

소득은 우리 사회에서 물질적 부만을 의미하는 것이 아니다. 세상이 우리 삶을 얼마만큼의 값어치로 인정해주느냐를 다른 사람들에게 알리는 신호의 역할을 하기 때문에 더 중요해진다. 현대 경제를 이끌어가는 '보이지 않는 손'은 가격 시스템을 의미한다. 이 가격 시스템은 개인에게도 적용된다. 직업인으로서 개인의 능력과 성취는 연봉으로 표현된다. 예술적 성취는 시장에서 얼마에 팔리는 작품인지에 의해 결정된다. 철학과 지식의 가치도 팔린 책의 매출, 강의료로 평가된다. 따라서 나의 가치는 소득에 의해 결정된다.

그리고 어느 순간부터는 축적된 부(富)가 나의 축적된 가치를 의미하게 된다. 익명적 사회에서는 그 부가 부모에게 물려받은 것인지 복권을 통해 얻어진 것인지 구분되지 못한다. 단지 걸치고 이용하는 물건들, 소유한 것이 나의 가치를 표현한다. 서비스도 마찬가지다. 가사도우미를 이용하는지, 해외여행을 다녀오는지, 피부미용실에 얼마나 자주 출입하는지가 나를 규정한다. 이제 사람들은 어떻게 효과적으로 나의 가치를 표현할지 고민하게 된다. 그리고 비싼 상품, 브랜드들이 그 수단이 된다. '값비싼 신호 이론'은 이를 요약적으로 설명하는 개념이다.

값비싼 신호이론은 진화론에서 유래한 개념이다.[11] 진화론에는 환경에 적응한 개체가 생존하여 자손을 번식시키는 것으로 요약되는 '자연선택론'과는 다소 배치되는 개념이 포함되어 있다. 자연에는 왜 거추장스럽고, 유지하기에 많은 자원을 소모하는 거대하고 아름다운 꽁지깃을 가진 공작새가 존재하는가? 엄청난 크기의 아름다운 수사슴의 뿔도 다소 의아스럽다. 숲속을 달려 도망치기에는 거추장스러운 깃털이나 뿔은 효과적인 자연 적응의 방해물로 보인다. 하지만 뿔과 깃털은 개체의 건강과 적

합성을 상징하는 값비싼 신호이다. 무겁고 아름다운 뿔을 유지할 수 있다는 건강함을 과시해서 암컷에게 선택받아야지만 자손을 남길 수 있는 것이다. 이 '성선택'의 개념이 자연선택과는 모순되는 현상들을 설명한다. 더 비싼 대가, 값비싼 신호를 가지기 위해 경쟁한다. 이 개념은 경쟁이 불필요한 비용을 수반함을 암시한다.

비싼 가격이 높은 품질을 연상시키기 때문에 정당화되기도 하지만 비싼 가격은 그 자체로 의미가 있다. 남들이 감히 범접하지 못할 비싼 상품들로 치장할 때 나의 가치가 표현되기 때문이다. 혹시 남들도 비슷한 상품을 이용할 수 있다면, 모방할 수 있다면 그 상품은 의미가 없어진다. 명품의 가격이 끝도 없이 올라갈 수 있는 이유도 여기에 있다. 가끔은 '남들도 다 가지는 명품 나도 하나쯤은'이라는 마음이 들기도 한다. 이때 언급되는 명품은 상위 계층의 신호라기보다 '나는 그래도 중산층은 된다'는 신호일 것이다.

그런데 실제 값비싼 신호의 지위는 개별 제품이 아니라 브랜드에 부여된다. 일부 제품들은 값비싼 제품이 아니라도 브랜드에 부여된 지위를 이용해 판매되고 기업에게 막대한 이윤을 제공할 수 있다. 명품 브랜드들은 가끔 헌정 상품을 만들기도 한다. 유명 연예인이나 정치인에게 헌정되는 이 제품들은 단지 몇 개만 생산될 뿐이다. 휴블럿(Hublot)은 백만 달러짜리 시계를 단 하나만 만들었고, 에르메스는 33만 달러짜리 시계를 두 개만 출시했다. 명품 소개 잡지들은 이런 제품들이 실제 공급되는 상품인 듯 포장한다. 이렇게 소비자들에게 인식된 높은 가격 수준은 브랜드에 값비싼 신호의 지위를 부여한다.

하지만 실제 이윤은 잡다한 액세서리들에서 획득되기도 한다. "프라다의 웹사이트를 살펴보면 여성용 신발 10켤레, 핸드백 23개 그리고 54개의 선물들이 포함되어 있다. 이 선물들은 자질구레한 장신구들로 열쇠고리, 장식이 달린 팔찌, 골프 티 홀더 같은 것들이다. 장식이 달린 팔찌 하나를 60달러에 판다면 분명히 깜짝 놀랄 만큼 큰 이윤이 남을 것이다."[12] 이런 싼값에 구입되는 값비싼 신호로서의 브랜드는 얼핏 모순적으로 느껴진다. 하지만 그만큼 브랜드가 가지는 상징성이 크고 그 상징성이 소비자들에게 감정적 충족감을 제공하는 것이다.

그렇다면 비싸지 않은 좋은 제품은 어떤 의미를 지닐까? 값비싼 신호 이론의 관점에서는 아무리 아름다운 것이라도 비싸지 않다면, 그리고 브랜드에 의해 보완되지 않는다면 신호로서 가치가 없게 된다. 1998년에 도입된 모조 다이아몬드 모이사나이트(Moissanite)는 경도, 밀도, 광택이 다이아몬드와 비슷한 데다 휘광(輝光: 굴절률)과 분산(分: 프리즘 효과에 의해 반짝임이 무지개처럼 나타나는 것)도 더 좋다. 또 다른 모조 다이아몬드의 일종인 CZ를 구별하기 위해 사용되는 표준검사인 열전도 검사를 사용하는 전당포 주인들도 대부분 모이사나이트를 다이아몬드와 구별해내지 못한다. 전문가들만이 모이사나이트의 육방결정구조가 일으키는 미묘한 이중굴절(복굴절)을 알아볼 수 있다.[13]

그러나 품질, 아름다움의 관점에서 다이아몬드와 다를 바 없는 이 제품들은 절대 "영원한 다이아몬드(Diamond is forever: 드비어스의 광고)"가 될 수 없다. 인공 다이아몬드는 모조품, 짝퉁일 뿐이며, 영원한 사랑에 대한 모독일 뿐이다. 다른 모든 유형의 짝퉁들과 다를 바가 없다. 아무리 좋은 짝퉁이라도 진품을 가진 사람들의 눈에는 진짜를 흉내 내려는 가짜의 노력일 뿐이다. 짝퉁은 한 번쯤 장난처럼 해보는 치기를 가장한 모방일 뿐이고 값비싼 신호가 되지 못한다.

하지만 전 세계 다이아몬드 공급량의 75%를 통제하고 있는 드비어스 (De Beers)의 공급량 조절에 의해 다이아몬드의 높은 가격은 유지되고 있다. 그리고 이런 높은 가격과 성공적인 마케팅의 결과 다이아몬드는 고귀함과 아름다움의 상징이 되었다. 영원한 사랑이라는 이미지는 마케팅과 물량 통제의 결과로 만들어진 인공물이다.

그럼에도 불구하고 마케팅과 브랜드의 힘은 놀랍다. 소비자 이론가들은 소비는 커뮤니케이션이며, 이를 통해 타인에게 우리 자신을 적절하게 보이고자 한다고 주장한다.[14] 매스미디어를 장악한 마케팅 메시지들은 무엇이 적절한 기호인지를 우리에게 알려준다. 광고는 두 부류의 청중을 가지고 있다. 하나는 잠재적 구매자이고 하나는 그 제품의 소유자가 다양한 매력적인 형질(形質)을 갖고 있다고 믿을 잠재적 구경꾼이다. 값이 비싸서 아무나 이용하지 못하는 제품일수록 후자가 전자보다 많아진다. 많은 성공적 브랜드들은 이런 광고들을 통해 특정 형질, 이미지를 상징하는 공유된 기호로서 가치, 그리고 값비싼 신호로서 지위를 획득한 것이다.

한편 값비싼 신호는 본질적으로 배타성을 지니는 개념이다. 마케팅 전문가들은 전형적인 포지셔닝(Positioning: 브랜드가 기억되고자 하는 이미지를 설정하는 작업)의 개념을 소속감과 배타성의 균형(Balance between Inclusion and Exclusion)이라고 표현한다.[15] 단순히 표현하면 나는 우월한 집단에 포함되며(소속), 대중과는 어울릴 수 없다는(배타) 이미지를 창출함을 말한다. 이러한 이미지를 통해 소비자에게 우월감을 창출하고 비소비자들이 열망하게 만들어야 한다는 것이다. 사회적 경계의 생산을 통한 욕망의 창출 방식인 셈이다.

그 방식은 매우 교묘하다. 엄청난 굉음을 울리는 할리데이비슨 오토바이는 어떤 이미지를 제시하는가? 까만 가죽점퍼, 담배를 피울 것 같고, 수염을 기른 마초(Macho) 같은 이미지가 떠오른다. 언뜻 폭력배나 부랑자 같은 느낌을 주기도 한다. 그러나 우리는 할리가 3만 불을 호가하는 고가이며, 소유자들의 상당수가 사업가, 의사 등 소위 엘리트에 해당함을 알고 있다. 일회용 문신(Washable Tatoo)을 하고 나타나는 의사들을 보며 우리는 무엇을 느끼는가? 사회적 계층 시스템에서 벗어나는 자유를 추구하면서도 그 계층을 엄격히 보여주는 독특한 방식이다. 교묘한 마케팅적 계산 속에는 나는 다르다는 욕망 또는 결핍(배타성)과 특정 계층에의 소속감이 숨어 있다. 그다지 드러나지 않는 방식으로.

소비를 통해 조장되는 사회적 지위의 차이는 제품의 구매뿐 아니라 여가생활에서도 드러난다. 화려한 외모의 남녀가 이국적인 장소에서 낭만적인 휴가를 보내는 장면을 볼 때 이를 소비하지 못하는 사람들은 소외감과 상대적 박탈감을 느끼는 것이다. 남들이 못 가본 낯선 곳으로의 여행이나 와인에 대한 지식은 사람들 간의 사회적 지위를 비교하는 수단이 된다. 제품의 소유보다 더 세련된 지위의 과시가 된다.

값비싼 신호로서의 브랜드가 가지는 배타성은 우리의 소비가 경쟁적이고 제로섬 게임(Zero-sum Game)의 성격을 가짐을 의미한다. 오늘날 한국을 비롯한 많은 국가들의 중산층 사람들은 기본적인 물질적 욕구들을 이미 충족시키고 있다. 소비의 주안점은 소속, 자존감, 자아의 성취를 위한 것이다. 쉽게 말하면 소비의 목적은 '남들과 비슷한 수준을 유지' '동창들한테 꿀리지 않는' '저 대중들과는 다른'과 같은 것들이다. 실용적인 제품을 구매하는 데에서도 그런 심리는 크게 작용한다.

이런 소비는 상대적인 비교에서 출발하는 것으로 남들의 소비 수준이 증가하면 비슷해지기 위한 또는 더 우월해지기 위한 나의 지출도 증가해야만 한다. 결국 다 같이 뼈 빠지게 일하고 소비 수준을 끌어올렸지만 다들 거기서 거기인 상황이 벌어진다. 부유층에서도 상황은 비슷하다. 유아독존적인 부를 가지지 않는 한 주변의 경쟁자들 대비 더 우월한 소비를 위해 최선을 다해야만 한다.

4. 브랜드와 개성: 페르소나 마케팅

값비싼 신호이론이 이미 비싼 가격 지위를 획득한 브랜드들의 존재 이유를 설명하지만 이 개념은 그 브랜드들이 어떻게 그런 지위를 획득했는가를 설명하는 데 한계가 있다. 실제 브랜드들은 특별한 개성, 라이프스타일을 상징하는 기호로서 효과성을 입증해야지 비로소 비싼 가격을 인정받을 수 있다.

현대인들에게 개성은 중요한 의미가 있다. 오늘날 사람들은 특정 집단에 소속된 일부로서의 가치보다는 이 세상에 유일무이한 개인으로서 특성에 더 가치를 둔다. 개성이란 '나를 다른 사람들과 구분할 수 있는 내면적 특성'이라고 정의된다.[16] 남들과 공통적인, 비슷한 무엇보다는 나를 드러내는 차이, 개성에 의미를 부여하는 것이 경쟁적인 소비자본주의 문화에 적합한 풍조이다.

기업들은 자신의 브랜드가 독특한 개성을 가지고 있고 특별한 사람들에게만 적합하다고 주장한다. 이런 주장은 명시적이라기보다 광고 모델이나, 광고의 전반적인 분위기, 유통망, 가격 그리고 제품에 의해 암묵적으로 전달된다. 브랜드 사용자(광고 모델)의 이미지에 초점을 맞추어 브랜드를 인격화하는 것은 전형적인 방식이다. 리처드 기어가 〈아메리칸 지골로〉라는 영화에서 아르마니(Giorgio Armani: 남성 정장)의 옷을 입고 출현하면서 이 브랜드는 세상에 알려졌다. "이 영화는 리처드 기어가 아르마니의 옷을 입고 모델로 공연한 두 시간짜리 패션쇼였다고 한다. 영화가 끝나고 제작진의 이름들이 모두 스크린에 올라오고 난 뒤, 짧지만 중요한 네임이 스크린 위에 뜬다. Giorgio Armani."[17] 아르마니는 이제 리처드 기어의 매력을 상징한다.

이런 방식으로 형성된 이미지는 개인의 개성 표현 수단이 된다. 리바이스는 질기다, 오래 입을 수 있다와 같은 실용적, 기능적 특성으로 인지되지만 상징적 의미에서는 독립성, 강인함, 남성다움의 의미로 특징지을 수 있다. 반면 게스(Guess)와 같은 브랜드는 패션, 여성스러움의 이미지를 가지고 있다. 따라서 각 제품을 구입하는 소비자들도 달라진다.[18] 이는 일종의 사물의 의인화인데 이런 의인화의 원리는 이미 우리에게 익숙하다. 중국 항주의 서호는 소동파가 중국 3대 미인이라고 하였던 서시의 아름다움을 빗대어 지어진 것이라고 한다. 이제 서호는 단지 풍경 좋은 커다란 호수가 아니라 애절함을 담고 있는 여인으로 느껴진다.[19]

마케터들은 '브랜드 개성'을 "소비자들이 특정 브랜드에게 귀속시키는 인간적 특성들의 집합"이라고 정의한다.[20] 광고는 근본적으로 매력적인 형질과 브랜드를 연결시키는 것이다. 브랜드는 매력적인 개성을 표현할 때 높은 가치를 인정받는다. 최근 부각되고 있는 페르소나(Persona: 연극배우의 가면) 마케팅은 브랜드 개성을 강조하는 마케팅[21], 또는 타깃 소비자의 자아를 반영하는 제품기획·마케팅[22]이라는 의미를 가진다. 이런 용어의 부상은 현대 마케팅에서 개성이 가지는 중요성을 보여준다. 마케터들은 매력적인 페르소나를 창출하고 제품의 기획과 판매촉진, 유통의 전 과정에서 일관되게 페르소나가 제품에 반영되도록 노력한다.

베네통 광고는 이러한 개성·성격 이론의 좋은 사례이다. 베네통 광고의 사진 작가였던 올리비에로 토스카니(Oliviero Toscani)는 다음과 같은 인터뷰를 남겼다. "광고는 영화, 문학, 회화, 음악과 같다. 나는 광고에서 베네통을 설득할 필요가 없다. 다만 대중과 이야기하려고 노력할 뿐이다. 광고를 통해 상품의 개념을 파는 것이 아니라 상품의 철학을 판다. 베네통의 반인종주의, 세계주의, 금기 반대 정신 등…"[23]

베네통은 흑인·백인·황인이라는 제목이 달린 별로 다르지 않은 3개의 심장 사진을 광고에 이용하였다. 피부색과 상관없이 모든 인간은 평등하다는 반인종주의 정신을 강렬한 시각적 형태로 표현하고 있다. 이 강렬하고 효과적인 이미지는 기성 가치관에 대한 거부감과 진보성을 본질로 하는 페르소나를 창출하고 베네통에 부여한다. 이런 페르소나에 매료되는 집단들은 베네통을 자신의 표현 수단으로 채택할 것이다. 단지 컬러풀한 예쁜 디자인의 옷과는 다른 의미를 지닌다.

사진 자체가 보여주는 자극성을 차치하면 세 개의 심장은 매우 보편적으로 받아들여질 수 있는 가치관이다. 하지만 필자는 올리비에로 토스카니가 인터뷰에서 언급한 보편적 가치는 베네통을 잘 설명하지 못한다고 생각한다. 수녀와 신부가 키스하는 장면, 에이즈로 죽어가는 누군가의 사진은 단지 진보의 보편적 가치로 표현되기에는 논란의 여지가 많다.

이 광고들은 보편적 가치보다는 냉정한 마케팅 논리로 더 잘 설명된다. 광고는 강렬한 감정을 불러일으키는 것을 목표로 한다. 자극적인, 어찌 보면 반항적 이미지를 통해 강한 감정을 불러일으키지만 보편적 가치의 포

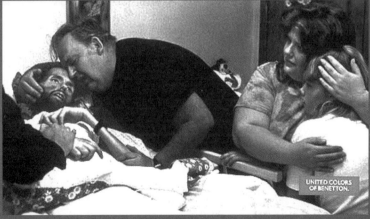

그림 3-4. 베네통의 광고들

장을 통해 이런 자극이 가져올 수 있는 사회적 비난을 피해간 것으로 보인다. 보편적 가치와 반사회성의 절묘한 조화이다. 2011년 이명박 전 대통령과 김정일 전 북한 국방위원장을 비롯한 불편한 관계의 각국 정치인과 종교 지도자들이 입맞춤하는 합성 사진을 이용한 이 회사의 'Unhate(탈증오)' 캠페인은 교황청과 백악관 등의 강한 반발을 불러일으키기도 했다. 다음은 올리비에르 토스카니의 또 다른 인터뷰 내용이다. "어떤 스웨터든지 양팔이 다 달려 있잖아요. 그리고 순모는 순모일 따름입니다. 사실 상품은 다 비슷하지요. 차이를 만드는 차이는 커뮤니케이션(광고)입니다."[24]

공장에서 수없이 찍혀 나오는 기성품을 팔기 위해 광고가 개성을 외치는 것은 매우 모순적으로 보인다. 광고되는 제품은 기본적으로 대량 생산을 통해서만 수익을 창출할 수 있다. 자신을 드러내는 수단이기보다는 남들 속에 뒤섞이는 목적에 더 맞는 것들이다. 하지만 교복을 팔면서도 개성을 외치는 시대다.

본래 페르소나는 연극배우가 쓰는 가면을 의미하듯이, 브랜드가 보여주는 개성도 가면, 복제된 개성에 불과하다. 물론 제품, 브랜드가 매력적일 때 더 효과가 있기는 하겠지만 개성, 페르소나를 부여받는 과정은 고전적·조작적 조건화로 쉽게 설명될 수 있다. 베네통의 광고에 쓰였던 이미지들은 그대로 담배 광고에 사용될 수 있다. 기성 가치관에 대한 거부감과 진보성은 말보로 담배와 어울리지 못할 이유가 없다. 도리어 일면 반항적, 염세적 느낌의 이미지들이 담배와 더 잘 어울리는 듯하다.

"나만은 다르다" "톡톡 튀는" 등의 메시지로 포장되는 광고들은 본질적으로 개성과는 아무 관련이 없다. 그렇지만 반복적으로 제시되는 광고의 효과, 고전적·조작적 조건화의 효과는 사람들에게 의미를 부여한다.

그림 3-5. 베네통의 Unhate 캠페인 포스터

5. 라이프스타일 마케팅

라이프스타일 마케팅은 최근 광고들이 채택하는 주된 방식이다. 라이프스타일 또는 경험 마케팅은 "브랜드가 지향하는 삶의 방식을 강조하는 마케팅"이라고 정의된다.[25] 라이프스타일은 삶을 살아가는 방식으로, 표현된 개성(성격)이라고 할 수 있다. 이런 마케팅에서 제품은 라이프스타일을 지원하는 하나의 수단으로 자리할 뿐이며, 제품 자체가 강조되지 않는다고 한다.[26]

예를 들어 에너지 드링크 레드불(Red Bull)의 광고에는 광활한 대자연과 우주에 도전하는 열정적인 삶이 장엄하게 펼쳐지며, "한계라는 것은 바로 자신이 만든 것에 불과합니다"라는 대사가 흘러나온다. 레드불은 이러한 이미지를 유지·관리하기 위해 다양한 스포츠 분야에 투자한다. 대표적인 사례는 '레드불 스트라토스(Red Bull Stratos)' 프로젝트 후원이다. 이 프로젝트에서는 기구를 이용해 37킬로미터 상공까지 상승한 후 사람이 자유 낙하를 통해 음속을 돌파하였다. 이 외에도 미국 프로축구의 뉴욕 레드불스, 오스트리아 분데스리가의 FC잘츠부르크, 레드불 레이싱팀 등을 운영하고 있다. 레드불은 경쟁사 제품들에 비해 가격이 두 배 이상 비싼데 이는 도전과 스포츠에 치르는 무형의 가격이라고 설명된다.

이런 마케팅 캠페인을 긍정적으로 해석할 경우 다음과 같이 설명될 수 있다. "라이프스타일 마케팅은 사람을 물건을 써버리는 소비자가 아닌, 삶을 사는 생활자로 바라본다. 사람들은 물건을 구매하는 것이 아니라, 라이프스타일을 선택한다. 자신이 지향하는 라이프스타일에 맞는 제품을 구매함으로써 자신의 라이프스타일을 강화한다. 에너지 드링크 중 다른 제

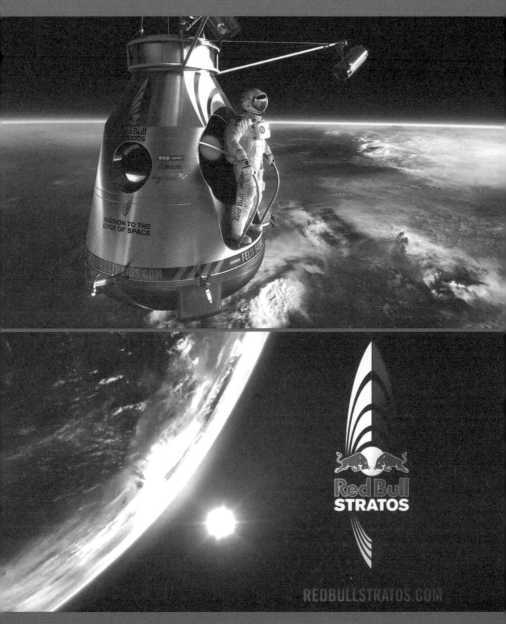

그림 3-6. 에너지 드링크, 레드불의 광고(Red Bull Stratos)

품이 아니라 레드불을 선택한다면 그 이유는 무엇일까? 쌓인 피로를 푸는 삶이 아니라, 레드불이 담고 있는 젊음을 불태우는 삶을 살고 싶기 때문일 것이다."[27] 비록 이 에너지 드링크가 지나친 카페인 함유량으로 건강 이슈를 불러일으키더라도, 학생들이 어두운 도서관에서 밤을 새우며 마시더라도 구매의 순간에 소비자들은 젊음을 불태우는 이미지에 끌리는 것이다.

이런 라이프스타일 마케팅에서는 제품 자체보다는 삶의 이미지들이 설득의 주체가 된다. 2016년 5월 삼성의 갤럭시 엣지 S7의 광고는 잠시 방수 기능을 암시하기는 하지만 여행을 떠나는 여성 커플의 다채로운 삶의 이미지들을 주로 담고 있다. 이런 광고의 성격은 제품의 기능보다는 감성에 중점을 두는 현대 마케팅의 일반적 특징으로 볼 수 있다.

특히 라이프스타일 마케팅은 추상적인 브랜드 이미지에 삶의 방식이라는 스토리를 입히고 이를 시각화한다. 광고인들의 역할은 현 세대의 매력적인 트렌드와 이상을 발견하고 그것을 제품과 연결시키는 데 있다. 그 이상이 소위 라이프스타일로 표현되는 것이다. 예를 들면 많은 광고들 속에서는 위대한 자연의 모습이 제시된다. 에바 일루즈는 "자연을 잃어버린 소중한 것, 진정한 자아, 진정한 관계를 상징하는 것으로 해석하며, 광고는 소비가 이 자비롭고 웅대한 자연에 다시 접근할 수 있게 해주는 수단이라고 주장한다"고 하였다.[28] 등산용품이나 SUV의 광고는 이런 대자연과 함께하는 라이프스타일의 이미지를 차용하고 있다.

시각적 이미지를 활용한다는 개념은 매우 중요하다. 시각적 이미지가 텍스트에 비해 60,000배 처리가 빠르다고 한다. 또한 듣는 것은 10%, 읽는 것은 20%, 보고 듣는 것은 80%가 기억에 저장된다고 한다.[29] 이런 시각적 이미지의 중요성은 사람에게도 적용되어 한 사람이 상대방으로부터

그림 3-7. 삼성의 갤럭시 엣지 S7의 광고

받는 이미지의 55%는 시각적 이미지에 의해 결정된다는(청각이 38%, 언어가 7%) 메라비언의 법칙이 알려지기도 했다.

광고의 이미지들을 통해 우리는 매우 허구적일지라도 소비를 통해 느끼며 살도록 훈련된다. 2000년대 들어 급성장하고 있는 레인보우즈(Rainbows) 화장품의 제조사인 필라소피(Philosophy)사의 창업주, 크리스티나 칼리노(Christina Carlino)는 소비자들이 자신에게 주어진 운명의 여정을 계속할 수 있도록 도움을 주는 것이 회사의 역할이라고 말한다. 또한 미는 외모가 어떠하냐에 의해 결정되는 것이 아니라 자신이 수행한 행위에 의해 정의된다고 주장한다. 이 회사의 제품 브로슈어에는 다음과 같은 메시지가 담겨 있다. "당신이 가지고 싶은 정서적 삶의 유형, 즉 자기사랑(Self-Love), 자존(Self-Worth) 등에 따라 그에 맞는 색상의 Bubble Bath를 선택하세요." 이 회사의 'Hope in a Jar' 모이스처라이징크림 제품의 패키지에는 "희망이 있는 곳에 믿음도 존재할 수 있다. 믿음이 존재하는 곳에 기적도 일어날 수 있다"고 적혀있다. 이런 브랜드들은 진정 라이프스타일, 영성과 성취, 꿈 등을 판매하여 성공하고 있다.[30] 제품에 주술을 입히는 듯한 광고와 각종 프로모션들은 사람들이 상품들을 통해 원하는 삶의 정서와 희망을 느끼도록 만든다.

만약 우리가 정말 제품이 상징하는 라이프스타일, 삶의 방식을 살고 있다면 라이프스타일 마케팅은 의미가 없다. 우리는 그런 삶을 살고 있지 못하기 때문에 제품이 상징하는 라이프스타일과 그 제품에 매력을 느끼고 열망하는 것이다. 그리고 제품을 구매하면서 잠시나마 그런 삶을 가까이 느끼고 감정적 충족감을 느끼는 것이다.

6. 욕구의 지위 상승

개성 또는 라이프스타일을 표현하는 제품들은 대체로 가격이 비싸고 다른 사람들에게 쉽게 드러나 보이는 제품들이다. 그런데 실질적으로 모든 제품들이 그런 목적으로 구매될 수 있다. 당신에게 쓰레기통은 어떤 의미를 가지며, 얼마의 가격을 지불할 용의가 있는가? 빕 쓰레기통(Vipp Rubbish Bin)의 마케팅 사례를 살펴보자.[31]

이 쓰레기통은 스테인리스로 만들어진 매우 기능적이고, 예쁜 디자인의 제품이다. 판매가는 $250~500, 한화로 치면 25만 원 이상의 가격이다. 지나치게 높은 가격이지만 30개국에서 판매되는 성공적인 제품이다. 이런 가격과 성공은 제조사의 남다른 마케팅 접근법에 의해 만들어졌다. 이 제조사가 2005년에 시행한 파리의 자선행사에서는 필립 스타크(Philip Starck), 크리스찬 라크르와 (Christian Lacroix), 샹탈 토마스(Chantal Thomass), 아

그림 3-8.
Vipp Rubbish Bin 쓰레기통

네스 베(Agnés B.)와 같은 유명 아티스트들이 참여해 Vipp 쓰레기통에 자신들의 장식을 입혔고 필립 스타크의 작품은 $3,800(약 470만 원)에 판매되었다. Vipp 쓰레기통은 파리 루브르박물관과 뉴욕현대미술관(Museum of Modern Art, MOMA)에 전시된 바 있다. 또한 한정판 제품들은 각기 스토리를 담고 있다. "호글러 닐슨(Hogler Nielson)의 아내가 특별한 행사에서 입었던 드레스 색상"과 같은 스토리는 그 제품을 자신의 안목을 드러내는 대화의 소재가 되도록 만든다. 이 제품은 쓰레기를 담아두는 극히 실용적

인 제품이 아니다.

마케팅을 공부한 사람이라면 매슬로우의 5단계 욕구설을 기억한다(그림 3-9 참조). 이 가설은 생리적 욕구나 안전 욕구와 같이 기본적인 욕구가 만족되지 않을 경우 상위에 있는 고차원적인 욕구가 발생하지 않으며, 반대로 하위 욕구들이 만족되면 상위의 욕구를 추구하게 된다고 설명한다. 따라서 기본적인 물질적 욕구가 만족된 현대 사회에서는 사회적 욕구, 존경 욕구, 자아실현 욕구와 같은 상위 욕구들이 중요해진다. 또한 많은 산업에서 제품의 편리성이나 안전성이 충분히 성숙되어 이의 개선을 통한 우위 확보가 어려워졌다. 이제 기업들은 기능보다는 상위 욕구를 만족시킬 수 있는 상징적 이미지를 제시함으로써 선택받고자 시도한다. 따라서 쓰레기통마저도 물리적 욕구보다는 심리적 욕구를 자극해야만 하는 것이다.

Vipp 쓰레기통은 예술품, 소장품으로 인식된다. 상류 계층에 소속되고 싶다면 이 제품이 필요하다(소속 욕구). 자신의 안목을 뽐내 존경 욕구를

그림 3-9. 매슬로우의 5단계 욕구설

마케팅 지배사회

만족시키고 싶다면 이 제품의 색상이 어느 유명인이 입었던 옷의 색상임을 다양한 형용사로 묘사할 수 있어야 한다(존경 욕구). 때로는 이 제품을 바라보며, 자신이 돈을 벌기 위해 투쟁해온 과거를 돌이켜볼 수 있다(자아실현 욕구).

물리적 욕구를 만족시키는 제품이라도 심리적 욕구를 자극하는 마케팅 방식은 도처에서 발견된다. 자동차나 의류와 같은 제품들은 본질적으로 생리적 또는 안전 욕구와 관련된다. 그러나 대부분 지위과시적 특성이 강조되어 심리적 욕구를 충족시키는 제품이 된다. 승용차 SM5와 한 남성의 실루엣을 배경으로 "누구시길래…"하는 내레이션이 흐른다. 대상하는 사람은 익명의 실루엣이고 자동차만이 그의 성취와 인격을 표현한다.

한 가지 중요한 사실은 상위 욕구들을 만족시키는 대가는 돈으로 환산되기 어렵다는 점이다. 따라서 어떤 제품이 상위 욕구를 만족시킬 수

그림 3-10. 르노삼성 SM 5 광고 "누구시길래?"

있다면 높은 가격이 쉽게 용인된다. 비싼 고기능(High Tier) 타이어 제품들은 보통의 타이어보다 질기고 튼튼할 것이다. 그렇다고 비싼 타이어가 보통의 타이어보다 1.5배 오래 쓸 수 있으므로 1.5배의 가격을 매긴다면 초보자이다. 타이어는 가족의 안전을 지키는 제품이고, 가족에 대한 사랑을 표현한다는 암시를 주어야 한다. 내구성으로 유명한 미쉐린 타이어가 아기의 이미지를 채택한 것은 우연만은 아닌 듯하다. 이제 타이어는 수백만 원을 줘도 아깝지 않은 제품이 되고, 구매자는 다른 사람들에게 가족을 사랑하는 자상함과 섬세함을 뽐낼 수 있게 된다. 어떤 경우 타이어는 자신의 지위를 표현하는 승용차에 어울리는 것이 되어야 한다. 이런 연상의 확대는 기능적(생리적 욕구: 편리함) 제품이 안전, 사회적 욕구를 넘어 그 이상의 욕구를 충족시킬 수 있음을 의미한다.

그림 3-11. 미쉐린 타이어의 로고

아기들의 분유마저도 "내 아기는 다르다"라고 외치면 자존과 자아 성취의 문제가 되는 것이다. "집이 어디야?"라고 묻는 남자의 질문에 여자는 "저기야, 저 집이야"라고 답하며 고가의 브랜드 아파트를 가리킨다. 어딘가 우쭐한 여자와 뭔가 흐뭇한 남자의 표정이 말하고자 하는 바를 노골화시킨다. 나이키 신발이 "Just do it"의 정신을 품고 나면 내 삶을 도전과 활력이 가득하게 변화시킬 마법의 물건이 된다.

타이어나 집은 그나마 객관적인 가치를 평가하기에 용이한 제품들이다. 마케터들은 이런 제품을 경제적 가치의 제품이라 한다. 그러나 소위 심리적 가치의 제품이라면 가치는 매우 주관적이다. 향수를 생각해보라. 나를 매력적으로 만들어줄 향수의 가치는 어떻게 평가되어야 하는가? 심리적 욕구의 충족 여부는 다른 사람들의 반응에 의해 결정될 것이다. 그리고 마케팅이 부여하는 조건화, 향수를 매력, 유혹, 부/성취와 같은 개념들과 얼마나 잘 연계, 연합시키느냐에 따라 그 제품에 대한 나와 주변인들의 반응은 달라진다.

결국 제품의 가치는 마케팅이 결정한다. 광고의 핵심 목적은 물질적 재화를 정신적 수준으로 고양시킴으로써 욕망을 부풀리는 데 있다.

7. 명품의 지위 하락: 합리적인 소비

현대의 소비에서 또 하나 관심을 끄는 부분은 합리적인 소비이다. 이 책에서는 구체적인 개별 마케팅은 사람들의 감정과 무의식을 자극하여 특정 상품을 원하도록 만드는 것이며, 총체로서의 마케팅은 소비문화를 형성하는 역할을 한다고 주장한다. 이는 우리가 무엇을 원하는지와 관련하여 미디어를 중심으로 한 마케팅 메시지에 크게 영향 받음을 의미한다. 그럼에도 불구하고 우리는 한정된 자원(돈과 시간)을 효과적으로 활용해 목적을 달성하기 위해 노력한다. 제2장에서 다루었던 목적의 합리성과 수단의 합리성의 논의에서 수단의 합리성이 자원의 효과적 활용을 의미하는 것이다.

마케팅은 감정과 직관의 영역인 목적과 합리성의 영역인 수단을 조합하여 합리적인 소비의 이미지를 만들어낸다. "요즘은 남들과는 다른 것, 특별한 것을 하는 것이 예전처럼 비싸지 않아졌다." 언젠가 본 잡지에서

한 레스토랑 체인을 묘사한 글이다. 이런 제품들의 가격은 보통의 서민들이 매일 즐기기에는 너무나 비싸지만 한 번쯤은 가볼 수 있는 그런 수준이다. 명품과 유사한 특별한 경험을 상대적으로 싼 가격에 얻을 수 있다는 점에서 합리적이라고 할 수 있다.

대중(Mass)과 명품(Prestige)을 합성한 매스티지(Masstige)라는 용어는 이런 '특별하지만 비싸지 않은' 상품들을 지칭한다. 명품은 고귀한 것, 그리고 나를 남들과는 다른 특별한 사람으로 느껴지게 만드는 값비싼 신호의 역할을 하는 제품을 말한다. 그렇다면 매스티지는 가격을 일정 수준 낮춤으로써 값비싼 신호로서의 역할, 감정적 만족을 희생하고 합리적 품질을 제공하는 제품이라고 볼 수 있다. 다시 말하면 명품 대비 브랜드 가치는 낮으나 비교 가능한 품질을 제공하는 제품인 것이다.

그렇다면 매스티지와 짝퉁은 어떻게 다른가? 그 기준 또한 마케팅에 의해 형성된 브랜드 가치로 설명된다. 매스티지는 짝퉁과는 달리 독자적

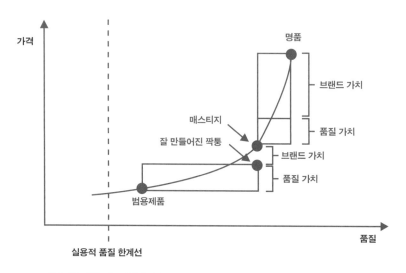

그림 3-12. 명품, 매스티지와 짝퉁

인 브랜드 가치를 축적한 것으로 일정 수준의 사회적 신호로서의 가치, 감정적 만족을 제공할 수 있다. 그림 3-12는 이런 필자의 해석을 간단히 표현한 것이다.

다만 매스티지가 축적하는 브랜드 가치는 명품과는 다소 다른 특성을 가진다. 한 잡지와의 인터뷰에서 진행자는 명품을 "어떤 대가를 치르더라도 아깝지 않은 것"이라고 말한다. 한편 대담자인 유명 MC는 이렇게 답했다. "오랜 세월 많은 사람들에게 사랑받는 것이 기본이죠. 비싼 가격에 구입해도 그만큼 오랜 세월 동안 가치를 누릴 수 있을 테니까요… 아주 고가가 아니어도 괜찮지 않나요?"[32] 전자의 설명은 전형적인 명품을 언급하지만 후자의 설명은 '고가가 아니어도 괜찮음'을 언급하며 매스티지의 가능성을 열어둔다. 개인적인 센스, 안목을 통해 적절히 선택된 매스티지는 명품에 버금가는 품질, 가치를 제공한다. 또한 적절한(?) 가격에 제공된다는 점에서 합리적인 소비라는 만족감을 제공할 수 있다. 그러나 매스티지 또한 마케팅을 통해 사회적으로 인정된 브랜드 가치의 후광에 의존하고 있음은 분명하다.

이런 매스티지는 비즈니스적으로는 두 가지 관점에서 설명될 수 있다. 우선 명품의 지위를 획득하지 못한 브랜드들이 개인의 안목에 기대어 준(準)명품의 지위를 추구한다. 이런 매스티지들은 명품에서 발견되는 전통, 스토리, 최고 부유층에 해당하는 소비자 집단을 확보하지 못한 브랜드들이다. 다음으로 매우 고가의 명품과 범용 제품들 사이에 존재하는 세분시장을 의도적으로 목표시장으로 선택하는 경우이다. 범용 제품에는 만족하지 못하지만 명품을 구매하기에는 버거운 경우를 위한 제품들이 제공되는 것이다.

결과적으로 다양한 가격대를 형성하는 매스티지들의 출현은 소비 세계의 계단을 만들어낸다. 지금 고려하는 제품보다 조금 더 쓴다면 더 품격 있고, 더 자신감 있는 모습을 연출할 수 있다. 통상 업세일(Upslae)이라고 언급되는 판매전략도 같은 맥락이다. 소형 세단을 검색하다 보면 조금 더 지불해서 최신 옵션들을 더할 수 있고, 풀옵션 소형 세단의 가격에 조금만 더하면 중형 세단을 살 수 있다. 이 계단은 끝없이 이어져 있다.

값비싼 신호와 가진 돈의 한계(합리성) 사이에서의 갈등은 합리적 소비의 대표 격인 쿠폰과 할인 상품의 소비에서도 나타난다. 경제학적 합리성은 같은 물건이라면 더 싼 제품을 선호한다. 하지만 한 연구에 따르면 사람들은 쿠폰을 사용할 때 의식적, 무의식적으로 돈을 절약하는 자신의 모습이 인색하게 보이거나 부정적인 이미지를 만들어내지는 않을까 두려움을 느낀다고 한다.[33] 쿠폰을 사용할 때 체면을 고려해 쿠폰 사용을 포기하는 상황도 발생한다는 것이다. 우리는 폼 나는 소비와 합리성의 이중적 욕구의 대립을 매일같이 느낀다.

8. 상징적·경쟁적 소비

제품의 제조가 실용적 가치를 제공한다면 마케팅은 상징적 가치를 가져다준다. 앞서 설명된 개성·라이프스타일 마케팅이나 상위 단계 욕구에의 소구는 바로 상징적 가치를 창조하는 구체적인 방법론들이다. 이런 가치들은 제품의 실용적 가치와 연관되어 있지만 필연적인 가치들은 아니다. 마케터들은 매우 신중하게 상징적 가치를 정의하고 광고를 포함한 다양한 정보전달 수단들을 동원하여 소비자들에게 이를 전달한다. 오늘날 제품의 판매에서는 실용적 가치보다는 상징적 가치가 압도적으로 중요한 위치를 차지한다.

그리고 이런 상징적 가치를 만들어내는 과정은 문화 창출의 과정이다. 개성 마케팅은 특정 자아 형태를, 라이프스타일 마케팅은 특정 삶의 형태를 이상적으로 제시한다. 베네통이 제시하는 기성 가치관에 대한 거부감과 진보성, 레드불의 도전과 열정은 각기 특정 집단에게 행위의 규범을 제시한다. 다만 과거에 비하면 개별 브랜드의 광고들은 각기 다른 세분화된 목표 집단들을 겨냥하며, 전체적으로 볼 때 한층 다채로운 문화적 특성들이 제시되고 있다. 그러나 소비를 지향한다는 본질은 공유될 수밖에 없다.

한편 프랑스의 사회학자 장 보드리야르(Jean Baudrillard)는 그의 저서 『소비의 사회』에서 소비가 지향하는 상징적 가치의 허구성을 지적하며, 광고 속 이미지들의 비현실적 이상성을 시뮬라크르(Simulacre: 위장)라고 표현하였다. 상업적 메시지들은 사람들이 추구하는 이상적인 삶의 단면들을 끊임없이 제시하고 그 이미지들을 제품과 연계시킨다. 그런데 풍요로운 물질 환경, 대자연과 함께하는 변치 않을 듯한 행복을 담은 표정들은 현실의 단면인 듯 보이지만 현실과는 괴리되는 이상을 담은 것이다. 하지만 그런 메시지에 수없이 노출된 개인들은 그 모습을 현실적인 목표로 삼고 소비를 통해 그런 이상에 도달하고자 한다.[34]

시뮬라크르라는 표현은 광고 등을 통해 주입되는 장밋빛 삶의 이상이 실제 그러한 성취(구매)를 이루었다 해도 달성되지 않음을 의미한다. 광고는 해당 제품을 소유하고 이용하는 사람을 이상적으로 그려내는 방향으로 디자인된다. 그러나 그것은 허구이다. 내가 멋진 차를 샀다고 해서 내 삶이 자신감과 행복으로 가득 찰 것이라고 생각하는 것은 허망한 기대이다. 물질적인 가치를 지향할 때 현실과 이상의 간극은 만성적인 것이 되며, 자존감을 갉아먹게 된다.

개별 소비자 수준에서 이런 상징적 소비의 목적은 대체로 차별적 지위, 남다른 자질의 과시이다. 소비자본주의의 문화는 소속감이나 애정에 대한 추구까지도 나는 당신과 어울릴 자격이 있다는 과시의 형식을 빌리게 한다. 또 다른 많은 소비들은 소속되고자 하는 집단에서 소외되지 않기 위한, 상대적 박탈감을 회피하기 위한 소비이다. 이런 유형의 소비들은 모두 상대적인 비교에 의존한다.

결국 상징적 소비는 경쟁의 모습을 띠며, 마케팅은 이를 자극한다. 카드회사의 광고카피들은 다음과 같은 것들이다. "상위 5%의 경쟁력을 가진 분들" "이 카드는 당신이 이미 자신에 대해 알고 있었던 사실을 재확인시켜줄 뿐입니다" "이 카드는 당신이 이 카드로 살 수 있는 그 어떤 것보다 당신에 대해 더 많은 것을 말해준다."

상징적 가치를 소비하는 한 우리는 경쟁적으로 소비해야만 한다. 소비 수준은 남들도 하는 유행을 따라갈 수 있느냐 없느냐의 문제, 동창생과 성취를 비교하는 문제가 된다. 소비를 강제당하는 상황이 발생하는 것이다. 그런 제품을 가진 사람이 보여주는 이미지의 반대급부는 그 제품을 가지지 못한 사람들의 열등감이다. "부러우면 지는 거야" 하지만 우리는 수많은 광고들을 통해 이미 가지고 싶어졌다. 백화점에 들러보면 그 무수한 유혹에 가지지 못하는 통증을 느낄 수밖에 없다. 마케팅은 그런 욕망과 결핍감을 부추기는 것이다.

미디어가 보여주는 이상적인 이미지가 여성들의 자존감에 부정적인 영향을 미친다는 연구도 다수 존재한다. "학자들은 사람들이 세 가지 유형의 자아를 가진다고 가정한다. 실제 자아(현재 시점의 자아), 이상적 자아(되고자 하는 모습의 자아), 의무적 자아(반드시 되어야 한다고 생각하는 자아). 이런 자아들 사이에 높은 불일치를 가진 사람들은 자존감이 낮아지고 정체성을 추구하는 소비행동을 할 가능성이 큰 것으로 알려졌다."[35] 마케팅은 이상적 자아, 의무적 자아를 끊임없이 주입함으로써 소비를 창출한다.

과시적 소비의 경쟁에서는 누군가 위로 올라서면 누군가는 밑으로 떨어질 수밖에 없다. 따라서 다람쥐 쳇바퀴 돌리기 식의 경쟁은 무한히 이어진다. 이런 경쟁적 소비는 더 많은 소득과 부를 위해 재편된, 파편화된 사회구조에 의해 더 강화된다. 소집단 내에서의 유대가 약화된 현대의 익명적 사회는 그 사람의 인격과 도덕성, 가치를 바라봐주지 못한다. 개인은 입은 옷과 자동차로 판단된다. 그 사람의 연봉 수준이나 사업의 규모를 알면 더 정확할 터이지만.

이런 무제한 경쟁 속에서 소비자본주의는 번창한다. 하지만 우리는 더 많은 소비를 달성하기 위해 끊임없이 달리다 소진되고 만다. 애정과 소속감을 추구했지만 고슴도치처럼 웅크리고 고립된다. 마케팅은 소비의 수준이 '당신의 수준'을 결정짓는다고 끊임없이 속삭인다. 보드리아르는 이를 소비사회의 "보이지 않는 폭력"이라고 한 바 있다.[36]

04

계획적 진부화

: 가치의 소멸

___

가치의 의도적 파괴 | 기술의 진보: 계획된 진부화
유행: 심리적 진부화 | 빨라지는 비즈니스 사이클

광고업계의 목적은
낡은 것을 버리고
최신의 물건을 사게 하는 것이다.

수전 스트레서

사전에서 쓰레기는 "못 쓰게 되어 내다 버릴 또는 내다 버린 물건"으로 정의된다. 하지만 현대적인 의미에서 쓰레기란 단지 원하지 않는 물건이다. 유행이 지난 옷을 입는 것은 품위를 손상시키는 행위이고, 더 좋은 물건들이 있는데도 옛것을 고수하는 태도는 미련한 짓이다.

이런 새로운 쓰레기의 개념은 20세기 중반까지도 상상하기 어려운 사치였다. 부유한 사람들마저도 더 좋은 물건을 갖고 싶을 때에는 쓰던 것을 새것으로 바꾸어오던 식이었다.[1] 하지만 지금 필자의 서가 한편에는 『아무것도 못 버리는 사람』이라는 책이 꽂혀 있다. 이제 아깝다고 생각해서 모아두었던 물건들을 버리지 못하는 그런 습관 자체가 폐기되어야 할 쓰레기가 되었다. 광고컨설턴트인 크리스틴 프레더릭(Christine Frederick)은 1929년 대공황 직전에 발표한 글에서 "발전적 구식화"가 미국이 이룩한 경제적 성취의 원천이라고 설명했다.[2] 더 많은 생산을 위해서는 옛것이 버려져야만 한다. 결국 쓰레기는 경제의 성장을 위한 필수적인 부산물인 것이다.

이런 성장시스템을 유지하는 핵심 개념이 진부화(陳腐化)이다. 진부하다는 개념은 낡아서 새롭지 못함을 의미한다. 물건들이 시간이 지나면서 진부해지는 것은 자연스러운 일이다. 하지만 '계획적 진부화(Planned Obsolescence Strategy)'의 개념이 관심을 끈다. 오늘날 기업들은 더 많은 제품을 팔기 위해 사람들이 이미 가지고 있는 것을 진부한 것으로 만들어야만 한다.

어떤 산업에서는 이런 진부화가 산업 존립의 필수 조건이 된다. 워드프로그램과 같은 소프트웨어는 낡거나 망가지지 않는다. 정보재(Information Goods)라고 부르는, 파일의 형태를 띨 수 있는 제품들이 모두 물리적으로 낡은 것이 될 수 없다. 이런 경우 동일한 제품에 대한 재구매가 발생할 수 없고 산업의 총수요 규모는 명확히 제한을 가지게 된다. 결국 기술 개발을 통해 월등한 기능을 가진 신제품이 생산되지 않는다면 이들 산업은 존재 이유를 상실하게 된다. 즉 기술 발전에 의한 기존 제품의 상대적 진부화가 재생산의 필수 조건이 된다. 이런 형태의 진부화를 '기술적 진부화'라고 부른다.

'심리적(상징적) 진부화'라고 불리는 또 다른 형태의 진부화는 동일한 기능을 하지만 새로운 디자인이나 패션으로 인해 기존 제품이 사용상의 매력을 상실한 경우를 말한다. 이런 심리적 진부화는 많은 경우 광고, 유행, 생활양식의 변화에 의해 발생한다.

우리는 이런 진부화를 더 좋은 제품의 개발, 기술의 발전, 혁신의 개념으로 생각해왔지만 가치를 파괴시키기 위한 행위라는 점에 대해 주목해볼 필요가 있다.

1. 가치의 의도적 파괴

기업의 목적은 매출과 이윤 창출이다. 그런데 이윤 극대화가 반드시 가치 창출을 통해 이루어지는 것만은 아니다. 문서 작성용 워드프로세서는 전문가용과 일반용이 있는데 일반용은 전문가용에서 일부 기능을 제거한 것이다. 결국 의도적으로 기능을 하락시켰다고 볼 수 있다. 비슷한 경우로 컴퓨터 운영프로그램인 486SX는 원래 486DX에서 공통처리장치(Coprocessor)의 기능을 무력화한 형태이다.[3]

의도적으로 기능을 떨어트리는 행위는 상식적인 수준에서 납득되기 어렵다. 하지만 이 속에는 명백한 경제적 논리가 숨어 있다. 기업은 높은 가격을 추구한다. 하지만 가격이 높아지면 구매자가 줄어든다. 그렇다면 비싼 가격을 지불할 용의가 있는 사람에게는 비싸게 가격을 물리고, 그 돈을 지불할 여력이 없는 사람들에게는 싸게 팔 수 없을까? 핵심은 가격을 낮춰 수요를 늘리면서 고기능을 원하는 사람들은 여전히 높은 가격을 지불하도록 만드는 데 있다. 그 방법이 바로 고기능을 원하는 사람들이 낮은 가격을 선택할 수 없도록 저가 제품의 성능을 의도적으로 낮추는 것이다. 전문가용 워드프로세서를 비싸게 사는 사람은 고성능에 만족하고, 일반용 워드프로세서를 사는 사람은 낮은 가격에 만족하는 상황을 만들면 된다.

워드프로세서와 같은 정보재의 경우 일단 개발하면 성능을 더 낮춘다고 해서 비용이 줄어들지 않는다. 같은 비용에 더 낮은 성능의 제품을 생산하는 일은 상식과 어긋나지만 이윤 극대화 논리하에서는 합리적인 전략이 된다.

"IBM 레이저 프린터의 저속용 버전인 IBM 레이저 프린터 E는 원래의 레이저 프린터가 분당 10장을 출력하는 데 비해 5장만을 출력한다. 두 제품은 완전히 똑같은 프린터 엔진을 사용하는 동일 제품인데, 다만 레이저 프린터 E에는 속도를 늦추기 위한 지체 장치를 추가로 삽입했다는 것이 다를 뿐이다."[4] 이 사례에서는 저성능 제품을 생산하는 데 도리어 추가 장치가 사용된다. 더 높은 비용이 드는 것이다. 이유는 워드프로세서 사례와 동일하다. 이렇듯 다른 가격을 적용하기 위해 제품의 기능을 다소 변경하는 방식을 버저닝(versioning)이라고 하며, 많은 산업에서 광범위하게 사용되고 있다.

버저닝과는 달리 단지 새 제품을 더 빈번하게 팔기 위해 제품을 빨리 낡은 것으로 만드는 방식도 사용된다. 『낭비와 욕망』의 저자 수전 스트레서(Susan Strasser)는 "많은 물건들은 애초부터 단기간만 사용한 후에 버려지도록 고안되어 있다"고 말한다.[5] 이런 방식의 가치 파괴는 은밀하게 진행되기 때문에 사례를 발견하는 것이 쉽지 않다. 하지만 세르주 라투슈(Serge Latouche)는 『낭비사회를 넘어서』라는 책에서 이런 사례들을 정리하였다.

"1881년 에디슨이 만든 최초의 전구는 수명이 1,500시간에 달했다. 1920년대에 생산된 전구의 평균 수명은 2,500시간이었다.··· 1924년 12월 제네럴 일렉트릭사를 포함한 전구 제조업체 관계자들은 제네바에 모여 전구 수명을 결정하는 회의를 열었다. 이른바 '푀부스 카르텔'이 탄생한 것이다. 회의 결과 전구의 수명을 1,000시간 이하로 제한하자는 목표가 정해졌고, '1,000시간 위원회'의 감시 활동 덕분에 1940년대에 이르러 그 목표가 달성되었다. 업체들은 심지어 이 사실을 광고에 이용하기도 했다! 1942년 이들에 대한 소송이 제기되고 11년 만에 미국의 기업들이 처벌을 받았지만 합의가 무효화되지는 않았다."[6]

"1940년 듀폰사는 합성섬유로 만든 스타킹을 출시했는데, 올이 풀리지 않는 이 제품은 여성들에게 큰 사랑을 받았다. 초창기에 나온 나일론 스타킹은 자동차 한 대를 끌 수 있을 만큼 튼튼하게 만들어져 거의 영구적으로 사용할 수 있었다. 그러나 산업 논리가 스타킹 생산에 적용되는 데는 그리 오랜 시간이 걸리지 않았다.… 고의로 결함의 시기를 앞당기는 것이 그들의 임무였다. 이 임무는 자외선으로부터 나일론을 보호하기 위해 넣는 첨가물의 양을 조절함으로써 완수되었다."[7]

이런 사례들은 시민사회가 발달하지 못한 과거의 일일 뿐일까? "엘리자베스 프리츠커는 2003년 12월 앤드류 웨슬리의 이름으로 애플을 상대로 집단소송(Class Action)을 제기했다. 제조 단계에서부터 이미 수명이 18개월로 제한된 아이팟의 배터리는 수리가 불가능한 구조로 되어 있다." 이 고소는 재판이 아니라 한 발 물러선 합의로 결론이 났다고 한다.[8] EBS 〈자본주의〉 제작팀에서 발간한 책에서는 프린터에 내장되어 있는 마이크로 칩은 1만 페이지 인쇄 이후에 기계 작동이 멈추도록 프로그램되어 있다는 내용이 소개되었다. 이 프린터는 단지 소프트웨어만 업데이트하면 재구동이 가능하다고 한다.[9]

많은 제품들에서 미심쩍은 부품의 결함으로 인해 고장을 일으키는 시점이 갈수록 빨라지고 있다. 그러나 새 부품이나 수리가 가능한 곳을 찾기는 어렵다. 설사 찾아낸다 하더라도 동남아시아의 수용소나 다름없는 공장에서 저임금으로 생산된 신제품을 구입하는 것보다 돈이 더 들 수도 있다.

어떤 경우에는 단지 미묘한 변화를 통해 제품의 사용 기간을 단축시키기도 한다. 치약 제조회사가 매출을 신장하기 위해 노력했던 결과 발견한 한 방법은 단지 치약 튜브의 구멍 지름을 5mm에서 6mm로 넓히는 것이었다. 그 결과 치약을 짤 때 나오는 양이 40% 증가하면서 소비자들은 치약을 더 빨리 소비하게 되었고 제조사의 수익도 그만큼 증가했다고 한다.[10]

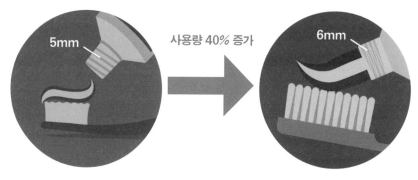

그림 4-1. 치약 튜브 구멍 조작을 통한 사용량 증가

　이런 기업들의 전략으로 인해 아껴 쓰고 싶어도 아껴 쓸 수 없는 사회가 만들어진다. 그 결과는 명백하다. 우리는 새로 사기 위해 열심히 생산하고, 돈을 번다. 경제는 더욱 성장할 것이다. 이 과정에서 쓰레기는 넘쳐난다. 매년 제3세계 쓰레기처리장으로 수출되는 컴퓨터가 1억5천만 대에 달한다고 한다. 나이지리아와 가나로 매달 선박 500척 분량에 해당하는 폐컴퓨터가 수출되고 있는 것이다. 이 쓰레기들 속에는 중금속과 수은, 니켈, 카드뮴, 비소, 납 등의 유독물질이 포함되어 있지만 보건 기준은 무시된다.[11]

　위의 사례들은 다소 극단적이고 부도덕해 보인다. 설마 기업들이 그런 일들을 벌일까 하는 의구심이 든다. 설사 발생한다 하더라도 은밀히 진행되기 때문에 파악이 힘들다. 그러나 기업들이 가지는 유인(Incentive)이 무엇인지는 명확히 드러난다.

　한편으로 윤리의 문제에도 다른 주장이 제기된다. 경제 활성화를 위해 계획적 진부화가 필요하다고 주장했던 스태퍼드가 1958년 쓴 글에서는 "고의로 기술적 결함이 있는 제품을 고안하는 일은 윤리에 어긋나는가?"

라고 묻는다. 그리고 명백하게 '그렇지 않다'고 결론을 내린다. "우선 휴대용 라디오의 수명이 10년이라고 생각하면 시장은 포화상태에 이를 것이며, 새로운 판매를 통해 연속적인 대량 생산을 보장할 수 없게 되어 업체들은 다른 품목을 생산해야 할 것이다. 제품의 수명이 너무 길어지면 사용자들은 갈수록 빨라지는 진보의 혜택을 누릴 기회를 놓치게 될 것이다."[12]

한 가지 의문은 경쟁이 존재하는 상황에서 이런 의도적 가치의 파괴가 어떻게 가능한지의 문제이다. 기업들이 경쟁에서 살아남기 위해서는 더 내구성이 있는 제품을 개발해야만 하지 않는가? 많은 산업들이 독과점화되어 경쟁의 힘이 작용하지 않는 것이 아닐까? 또는 혁신과 새로움을 강조하는 사회에서는 내구성이 그다지 의미를 가지지 못할 수 있다.

2. 기술의 진보: 계획된 진부화

의도적인 가치의 파괴와는 달리 누구에게나 칭찬을 받으면서도 동일한 효과를 내는 방식이 있다. 바로 기술의 개발이다. 새로운 기술의 개발을 통해 인류의 삶을 개선하는 것에 누가 반대할 수 있을까? 하지만 기업 관점에서 신기술은 기존 것을 버리게 하고 새로운 것을 사게 만드는 수요 창출의 수단이다.

한번 사면 오래 써야 하는 내구재의 경우 소비자가 쓰다가 망가져서 못 쓰게 될 때까지 기다려서는 수요를 늘릴 수 없기 때문에 가치를 의도적으로 파괴할 유인이 생긴다. 그와 똑같은 이유로 새로운 기술을 통해 기존 제품을 구식의, 비효율적인 제품으로 만드는 기술적 진부화가 필요해진다. 이때 순수한 기술의 발전 이외에 더 많은 소비를 추동하는 비기술적 문제들이 관련된다.

앞서 기술적 진부화와 심리적 진부화를 논의한 바 있지만 실제 현실에서는 두 가지 진부화가 결합되어 나타나며, 기업들은 이 두 개념의 결합을 통해 진부화를 통한 수요 창출을 극대화한다. 심리적 진부화는 다음 절에서 다룰 것이며, 심리적 진부화와는 다른 다양한 마케팅 수단들의 결합을 다음 사례를 통해 생각해보자.

이동전화 산업에서 단말기 교체가 잦은 이유는 단지 기존 단말기가 고장 나거나 새 단말기가 너무 좋아서라기보다 새 단말기가 너무 싸(게 느껴지)기 때문이다. 이런 싼 단말기는 서비스업체들이 보조금을 지급함으로써 가능해진다. 그렇다면 왜 서비스업체들은 서비스 요금을 낮추는 방식으로 경쟁하지 않고 스스로 생산하지도 않은 단말기에 보조금을 주면서까지 교체를 장려하는 것일까? 아래는 그 이유를 정리한 것이다.[13]

- **선별적 혜택 지급**: 대다수 사람들에게 혜택을 제공하는 요금 인하와는 달리 단말기 보조금은 기업이 원하는 대상에 대한 선별적인 혜택 지급이 가능하다. 예를 들면 신규·전환 가입자, 비싼 요금제를 이용하는 가입자들이 선별적인 혜택의 대상이 될 것이다. 또한 더 비싼 단말기를 사는 사람들은 더 많은 데이터서비스를 이용하는 경향이 있어 장려의 대상이 된다.
- **운영의 탄력성**: 요금의 경우 일단 인하하면 다시 올리는 것이 거의 불가능하다. 그러나 보조금은 시장 상황에 따라 쉽게 수위를 조절할 수 있다.

- **매출의 증대:** 요금의 인하는 매출의 감소를 의미하지만 보조금은 매출의 감소가 아닌 비용의 증대이다. 기업은 매출액의 증가를 성장의 지표로 보며 선호한다.
- **직접적 혜택:** 요금의 인하는 장기에 걸쳐 조금씩 혜택이 발생하며 그 혜택의 크기를 예측하기 어렵다. 반면 보조금은 소비자의 가입 시점에 혜택을 집중시키며 소비자 입장에서 혜택의 크기를 쉽게 파악할 수 있다. 가입 시점이 소비자가 서비스업체를 선택하는 시점이므로 서비스업체들은 이 시점에 혜택을 집중할 필요가 있다.
- **교체 비용의 인하:** 상대 업체의 가입자를 번호이동시키기 위해서는 전환 비용(Switching Cost)을 낮춰주는 것이 필요하며, 신규 단말기 비용이 전환 비용의 유형에 포함된다.

경제학적으로 볼 때 가격이 비용을 반영하지 못하면 비효율이 발생한다. 비싼 단말기가 소비자에게는 공짜로 인식되면서 청소년들의 지나친 스마트폰 사용이나 잦은 단말기 교체를 통한 자원의 낭비와 같은 비효율이 발생한다. 한편 많은 사람들이 이동전화 요금의 인하를 요구해왔고 단말기 보조금 비용이 요금 인하의 주된 걸림돌이다. 그럼에도 불구하고 정부가 단말기 보조금을 완전히 철폐하지 못하는 이유는 무엇일까? 보조금 정책은 단말기 제조업체에 대한 지원의 성격을 가지며, 제조업 성장과 국제 경쟁력의 문제와 연관된다. 또한 국민들의 단말기에 대한 지출은 그 자체가 수요의 증대이고 성장의 수단이다.

이동전화 단말기 보조금 사례는 얼핏 기술적 진부화로 보이는 현상이 실상 단말기 보조금이라는 사회시스템에 의해 조장된 진부화일 수 있음을 보여준다. 보조금은 신기술 채택의 비용을 낮춤으로써 기술적 진부화를 촉진한다. 기술적 변화는 객관적인 기술만의 문제가 아니며, 사회적 선택의 결과이다. 그 선택의 기준은 일반적으로 '사람들이 좋아하는'과는 명백히 구분되는 '더 많은 수요를 창출하는'이다.

기술의 변화는 사회적 선택의 결과라는 개념에 대해 몇 가지 사례들을 더 생각해보자. 기업들은 부품들을 결합하여 모듈을 만들고 이를 조립하여 제품화한다. 이런 모듈화는 생산비용 절감에 효과적이다. 프린터의 토너 카트리지를 예로 들 수 있다. 하지만 이로 인해 특정 부품이 망가졌을 때 그 부분만이 아니라 모듈 전체를 교체해야 한다. 이런 수리비용의 증가가 제품의 재사용보다는 신제품으로 대체케 하는 원인이 된다. 비용 관점에서 생산비용 인하 대비 유지수선비용의 인하 및 사용 기간 증가의 효과성을 비교하는 것이 의미가 있을까? 수요의 창출이라는 관점에서 선택의 결과는 자명하다.

이승일은 『소비의 미래』에서 현대의 대량 소비를 만들어내는 원리로서 개인화(Personalization), 용도화(Occasion Specific)를 제시하였다.[14] 스마트폰이나 아이패드와 같은 제품들도 가정용 전화기나 컴퓨터의 개인화 사례이다. 이제는 집마다가 아니라 방마다 TV가 놓이기도 한다. 한때는 가전(家電)이라 불리던 것이 이제는 개전(個電)이라 불려야 하는 상황이 되었다.

용도화는 범용 제품을 상황에 특화된 전문적 제품으로 변화시키는 것을 말한다. 유명한 사례는 스와치 그룹(Swatch Group Ltd.)이 보유한 스와치(Swatch) 브랜드이다. 스와치는 Second Watch의 합성어이다. 고가의 시계로 유명했던 스와치는 시계의 소재를 플라스틱이나 천을 이용한 상대적으로 저가의 제품으로 변경하면서, 시계를 옷에 따라 바꿔 차는 개념으로 설정하였다.[15] 이제 개인이 서너 개의 시계를 보유하는 것이 자연스러워졌다.

물론 개인화, 용도화와 같은 기술적 변화가 사람들의 편리성을 증대시키지만, 한편으로는 수요의 증대라는 방향과 일치하기 때문에 더 강화되었다는 사실에 주목해야 한다. 기술 진보의 방향은 기업의 이해, 수요의 창출이라는 관점에 영향을 받는다. 한편 개인의 개성 표출, 독립성, 프라이버시와 같은 개념들이 개인화, 용도화 추세를 설명하는 문화적 요인이다. 이 책에서는 이런 문화 또한 기업들이 주도하는 미디어로부터 크게 영향을 받았다고 주장한다. 이런 환경에서 공유나 절약이라는 개념은 아나바다와 같은 운동에도 불구하고 우리의 보편적 생활과는 동떨어진 개념이 된다.

한편 신기술의 가치는 마케팅에 의해 결정된다는 점에도 주목할 필요가 있다. 신기술 마케팅은 기술의 가치를 극대화하여 제품의 교체를 유도하는 것을 목적으로 한다. 이는 순수한 기술적 진부화와는 다른 개념으로 다음 절에서 상세히 다룰 예정이다.

3. 유행: 심리적 진부화

심리적 진부화는 동일한 기능을 하지만 새로운 디자인이나 패션으로 인해 기존 제품이 사용상의 매력을 상실한 경우를 말한다. 이런 심리적 진부화, 패션의 문제는 단지 의류와 같은 산업에서만 적용되는 문제가 아니며, 신기술, 기술적 진부화와 결합되어 작용할 수 있다.

『하이테크 마케팅』의 저자 김상훈은 신제품의 성공은 사용자들이 감탄할 만한 대단한 제품 요소, 즉 이른바 "와우 요소(Wow Factor)"를 지녀야만 한다고 말한다.[16] 이런 새롭다, 놀랍다의 개념은 단지 실용적, 기능적인 측면만을 의미하지 않는다. 감정을 불러일으켜 옛것을 버리게 하면 충분하다.

최근 스마트폰에 적용되는 엣지액정(Edge Panel: 폰의 옆면에까지 확장된 스크린)은 새로움에 의한 환기를 발생시킨다. 특히 외형적으로 쉽게 관찰될 수 있으므로 타인들의 관심을 유도한다는 점에서 소유자의 감정적 측면을 만족시키기에 적합하다. 이런 속성은 기업의 마케팅에 의해 강화된다. 광고를 통해 이 제품의 소유자는 첨단 기술에 민감한 테키(Techie)이자, 세련된 선도자의 이미지를 부여받는다. 이 기능은 자체의 편리성보다도 사회적 상징으로서 의미를 지니게 된다. 상대적으로 기존 제품들의 심리적 진부화가 발생한다.

이런 기존 제품의 심리적 진부화는 유통망을 통해 더욱 강화된다. 유행에 따라 제품을 선택하는 현상을 편승효과(Bandwagon Effect)라고 한다. 또 그 이면에는 남들이 많이 선택하지 않는 제품에 대한 구매의도가 감소하는 현상이 존재한다. 이런 효과를 의도적으로 창출하는 것이 마케팅의 역할이라고 보아야 한다. 기존 제품은 소매점의 전면에 진열되지 않는다. 낮아진 가격은 어딘가 불완전하고 떨어지는 제품을 상징하는 것으로 느껴진다. 결국 엣지액정은 신기술 마케팅과 결부되어 '패션(Fashion)'을 창출하고 제품의 수명 주기를 단축하는 역할을 한다. 그 근본적인 작동방식이 의류나 장신구와 같은 패션 산업과 전혀 다르지 않다.

패션은 일정 기간 동안에 많은 사람들에게 받아들여지는 스타일을 일컫는다.[17] 이 말 속에는 일정 기간이라는 단어가 포함되어 있으며, 이는 패션이 근본적으로 변화를 내포하는 용어임을 알 수 있다.

패션에 대한 가장 대표적인 이론은 하향전파이론(Trickle Down Theory)

이다. 이 이론에서는 패션을 변화시킬 수 있는 두 가지 힘이 있다고 본다. 사회적 계층이 낮은 사람들은 그들보다 높은 계층에 속한 사람들의 상징물들을 받아들여 높은 계층에 속하기 위해 노력한다. 반면 높은 계층의 사람들은 낮은 계층의 문화를 주시하며, 그들과는 달라지기 위해 노력한다. 따라서 높은 계층의 스타일이 모방되어 퍼지기 시작하면 새로운 스타일을 찾는다. 이런 상반된 흐름이 지속적으로 새로운 패션을 창조한다고 설명한다.[18]

패션을 설명하는 다른 관점의 이론들도 존재한다. 동일 계층에 속한 패션 주도자들에 의한 영향을 강조하는 수평전파이론(Trickle-across Theory), 낮은 계층의 사람들이 가지는 도전성과 자유로움을 강조하는 상향전파이론(Trickle-up)도 상당 부분 현상을 설명하는 것으로 보인다.[19] 이런 문화적 전파의 다양한 경로에 대해 혹자는 문화적 엘리트주의가 변화하면서 고상한 문화와 대중적 문화를 모두 소비하는 방식으로 변화했다는 점을 지적한다. 지그문트 바우만(Zygmunt Bauman)은 그의 저서 『유행의 시대』에서 "안달하지도, 까다롭게 굴지도 말라. 더 많이 소비하라는 원칙 외에 더 해줄 말이 없다"고 말한다.[20]

매슬로우 5단계 욕구설이 설명하듯이 사람들은 소속되고자 하며, 그를 위해 유사해지고 싶어 한다. 하지만 또 존경받고 성취하기 위해 남들과 달라지려고 노력한다. 이 두 가지 긴장의 관계가 유행을 창조하는 기본적인 심리가 아닌가 생각된다. "소비자들은 남과 달라지기를 원하지만 너무 다른 것은 지양한다."[21] 어떤 계층이 주도하든 쫓아가기와 도망가기, 가까워지기와 거리두기의 긴장 속에서 끊임없는 변화가 이루어지는 것이다. 마케팅은 이를 적극적으로 활용한다.

수년 전에 노스페이스 상표가 한국의 중고생들에게 선풍적인 인기를 끌었던 현상을 많은 부모들이 기억할 것이다. 그 현상은 집단 내에서 받아들여지기 위해 학생들이 상품의 구매에 의지하는 현상을 잘 보여준다. 중고등학생 모델과 '우리들만의' 같은 용어를 채택하는 광고는 이런 욕구를 더 자극할 수 있다. 아직 자아가 성숙하지 못한 십대들은 또래 집단에서 받아들여지는 문화적 특성을 습득하기 위해 부단히 노력한다. 한 가지 더 주목되는 점은 그런 열풍이 지나간 뒤에 또 다른 브랜드가 유행하면서 노스페이스 점퍼를 부모들이 입고 다녀야만 했다는 사실이다.

어른들은 더 세련된 방식으로 표현하겠지만 근본적으로 동일한 특성을 보인다. 제1장에서 다루었던 규범적 순응(Normative Conformity)의 문제를 다시 생각해볼 필요가 있다. 다른 사람들의 행동에 부응하지 않는 것은 상당한 사회적 위험을 수반한다. 우리의 문화가 소비를 통해 자신을 보여주는 것이라면 이런 사회적 압력에 저항하기 쉽지 않다.

반면 거리두기의 행동은 제3장에서 다룬 개성 또는 값비싼 신호이론과 관련된다. 우리 사회는 자존감과 자기성취의 욕구를 소비를 통해 표현한다. 더 비싸고 희소한 제품을 통해 스스로를 표현하고자 하는 것이다. 비싼 제품이 아닐지라도 유행을 꾸준히 따라가는 행동은 많은 자원을 필요로 한다. 최신성의 유지가 주는 의미, 낡은 것은 가차 없이 버릴 수 있는 쿨(Cool)함, 기술 선도적인 이미지를 추구하는 차이 두기 경쟁에서 살아남기 위해 소비자들은 아낌없이 자원을 투입한다. 오늘날 소비자들의 기호가 너무도 빨리 변화하는 것은 이런 경쟁이 너무나 심화된 결과라고 보아야 한다.

하버드 경영대학원의 문영미 교수는 『Different』라는 책에서 대다수 상품들이 거의 차별성이 없어지는 현상들을 지적하고 있다. 많은 산업들에서 나타나는 이런 차별성의 부재, 기술적 진보의 어려움에 대처하는 기업들의 방식은 근본적으로 껍데기만을 갈아 씌우는 차별화의 반복이기 쉽다. 즉 디자인의 변형을 통해 새로운 스타일을 입히는 것이다. 그럼에도 불구하고 새로움의 소비를 통해 즐거움을 얻고 다른 사람들과 차별화를 추구하는 문화 속에서는 일정 정도 효과를 기대할 수 있다.

4. 빨라지는 비즈니스 사이클

2009년에 출간된 논문에서 이미 'three-six-one'을 가전 업계의 특성으로 설명하고 있다. 새로운 특성, 기능 등을 도입하는 데 3개월, 판매를 통해 원가를 회수하는 데 6개월, 초과 재고를 소진시키는 데 1개월이 걸린다는 의미이다. 가전업계의 제품 수명 주기를 10개월로 보는 것이다.[22] 이는 하나의 기업 단위에 해당하는 말이고 산업 차원에서는 그야말로 신제품이 쏟아져 나온다. 이런 변화의 시대에 적응해야 하는 기업들의 어려움이 크다는 하소연을 자주 접하게 된다.

새로움에 대한 추구는 어쩌면 사람들의 본성이다. 변화하는 환경 속에서 살아남아야 하는 사람들에게 새로움은 기회일 수도 있고 위협일 수도 있다. 따라서 새로움은 주목받는다. 광고인 강석원은 "광고는 한 달만 지나서 보아도 어딘지 촌스러운 느낌을 풍긴다… 늘 최신 유행을 선도해야 하는 광고… 시대마다 시대정신이 있고 사회마다 유행이 있다"라고 말한다.

대다수 마케팅 교과서에서는 오늘날 소비자들의 선호는 너무나 빨리 변한다고 말한다. 그리고 이를 오늘날 소비자들이 예전보다 훨씬 세련된 감각과 변화에의 열정을 가지고 있기 때문이라고 해석한다.

그러나 필자의 관점에서 이런 변화는 단지 오늘날 우리의 소비가 가지는 경쟁적 속성을 보여주는 것이다. 소비자들은 남들보다 더 빨리 새로운 제품을 이용해보고 과시하고자 하는 욕구를 가지고 있다. 새롭지 않은 예전 물건들은 급격히 가치를 상실한다. 따라서 늘 새로움을 제공하기 위한 기업 간 경쟁이 치열해지는 것이다. 하지만 빨라지는 비즈니스 사이클에 대한 기업들의 하소연은 모순적이다. 기업의 마케팅은 새로움을 추구하도록 소비자를 자극하는 데 바쳐지고 있기 때문이다. 그런 자극이 오늘날 수요를 창출하는 기본적인 원리이다.

현대 소비의 본질은 제품 자체보다는 상징적 기호에 있다. 문영미 교수는 오늘날 대부분 산업에서 제품들의 차이가 거의 없다고 주장한다. 실제 기업들은 제품의 본질적인 차별보다는 브랜드와 광고에 의한 감성적 차별화를 추구한다. 그리고 이런 감성적 차별화는 본질적으로 소속감, 자존감, 자아성취의 욕구와 관련된다. 남들이 따라오기 어려운 더 높은 가격, 새로움이 자존감과 자아성취 욕구를 자극한다. 그렇지 못하면 따라가기라도 해야 하며, 이는 소속감의 욕구와 관련된다. 거리두기와 따라잡기의 긴장이 빨라지는 비즈니스 사이클의 근본적인 기제(Mechanism)이다.

멋지고 세련된 취향의 소비자는 경쟁에서 도태되지 않은 소비자로 마케팅이 만들어내는 이상적 소비자이다. 그리고 이상적 소비자가 되기 위해서는 빚을 내더라도 오늘 소비에 참여해야 한다. 다양한 의사결정 경로가 존재하지만 모든 경로는 구매로 귀결되고 그 속에서 사람들은 소진된다.

05

마케팅 기법의
다양성

―

애덤 스미스가 보이지 않는 손에 대한 통찰을 제시할 무렵,
그는 훗날 마케팅 전문가가 인형을 다루듯
그 손을 조정할 거라는 사실을 알지 못했다.

피터 우벨[1]

강준만은 그의 책『광고, 욕망의 연금술사』에서 광고가 '20세기의 가장 위대한 예술 형식'이 되었다는 마셜 맥루한(H. Marshall McLuhan)의 주장을 소개한다.[2] 이 책에서 강준만은 광고는 대중문화 그 자체가 되었다고 말했다. 이는 우리의 삶과 문화에 광고가 영향을 미친다는 말보다 훨씬 더 강력한 의미를 지닌다. 〈스타워즈〉 영화를 구경도 못 해본 아이들에게 "I am your father"(KT의 광고)라는 농담이 자연스럽고, 90년대에는 따봉이, 한때는 올레가 자연스러운 감탄사였던 적이 있다. 생일에는 친구의 이름이 새겨진 코카콜라를 선물한다.

그러나 윤준호 교수는 "광고는 분명 예술이 아니다.… 카피는 시가 아니다"라고 말한다. 그는 "시장의 과학이란 토대 위에 온갖 예술적 자재를 차용하여 집을 짓는 일이 광고일진대…"라고 설명한다.[3] 사람의 마음을 움직이는 것이 예술이라면 광고는 사람의 마음을 움직여 물건을 사게 하는 과학인 것이다. 인류가 쌓아온 두 가지 자랑거리가 예술과 과학이라면 광고는 인류 역사의 결정체이다. 이제 광고가 대중문화 자체가 되었다면 우리는 물건을 사도록 조작당하는 삶을 살고 있는 셈이다.

오늘날 세상은 광고로 뒤덮여 있다. 그러나 마케팅은 광고 이상의 것이다. 마케팅은 소비자의 생활을 둘러싼 총체적인 커뮤니케이션을 시도한다. 다차원적이고 동시다발적인 커뮤니케이션을 추구하기에 마케팅보다는 '통합적 마케팅 커뮤니케이션(IMC: Integrated Marketing Communication)'이라는 용어가 교과서에 주로 등장한다. 우리의 삶을 뒤덮은 마케팅 메시지들은 때로 난삽하고 영세한 형태로 운영되어 눈살을 찌푸리게도 하지만 세련되고 치밀하게 기획된 다차원적인 설득은 큰 힘을 발휘한다.

쾌적한 공간 속에 깨끗하고 잘 정리된 쇼핑몰의 세계는 광고 못지않게 소비자본주의의 이상을 전달한다. 미적인 수준에 도달한 전시품들, 흥미로운 새로운 기능들, 깍듯한 종업원들은 쇼핑을 무엇보다 멋진 여가생활로 만든다. 쇼핑하러 가기는 전 세계 대부분의 소비자들이 여가를 즐기는 방법 중 1위를 차지하고 있다.[4] 그리고 쇼핑몰에서 마주치는 할인 표지, 진열된 방식, 건물의 설계, 걸어 다니는 경로… 모든 것이 무언가를 구매하라는 압력이다. 그를 목적으로 설계된 것들이다. 마케팅은 사람의 모든 감각들을 이용해 물건을 팔고자 한다.

이번 장에서는 앞에서 많이 다루지 못했던 가격(Price), 유통(Place), 그리고 광고 이외의 프로모션(Promotion)을 중심으로 마케팅이 우리에게 어떤 영향을 미치는지 검토한다.

1. 자기실현적인 높은 가격

우리는 진정한 가치를 판단하는 데 익숙하지 않다. 말콤 글레드웰(Malcom Gladwell)은 그의 저서 『블링크(Blink)』에서 사람들은 눈 깜박이는(Blink) 사이에 의외로 본질적인 가치를 정확히 판단하는 능력을 가지고 있다는 점을 여러 가지 예를 통해 보여주었다. 사람들은 빠른 판단을 위해 자세한 정보를 살피지 않더라도 어떤 특징적인 단서(Clue)에 의존해 상황을 판단하는 능력(일종의 휴리스틱)을 가지고 있는 것이다.

이런 순간적 판단의 능력과 습관은 훌륭한 자질임에도 불구하고 사람들의 가치판단을 쉽게 왜곡하기도 한다. 마가린은 본래 흰색이었지만 사람들의 관심을 끌지 못했었다. 그러나 마가린에 노란색을 입힌 이후에 상황은 반전된다. 이유를 떠나 실험 결과 당시 사람들은 노란색을 선호했고 노란색 마가린은 대성공을 거둔다. 동일한 술도 좋은 술병에 담기면 완전히 다른 가치로 인식된다.[5]

마케터들은 "가치가 높은 것이 높은 가격에 팔린다"와 "높은 가격을 정당화할 수 있는 제품이 높은 가격에 팔린다"라는 관점의 차이를 잘 인식하고 있다. 높은 가격을 정당화할 수 있는 방법은 다양하며, 앞서 설명했던 많은 마케팅 기법들이 이와 관련되어 있다. 마케팅 믹스의 하나인 가격도 그 자체로 높은 가격을 정당화하는 수단이 되기도 한다.

가격은 자기실현적인 가치이다. 적절한 마케팅이 결합되기만 한다면. 앞서 논의한 값비싼 신호이론, 그리고 비싼 가격이 높은 품질을 의미한다는 일반적인 믿음에 의지하는 품질신호로서의 가격 이론은 가격의 자기실현적 특성을 설명한다. 그리고 최근 학계에서 주목받고 있는 또 하나의 중요한 개념이 앵커링(Anchoring)이다. 앵커링은 사람들이 추정 과정에서 첫 번째 제시되는 정보에 크게 의존하는 인지적 편향이라고 정의된다.[6]

앵커링과 관련하여 가장 널리 알려진 실험은 노벨 경제학상 수상자인 카너만(Daniel Kahneman)과 그의 동료 트버스키(Amos Tversky)에 의한 UN(United Nations) 실험일 것이다. 이 실험에서는 피실험자들에게 UN 국가들 중 아프리카 국가들의 비율(%)이라는 특정 수치를 추정하도록 요청한다. 그런데 그 요청 전에 무작위로 10 또는 65라는 기준값(Anchor)을 주고 기준값 대비 아프리카 국가들의 비율이 높은지 또는 낮은지를 먼저 답변하도록 하였다. 이후 추정치를 물었을 때 10의 기준값을 받은 피실험자들의 추정치 평균값은 25였으며, 65의 기준값을 받은 피실험자들의 추정치 평균값은 훨씬 높은 45가 나왔다.[7] 이러한 결과는 추정 대상 수치와 무관한 기준값이 제시되더라도 추정 결과는 기준값에 크게 영향을 받음을 보여준다.

UN 국가들 중 아프리카 국가들의 비율(%)	
제시되는 기준값(Anchor)	추정치 평균값
10	25
65	45

표 5-1. 카너만과 트버스키의 UN 실험 결과

사람들이 가격을 관찰하는 과정 또한 앵커링의 과정과 매우 유사하다. 가격을 살펴보고 그 가격을 지불할 가치가 있는지 생각하는 과정은 UN 실험에서 기준값과의 비교와 동일하다. 높은 가격을 관찰한 이후 가치를 묻게 되면 사람들은 높은 가격을 지불할 의사가 있다고 답변한다는 연구 결과들이 많다.[8]

이유가 무엇이든 사람들은 높은 가격의 제품에 높은 가치를 부여한다. 시카고 대학의 크리스 시(Chris Hsee)와 그의 연구진은 피스타치오 아이스크림보다 바닐라 아이스크림을 더 좋아하는 사람들을 선별한 이후 다음과 같은 실험을 진행하였다. 피실험자들은 쉬운 일을 하고 60점을 받는 것과 어려운 일을 하고 100점을 받는 것 중에서 선택을 할 수 있다. 이때 실험 참가자들은 받은 점수와 아이스크림을 교환할 수 있었는데 바닐라 아이스크림을 얻으려면 60점, 피스타치오 아이스크림을 얻으려면 100

점이 필요했다. 흥미롭게도 대부분의 참가자들은 어려운 일을 하고 받은 100점을 피스타치오 아이스크림과 바꿨다.[9] 분명히 바닐라 아이스크림을 더 선호했지만 쉬운 일보다도 어려운 일을 해서 높은 점수를 얻고 그것을 선호하지 않는 아이스크림을 얻기 위해 사용하는 바보스러운 행동을 보이는 것이다. 100점이라는 수치(가격)는 그 자체가 가치가 되어 선호를 뒤바꿔 버렸다.

《하버드 비즈니스 리뷰》에 실린 한 논문은 의도적인 높은 가격이 사람들의 관심과 구매 의도를 높일 수 있다고 주장한다. 특히 특정 제품군의 평균가격 대비 50~80% 높은 가격이 제시될 때 소비자들의 지불의사가격(Willingness-to-pay), 제품정보회상(Recall of Label Information), 제품의 개인적 적절성(Sense of Personal Relevance)이 가장 높게 나타난다고 한다.[10]

감성적, 상징적 가치가 주도하는 경제에서 객관적인 가치라는 개념은 고리타분하다. 값비싼 신호이론, 품질 신호로서의 가격, 앵커링과 같은 이론들은 가격이 높으면 실제 제품의 가치와 무관하게 높은 가치를 매기는 경향이 있음을 설명한다. 적절한 마케팅은 이런 효과를 극대화한다.

2. 가격 할인

1) 할인에 대한 집착

할인이라는 말은 마법과도 같은 집착을 낳는다. 사람들은 제품의 가치보다도 할인 자체를 추구하는 경우가 많다. 로버트 치알디니(Robert Cialdini)가 쓴 『설득의 심리학』에서는 이를 쉽게 설명한 예를 찾을 수 있다. 한 양복점을 운영하는 두 형제는 손님이 오면 두 형제 중 한 명이 가는귀가 먹은 척한다. 고객이 마음에 드는 양복의 가격을 물으면 한 명이 가게 뒤에서 일하는 사람에게 "이 양복이 얼마야?" 하고 소리친다. 그러면 뒤에서는 190달러라고 외친다. 못 들은 척하고 다시 물어도 190달러라고 외친다. 그러면 귀먹은 척하는 사람은 "90달러라네요" 하고 말한다. 이런 경우 대부분 고객은 주인이 다른 말을 하기 전에 서둘러 90달러를 내고 허겁지겁 가게를 빠져나간다고 한다.[11]

사람들은 할인을 받거나 흥정에 성공한 경우 구매한 물건에 훨씬 더 높은 가치를 부여한다. 이는 할인, 흥정이 각성된 감성, 짜릿한 흥분을 창출하는 경향이 있는데 이러한 흥분이 흥정 자체가 아니라 상품에 전이되기 때문이라고 해석된다.[12]

이런 할인이 주는 가치를 이론적으로 정리한 개념들이 준거가격(Reference Price) 및 거래효용(transaction utility) 이론이다. 준거가격이란 사람들이 제품의 가격이 싼지 비싼지를 판단하는 기준을 말한다. 준거가격은 많은 경우 해당 제품을 과거에 구매했던 경험이나 다른 점포에서의 가격 등에 의해 결정된다.[13] 사람들은 과거에 경험했던 가격이나 옆 점포의 가격을 기준으로 현재의 가격이 싼지 비싼지를 판단한다는 것이다.

리처드 톨러(Richard Thaler)는 이런 준거가격의 개념을 이용하여 거래효용이라는 개념을 제시하였다.[14] 일반적으로 경제학에서는 제품의 사용가치와 가격의 차이를 순효용(순가치)으로 정의하며, 순효용의 크기가 사람들의 구매를 결정한다고 생각한다. 톨러는 이 순효용을 획득효용(Acquisition Utility)이라고 정의하고, 이와 구분되는 거래효용을 준거가격과 실제가격의 차이로 새롭게 정의하였다.

제품 구매의 효용 = 획득효용(제품의 사용가치−가격) + 거래효용(준거가격−가격)

이 거래효용의 개념은 사람들이 할인에서 느끼는 기쁨을 학술적으로 정의한 것이다. 기업들이 할인을 제공할 경우 과거에 팔렸던 가격을 기준으로 성립되었던 준거가격 대비 실제 가격이 낮아지면서 거래효용이 증가하기 때문에 획득효용의 증가 이상으로 할인의 효과가 나타나는 것이다.

이런 거래효용 개념은 필요치도 않은 물건들을 자꾸만 구매하는 충동구매의 한 원인을 설명한다. 본인에게 아무 쓸모가 없어 획득효용이 음(陰: Negative)의 가치를 가질 경우마저도 단지 할인된 가격이라는 이유로 구매를 한다면 이는 거래효용의 결과로 해석할 수 있다.

이와 관련하여 '외부준거가격(External Reference Price)' 개념은 기업들이 흔하게 사용하는 가격전략의 하나이다. 앞서 설명한 준거가격은 사람들의 기억 속에 있는 것으로 내부준거가격(Internal Reference Price)을 의미한다. 그런데 사람들이 명확한 내부준거가격을 가지지 않을 경우에는 기업이 외부준거가격을 제시하여 사람들의 내부준거가격을 변화시킬 수 있다.

유독 신발 가게들은 정상가격과 실제 판매가격을 같이 제시하는 경우가 많다. 이때 정상가격이 외부준거가격의 역할을 한다. 사람들은 신제품이 쏟아져 나오는 상황에서 처음 보는 신발들의 진짜 가격을 알지 못하고 내부준거가격도 형성하지 못한다. 가격이 싼지 비싼지를 판단하지 못하는 것이다. 이 때 외부준거가격으로 제시된 정상가격을 믿고 내부준거가격으로 삼는다면 실제 판매가격은 내부준거가격 대비 할인가격으로 인식되고 거래효용을 발생시킨다. 소비자권장가격도 같은 역할을 한다. 소비자권장가격보다 싼 실제 판매가격이 사람들에게 할인받는다는 느낌을 준

다.[15]

만약 신발 가게의 정상가격이나 소비자권장가격이 단지 부풀려진 가격이었다면 이는 교묘한 사기행위가 된다. 실제 저명한 마케팅 저널인《마케팅 사이언스(Marketing Science)》에 실린 한 논문에서는 소매 점포들이 할인되지 않은 상품에도 할인 표지를 제시하는 경우(정상가격의 왜곡)가 있음을 점포 관리자들과의 인터뷰를 통해 언급한 바 있다.[16] 또한 이런 부풀려진 외부준거가격이 제시되는 일을 막고 소매점 간 가격경쟁을 활성화하기 위해 일부 산업들에서는 소비자권장가격을 제시하지 못하게 하는 오픈 프라이스(Open Price)제도를 도입하여 운영하고 있다. 이런 제도는 기업들이 부풀려진 소비자권장가격을 이용할 유인이 있음을 반증하는 사례이다.

2) 동일 제품, 다른 가격

가격 할인과 관련하여 반드시 언급되어야 할 기업들의 전략이 가격차별(Price Discrimination)이다. 가격차별이란 동일 제품이 다른 가격에 팔리는 것을 의미하며, 시장에 정상가격의 제품과 할인된 제품이 공존한다면 이 또한 가격차별에 해당한다. 그런데 동일 제품이라면 모든 사람들이 싼 가격을 원할 텐데 두 가지 가격이 공존한다는 것이 다소 의아하다. 실제 가격차별이 존재하기 위해서는 사람들이 낮은 가격을 지불하지 못하게 하는 요인, 가격장벽이 존재해야만 한다.

예를 들어 '베스킨라빈스 31'은 31일에 특정 크기의 제품을 대폭 할인해 판매한다. 일반적으로 충분한 소득이 있는 사람들은 먹고 싶을 때, 아이들이 사달라고 할 때 제품을 산다. 할인을 위해 31일이 되기를 기다리는 것은 쉽지 않다. 반면 소득이 없는 어린 학생들의 경우 항상 먹고 싶지만 가격이 부담될 수 있다. 이 경우 31일만 되면 꼭이 아이스크림을 먹게 된다. 시간이 가격장벽으로 작용한 이 상황에서는 주로 가격에 민감한사람들이 31일의 할인을 이용하게 된다.

장소, 유통망의 유형도 가격장벽이 된다. 백화점에서 팔리던 의류가 아웃렛 매장에서는 더 싸게 팔린다. 아웃렛 매장은 쾌적함이나 진열 상태가 아무래도 떨어진다. 또이월 상품인 경우가 많으며, 모든 사이즈가 있는 것이 아니어서 디자인이마음에 들어도 맞는 옷을 구하지 못하기도 한다. 이런 불편함 때문에 돈만 충분하다면 사람들은 비싸더라도 백화점에서 사는 것을 선호한다.

할인 쿠폰도 가격차별의 한 유형으로 볼 수 있다. 쿠폰은 저절로 얻어지지 않는다. 신문과 잡지를 오려서 보관하거나 인터넷을 열심히 뒤지고,이벤트에 참여해야 얻을 수 있다. 돈이 많고 시간이 부족한 소비자라면쿠폰을 찾기 위한 노력을 기울이기보다 조금 더 가격을 지불하는 쪽을선택한다.

가격차별의 목적은 결국 적절한 가격장벽을 찾아 가격에 민감하지 않은 사람들은 높은 가격을 지불하고 가격에 민감한 사람들은 낮은 가격을지불할 수 있도록 만드는 데 있다. 결국 높은 마진과 수요 확대를 동시에추구하는 기업의 전략인 것이다. 제4장에서 다루었던 의도적인 가치의 파괴, 버저닝도 제품의 품질을 가격장벽으로 사용한 가격차별로 해석할 수있다.

한편 앞의 예들을 살피면 많은 가격차별 전략들이 소비자들의 시간이

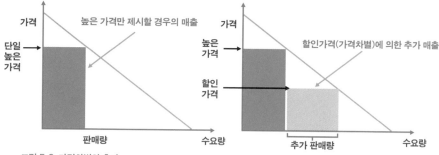

그림 5-2. 가격차별의 효과

나 노력을 대가로 낮은 할인가격을 제시하는 방식을 사용한다. 결과적으로 사람들이 할인가격을 발견하는 것은 노력의 대가로 얻는 성과로 이해될 수 있으며, 할인에 대한 사람들의 긍정적 반응은 자연스러워 보인다.

그러나 때로는 사람들이 할인에 대해 합리성으로 해석하기 어려운 수준으로 강한 반응을 보이기도 한다. 앨런 러펠 셸(Ellen Ruppel Shell)은 "뇌를 충동질하는 최저 가격의 불편한 진실"이라는 부제를 달고 있는 그의 저서 『완벽한 가격』에서 싼 가격, 할인을 통해 소비자본주의를 강화하는 현대 소비의 행태를 집중적으로 조명하였다. 그 역시 공정한 가격이란 구매자에게 "감정적으로 괜찮은 가격"임을 언급하며, 할인이 합리적인 의사결정보다는 사람들에게 감정적 충격(거래효용)을 통해 구매를 촉진하는 행위임을 지적하고 있다.[17] 가격 자체가 소비자를 유혹하는 것이다.

때로 할인제품의 구매가 현명한 소비자라는 느낌(Feelings of Smart Shopper)을 제공한다고도 한다. 소비자의 쿠폰 사용 동기에 관한 실험 연구에서는 소비자들이 쿠폰을 통해 가격 할인 혜택을 받으면서 자신이 똑똑하고, 자랑스럽고, 유능하다는 생각을 한다는 견해를 제시하기도 한다.[18]

그러나 할인에 유혹된 소비들은 많은 경우 불필요한 제품을 집에 쌓아두는 결과를 낳는다. 사람들은 때로는 비싼 가격이라는 이유로 구매하고 때로는 할인되기 때문에 구매한다. 체면치레를 위해 쿠폰을 이용하지 못하기도 하지만 쿠폰을 잘 이용하는 스스로를 현명한 소비자로 인식하기도 한다. 우리에게는 모순되는 여러 가지 모습이 있지만 마케팅은 그게 어떤 모습이든 더 많은 구매로 이어지도록 작용한다.

3. 유통망: 오감마케팅

유통, 소매업은 소비자들이 제품을 편리하게 구매할 수 있게 한다. 그러나 유통망은 구매의 편리성이라는 관점을 넘어 제품의 브랜드 이미지를 전달하고 판매를 극대화하는 수단이기도 하다. 예를 들어 명품 액세서리나 고가 자동차의 유통망 설계에서는 고객의 접근성보다는 매장 자체의 고급스러움을 통해 브랜드 이미지를 향상시키고, 구매 시점에서 고객만족을 극대화하는 것을 강조한다. 접근성을 희생한 소수의 매장이 도리어 제품의 희소성을 부각시킬 수도 있다.

종합 쇼핑몰이라면 필요한 제품을 쉽게 구할 수 있도록 하고 이를 넘어 생각지도 않던 물건들을 사게 만들고, 하나 살 것을 두 개 사도록 만드는 일이 중요하다. 실제 매장들은 구매를 촉진하기 위한 다양한 장치들로 구성되어 있다.

이런 장치들을 기획하기 위해 소매점들은 소비자들의 행동을 면밀히 관찰하고 분석한다. 쇼퍼트랙(Shopper Track)과 같은 소비자 조사회사는 미국 전역에 4만 개의 카메라를 통해 전국적인 쇼핑객들의 움직임을 파악한다. 작은 렌즈가 부착된 비디오카메라는 고객들도 모르는 사이에 매장 통로별 통행량의 추이와 진열된 상품들에 대한 소비자들의 반응, 일거수일 투족을 매우 정밀하게 추적하고 있다. 칸 리서치 그룹(Kahn Research Group) 이 사용하는 장비는 고객이 주문하는 동안 눈 이동을 추적한다. 이를 통해 소비자들이 전면에 설치된 광고판 또는 할인 표지를 주목하는지, 메뉴판을 어떤 순서로 읽어나가는지를 관찰한다. 축적된 비디오 자료들은 사람이 아니라 소프트웨어에 의해 분석될 수 있으며, 이를 통해 방대한 자료들이 적은 비용으로 분석되고 판매를 극대화할 세부적인 계획들이 작성된다.[19]

자원자들을 모집하여 진행되는 관찰에서는 훨씬 더 정교한 기법들이 사용된다. 특수 제작된 평범해 보이는 모자를 이용해 쇼핑 중에 대상자의 뇌에서 일어나는 전기 활동들을 측정하며, 흉부의 센서는 심장 박동을, 손가락에 부착된 센서는 신체적 각성의 정도를 측정한다. 안경에는 작은 비디오카메라와 마이크가 숨겨져 대상자가 물건을 찾아 헤매는 동안 보고 듣는 것을 낱낱이 기록한다. 이를 통해 쇼핑 과정에서 뇌와 신체가 보이는 흥분도의 변화를 기록하고 이러한 반응이 매장 내의 특정한 위치와 진열대, 옷걸이와 어떻게 연관되는지 추적한다.[20]

이런 관찰과 분석의 결과 진열 방식, 위치, 조명 밝기와 색상, 심지어 상표 문구에 쓰인 색상과 글씨체, 바닥 마감재까지도 소비자들의 정보처리 방식과 브랜드의 인지 여부, 구매의사결정에 강력한 영향력을 발휘한다는 사실이 밝혀졌다.[21] 그리고 이런 발견들은 소비자들을 더 오랫동안 매장에 머무르게 하고, 고객이 적당한 물건을 발견했을 때 망설일 여지 없이 손만 뻗으면 집을 수 있도록 진열 방식들을 설계하기 위해 이용된다.

쇼핑몰이나 슈퍼마켓은 대체로 시계 반대 방향으로 걷도록 설계되어 있다. 한 분석에 따르면 고객의 68%가 오른쪽으로 방향을 잡고 움직이는 것으로 나타난다.[22] 이 현상은 대부분 사람들이 오른손잡이기 때문에 나타나는 현상으로 해석된다. 따라서 시계 반대 방향으로 걷는 사람들을 염두에 두고 매장을 설계하면 사람들이 상품을 집어 들기 쉬우며, 멀리 있는 상품까지 손을 뻗을 수 있다. 고객들이 자주 구매하는 우유와 같은 제품은 매장의 가장 안쪽에 진열함으로써 상점 전체를 걸어 들어오는 동안에 충동구매를 자극한다. 매장에 과속방지턱을 만들어서 보행속도를 늦추는 것도, 시계를 제거해서 얼마나 시간이 흘렀는지를 인식하지 못하게 하는 것도 더 천천히 움직이며 많은 제품을 구매하도록 하는 장치다.

통계 분석에 따르면 소비자들이 미리 명확한 계획을 가지고 매장에서 구매하는 제품의 비율은 35%에 불과하며, 판매 장소에서 결정되는 구매량이 나머지 65%에 해당한다. 그리고 그 65% 중 절반이 어떤 범주의 제품 유형이 구매될지 사전에 대략적인 계획을 가지고 있는 경우이며, 나머지 절반은 즉흥적이고 충동적인 구매에 해당한다. 이를 고려하면 충동구매를 염두에 둔 매장의 구성이 미치는 영향이 상당히 클 것임을 이해할 수 있다.[23]

매장의 모든 공간은 섬세하고 미묘하게 고객의 소비를 촉진하도록 설계된다. 기업들은 이제 성인들이 반려동물들의 주식을 주로 구입하는 반면 아이들이 반려동물들의 간식거리(고기향이 풍기는 비스킷 따위)를 주로 구입한다는 사실을 알고 있다. 따라서 반려동물용 간식들이 어린이들 눈높이의 아래 측 선반에 놓이고, 아이들이 자기가 먹을 쿠키를 조르듯이 반려동물용 간식거리를 사달라고 조르게 만든다.[24]

소비자들은 제품들의 가격 수준을 완전히 파악하고 있지 않다. 따라서 특정 물리적인 단서들을 통해 그 제품이 싼지 비싼지를 직관적으로 판단한다. 기존 경험들은 단지 물건들이 대량으로 쌓여 진열되면 소비자들이 할인된 제품이라고 인식하는 경향이 있음을 알려준다. 따라서 전혀 할인되지 않은 제품을 대량으로 쌓아두는 방식으로 판매량을 증가시키기도 한다.[25]

향기 또한 구매를 자극하는 중요한 요인이다. 라스베이거스의 카지노에서는 편안함을 느끼게 하는 인공적인 냄새를 풍겼을 때 사람들이 슬롯머신에 45%의 돈을 더 넣었고, 향기가 진해졌을 때 그 수치가 53%까지 증가함을 확인하였다.[26] 또 다른 연구에서는 출산 후 어머니와 아기의 유대감을 강화시켜주는 자연발생적 호르몬인 옥시토신을 흡입한 사람은 거래 상대자에 대한 신뢰감을 크게 느낀다는 것을 보여주었다.[27] 또한 패스트푸드점에서는 빠른 음악으로 손님들의 회전율을 증가시킬 수 있고, 고급 레스토랑에서는 잔잔한 음악을 통해 손님들이 더 오래 머무르면서 많은 음식을 주문하도록 유도한다.[28]

카트의 크기는 점점 더 커지고 있다고 한다. 우리는 카트가 비어 보일 때 왠지 더 많은 충동을 느낀다.[29] 관련하여 관심을 끄는 실험이 있다. 코넬 대학의 경제학자 브라이언 완싱크는 『나는 왜 과식하는가』라는 책에서 다음과 같은 실험을 설명하였다. 실험에서는 바닥에 설치된 튜브를 통해 수프가 계속 채워지도록 만든 다음 사람들의 행동을 관찰하였다. 사람들은 먹어도 바닥을 보이지 않는 수프를 평소보다 훨씬 더 많이 먹었다. 어떤 사람은 이상하다는 생각을 전혀 하지 못한 채 1리터나 되는 수프를 먹기도 했다.[30] 결국 바닥을 보이는 수프그릇과 같은 시각적 단서가 제거되었을 때 얼마나 먹어야 하는가라는 가장 원시적인 의사결정마저도 쉽지 않다는 것이다. 카트의 크기와 같은 간단한 조작들도 우리에게는 큰 영향을 미칠 수 있다.

쇼핑몰은 바쁜 현대인에게는 식사하고 산책 겸 돌아다니는 하나의 레저 공간이다. 우리는 계획적이고 현명한 소비를 희생하여 얻은 시간을 투자해서 더 많이 벌고 그 돈을 쓰는 것을 레저 삼아 살고 있다. 구매행동에 대한 점포 설계의 영향력은 맞벌이 및 1인 가구의 증가와 더불어 더욱 강해진다. 이런 소규모 가구들은 시간이 충분하지 않기 때문에 미리 계획해서 구매하기보다 점포 내에서 무엇을 얼마나 구매할지 결정하는 경향이 더 높다.[31]

미래에는 모든 쇼핑몰들이 과학적 분석들에 의해 확인된, 소비자들의 소비를 부추기는 환경들만을 채택해 만들어질 것이다. 색다른 과거의 전통적 시장들을 찾아보기 힘든 미래가 이미 가까이 와 있다.

4. 블로그, SNS

과거에는 제품이 다른 사람들에게 보이기 때문에 사회적, 상징적 속성을 갖는다고 말했었다. 그러나 인터넷 세계에서는 또 다른 방식으로 사회적 속성이 나타난다. 블로그나 SNS(Social Network Service)의 이용이 활성화되면서 점점 더 많은 소비자들이 자신의 제품, 브랜드 경험을 다른 소비자들과의 의사소통 콘텐츠로 활용하고 있다. 이러한 콘텐츠의 공유 과정에서 긍정적인 평가와 공감을 얻는 소비자들은 오피니언 리더로서 영향력을 보유하게 된다.[32]

삶의 많은 부분이 소비에 바쳐지는 소비자본주의하에서 블로그나 SNS

와 같은 개인 미디어들이 소비 경험으로 채워지는 것은 자연스럽다. 과거 기업이 일방적으로 제공하는 광고 메시지들의 수용자였던 소비자들은 이제 스스로 제품의 좋고 나쁨을 평가하여 공유하고 있다. 다른 소비자들의 제품, 브랜드 경험에 대한 평가는 기업이 제공하는 메시지보다 더 신뢰되고 큰 영향력을 발휘한다. 따라서 소비자들이 직접 기업, 제품, 브랜드에 호의적인 메시지를 창조하여 공유하도록 유도하는 것은 마케팅전략의 중요한 목적이 된다.

또한 인터넷상에는 기업들의 이런 전략에 부응할 준비가 되어 있는 많은 블로거들이 존재한다. 미국의 경우 블로그로 생계를 유지하는 사람들의 수가 변호사 수만큼 된다고 한다. 어떤 영역이든 수백 명의 전문적 블로거들이 활동하고 있으며 이들 블로거들 중 90%가 자신이 좋아하는 브랜드와 가장 싫어하는 브랜드를 소개한다고 한다.[33] 이들 블로거들을 어떻게 활용하는지에 따라 기업의 마케팅 효율성은 극적으로 달라질 수 있다.

기업들은 블로거들에게 긍정적인 뉴스거리를 전해주고 게시할 만한 주제거리를 제안하며, 그들을 초대해 관계를 맺는다. 일부 블로거들은 기업으로부터 이런 유형의 독점적 정보를 제공받기 위해 애를 태우기도 한다. 한편 기업들은 대학생 평가단 모집과 같은 방식으로 오피니언 리더들을 선발하고 육성한다. 코카콜라는 2006년 동계올림픽 때 각국에서 참여한 6명의 대학생들에게 비행기표와 숙박비를 제공하고 그들이 올림픽에 참여한 일을 작성한 블로그에 코카콜라에 대한 긍정적인 내용을 게시토록 했다.[34] 이런 활동들은 모두 소비자들의 입을 빌려 기업의 메시지를 전달하려는 노력이다.

또 다른 방식은 소비자들에게 화젯거리가 될 만한 콘텐츠를 만들어 배포하는 것이다. 퀴즈노스(Quiznos)라는 샌드위치 프랜차이즈 회사는 스스로 유튜브(Youtube)와 유사한 토스티 티비(Toasty TV)라는 웹사이트(http://www.toasty.tv)를 만들었다. 이 사이트에서는 각종 유명 미드들을 자사 브랜드와 연관하여 패러디하고 있다. 〈하우스 오브 카드(House of Cards)〉와 〈왕좌의 게임(Game of Throne)〉을 혼합해 패러디한 House of Throne, 〈메이즈 러너(Maze Runner)〉를 패러디한 Waze Runner와 같은 영상들은 소비자들의 블로그에서 링크되고, 화젯거리로 소개된다. 퀴즈노스의 마케팅 담당자는 그들의 목표가 "소비자들이 자사(自社) 브랜드를 통해 시간을 보내도록 만드는 것(Spend time with our brand)"이라고 천명한다.

오늘날 마케팅의 최첨단에 있는 코카콜라의 "코카콜라로 마음을 전해요" 캠페인(Share Coke Campaign)은 흥미롭다. 콜라병에 사람들의 이름을 새겨 넣는 단순해 보이는 이 캠페인은 미국에서는 큰 성공을 거두었고 한국에서도 진행 중이다. 인간의 기본적 속성에 기초한 마케팅을 모토로 하는 이 캠페인은 '소통의 순간(Moment of Connection)'을 주제로 한다. 사랑하는 사람, 친구의 이름을 발견하여 선물하고, 그 경험을 다른 사람들과 공유하자는 의도가 담겨 있다.

뉴욕의 타임스퀘어(Time Square) 앞의 값비싼 광고판에는 키오스크(Kiosk)가 연결되어 있다. 소비자들은 키오스크 앞에 줄지어 서서 자신의 이름을 입력하고 광고판의 코카콜라 로고 속에 자기 이름이 새겨지기를 기다린다. 하루에 만 명 가까운 사람들이 이 사진을 찍고 인터넷으로 전송하며, 지인들과 공유한다. 소비자들은 자기 또는 지인들의 이름이 새겨진 콜라병을 가지고 무수한 장난들을 만들어내고 블로그를 이용해 공유한다. 코카콜라는 과거 "Share Happiness Campaign"에서도 비슷한 UCC(User

그림 5-2. "코카콜라로 마음을 전해요" 캠페인

Created Contents) 전략을 사용한 바 있다. 코카콜라는 사람들이 감동적인 순간에 함께하는 코카콜라의 이미지를 만들어내도록 유도한다.

블로그, SNS의 대중적 활용은 문화의 수용자로서 소비자를 문화 형성의 주체로 변형시켰다고 평가된다. 브랜드 이미지의 창조와 공유에서도 소비자의 역할은 확대되고 있다. 세계적인 브랜드 컨설턴트 마틴 린드스트롬(Martin Lindstrom)은 "적극적으로 행동하는 것이 소비자의 의무라고 생각합니다. 미래에는 브랜드가 제조사의 소유가 아니라 소비자의 소유가 될 것이기 때문이죠. 소비자가 블로그에 쓰고, 입소문을 냅니다"라고 말한다.[35] 개별 브랜드 차원에서 소비자의 주권이 강화되고 있음을 부정하기는 어렵다.

그러나 우리가 만들어내는 콘텐츠들은 기업들이 만들어낸 메시지들의 복제물이 되기 쉽다. 기업이 제공하는 메시지의 단순한 재전송, 기업이 후원해서 만들어진 콘텐츠들이 범람하면서 소비자들이 만들어내는 콘텐츠들도 신뢰받지 못한다. 소비자의 진솔한 경험을 반영했다고 생각되는 콘텐츠들도 소비자본주의 문화와 기업들이 만들어내는 사고의 프레임하에서 자유롭지 않다.

또한 많은 블로그와 SNS 활동들이 경쟁적인 소비를 통한 자존감과 자아성취감의 표현이며, 경쟁적인 소비의 다른 측면을 반영한다. 더 비싼 제품, 더 희소한 제품, 남들보다 먼저 경험하는 소비의 표현인 것이다. 이런 활동들이 주는 만족은 일반적인 소비와 마찬가지로 일시적이다. 끊임없이 돌을 굴려야만 하는 시시포스의 노동과 같은 소비가 이어져야만 한다. 만족하는 순간에 누군가는 똑같은, 더 좋은 물건을 과시하기 마련이다.

결국 강화된 소비자 주권마저도 소비지향성을 강화할 뿐이다. 기업들이 블로그와 SNS에 관심을 두는 근본적인 이유는 너무나 많은 종류의 미디어와 범람하는 광고 메시지들 속에서 소비자들의 관심을 끌어내기가 더 힘들어졌기 때문이다. 소비자의 입을 빌려 원하는 메시지를 전달하고자 하는 것이다. 이제 기업들은 우리 삶의 모든 활동들을 브랜드 강화에 활용하기 위해 노력한다. 다음 절에서 다룰 상호작용형 미디어의 활용도 마찬가지다.

5. 상호작용형 미디어

강의보다는 토론이 효과적인 것과 같이 소비자들이 관여하는 커뮤니케이션 방식에서 설득의 힘과 결과적인 행동의 변화가 크다는 것은 널리 알려진 사실이다. 이와 관련된 몇 가지 사례들을 검토해보자.

　Tripp-Ex의 수정테이프 광고에는 사냥꾼과 곰이 등장한다. 유튜브 동영상으로 게재된 이 광고에서는 양치질을 하고 있는 사냥꾼 앞에 곰이 나타나고 허둥지둥 총을 찾은 사냥꾼이 곰에게 총을 겨눈다. 이때 영상은 멈추고 "곰을 쏴라(Shoot the bear)"와 "곰을 쏘지 말라(Don't shoot the bear)"의 선택 메시지가 뜬다. 만약 여러분이 "곰을 쏴라"를 선택한다면 사냥꾼은 당신을 쳐다보며 "나는 곰을 쏘고 싶지 않아(I don't wanna shoot this bear)"라고 소리친다. 그러고는 영상 밖으로 손을 내밀어 옆 창에 있던 Tripp-Ex의 수정테이프를 집어 들어 동영상의 제목인 "A Hunter Shoot a Bear"에서 shoot를 지워버리고는 새로운 단어를 입력해보라고 제안한다. 이제 소비자는 어떤 단어든 입력할 수 있고 입력된 단어에 따라 계속해서 다른 에피소드들이 펼쳐진다. 하나같이 기가 찬 내용의 전개에 수없이 새로운 단어

그림 5-3. Tripp-Ex 수정테이프의 유튜브 광고

를 넣어보게 만든다.[36]

이 광고를 소개한 이동은 교수는 "사실을 내게 말한다면 나는 배울 것이다. 진실을 말한다면 나는 믿을 것이다. 그러나 나에게 스토리를 말해주면 그것은 내 마음속에서 영원히 살아가게 될 것이다"라는 인디언 속담을 제시한다. 소비자의 참여를 통해 만들어지는 스토리의 힘이 몰입과 강력한 감정을 유발한다.

디즈니, 버거킹, 크라이슬러와 같은 다국적 브랜드, 국대떡볶이와 같은 국내 브랜드 등 너나없이 온라인 게임을 활용한 프로모션을 진행하고 있다. 이런 게임을 활용한 이벤트에서는 30초짜리 광고와는 비교도 할 수 없이 긴 몰입과 효과적인 브랜드 노출이 발생한다.

스낵 제조사인 프리토레이가 2008년 실시한 '호텔 626' 프로모션에서는 무시무시한 유령들이 출몰하는 호텔에 갇힌 소비자들이 호텔을 탈출하는 게임이 이용되었다. 이름과 이메일만 입력하면 즐길 수 있는 이 게임에 136개국의 400만 명의 젊은이들이 접속해 평균 13분 동안 게임을 했다. 프로모션 비용이 100만 달러도 채 안 되었다고 하니 엄청나게 효과적인 프로모션이었다. 다음 해인 2009년의 '정신 병원 626' 프로모션에서 사용된 게임에서는 웹캠으로 소비자들의 동작을 인식해 실제 머리를 움직여 날아오는 전기톱을 피해야 하고 온라인 친구들에게 구조 요청을 하면 친구들이 자판을 마구 두드리거나 소리를 질러 공격자의 주의를 흩트려놓을 수 있었다. 이렇듯 가상세계와 현실세계를 의도적으로 통합함으로써 방문자들이 강렬한 감정을 느끼고 몰입을 경험하도록 만든다.[37]

이런 경험은 브랜드와의 감정적 연계를 더없이 강화한다. 향후 증강현실(AR: Augmented Reality) 기술의 발전이 마케팅과 결합될 때 브랜드의 영향력은 더없이 강화될 것이다. 우리가 보는 드라마, 즐기는 게임, 인터넷에 유통되는 화젯거리들이 모두 기업 마케팅의 수단이 되고 있다. 기업들이 강조하는 참여 마케팅은 궁극적으로 우리의 삶 자체를 마케팅으로 만드는 것이다. 기업들은 우리가 나누는 대화와 행동들 하나하나가 브랜드를 강화하고 소비욕구를 자극하도록 만들고자 한다.

6. 범람하는 소비자 정보와 신기술 마케팅

미디어 연구자인 임태훈의 『검색되지 않을 자유』에서는 아직 고등학생인 자신의 딸에게 유아용품 할인티켓을 보낸 것에 격분해 매장 관리자를 찾아 화를 냈던 남성의 이야기가 실려 있다. 하지만 그 남성은 얼마 뒤에 실제로 자기 딸이 임신한 사실을 알게 되었다고 한다. 할인매장은 고등학생

딸의 소비패턴 변화를 통해 부모보다도 학생의 임신 사실을 더 먼저 알게 되었던 것이다.[38]

소비자들에 대한 다양한 정보는 기업들에게 엄청난 가치를 제공한다. 제품의 기획에서부터 제품의 진열, 추천을 비롯한 마케팅 믹스의 기획은 근본적으로 소비자들에 대한 이해에서 출발한다. 기업들은 핵심 고객층 (Target Market)을 정의하고 그들의 욕구를 분석함으로써 제품과 서비스를 개선할 뿐 아니라 관련 정보를 활용해 구매를 자극한다.

많은 온라인 쇼핑몰들은 고객의 구매 이력을 분석하여 제품을 추천하고 유사한 특성의 고객들이 같은 제품을 구매했다고 알려준다. 아마존 (Amazon.com)이나 넷플릭스(Netflix)에서는 이런 시스템을 통해 추천한 제품의 판매가 전체 매출의 70%에 이른다고 한다.[39] 또한 여러분의 인터넷 상에서의 행동들은 기록되고 분석되어 제품 판매를 위해 활용된다. 여러분이 아마존 쇼핑카트에 어떤 물건을 담아놓고 구매하지 않았다면 여러분은 웹서핑 도중에 그 제품의 광고를 발견하게 될 것이다. 여러분의 친구 관계도 역시 분석되어 활용된다. 소비자들은 친구들과 매우 비슷하게 쇼핑하며, 친구들이 사용하는 브랜드의 광고에 반응할 가능성이 다섯 배나 높다고 한다. 여러분의 친구가 인터넷에서 운동화를 샀다면 곧 그 운동화의 광고가 여러분에게 나타날 것이다.[40]

인터넷과 모바일 통신의 발전이 이런 변화를 가능하게 만들었다. 인터넷 환경에서 소비자들은 회원 가입을 위해 신상정보를 상세히 제공한다. 또한 어느 사이트를 방문하고 얼마나 머물렀는지는 자동적으로 기록이 남는다. 인터넷상의 모든 활동들이 기본적으로 관찰되고 분석될 수 있다.

구글이나 페이스북과 같은 기업들은 부모나 친구들보다 우리를 더 잘 이해할 수 있다. 25세인 오스트리아의 법학도 막스 슈렘스(Max Schrems)는 자신에 대해 보유하고 있는 모든 정보를 보내달라고 페이스북 측에 요청했다. 그 결과 그는 57가지로 분류된 개인정보 1,200쪽 분량의 자료를 받았다고 한다.[41] 페이스북은 우리의 신상정보, 인간관계, 관심사에 대한 엄청난 정보를 확보하고 있으며, 원한다면 언제든지 이를 마케팅 목적으로 이용할 수 있다.

케임브리지 대학의 심리측정연구소(Psychometric Centre)의 연구원들에 따르면 페이스북의 '좋아요' 정보를 이용하면 사용자의 연령, 지능지수, 인종, 성격, 성적 지향성, 종교, 정치적 성향, 흡연 여부, 마약 사용 여부, 음주 여부 등과 같은 사항들을 추정할 수 있다고 한다. 실제 동성애 성향을 가진 사람들에 대한 예측 정확도는 남성의 경우 88%, 여성의 경우 75%였다고 한다. 흑인과 백인을 구별하는 정확도는 95%, 정치 성향은 85%, 마약 사용 여부는 65%로 예측 정확도는 매우 높았다.[42]

아마존이 판매하는 킨들(Kindle)로 책을 읽는다면 아마존은 당신이 읽는 책의 제목뿐 아니라 당신이 읽은 페이지, 밑줄 그은 구절, 당신의 독서 패턴 등을 알 수 있다.[43] 네이버와 구글은 당신이 입력하는 검색어와 방문하는 사이트들을 분석하여 당신의 생활을 낱낱이 이해할 수 있다.

오늘날 빅데이터에 대해 많은 사람들이 관심을 가지는 가장 큰 이유는 방대한 소비자들의 자료를 분석하여 소비자들의 관심과 행태를 이해하고 마케팅에 활용할 수 있기 때문이다. 빅데이터뿐만 아니라 인지심리학, 행동경제학 등 인간 행동에 대한 연구들은 모두 일관된 지향성을 가지고 있다. 현대를 움직이는 기본적인 힘은 소비의 촉진과 그를 통한 생산, 성장이다.

한때는 광고가 유익한 정보를 전달하는 매개체라는 관점에서 정당화되기도 하였다. 그러나 이제 광고가 객관적인 정보라는 개념은 폐기되었다고 보아도 무방하다. 광고는 설득의 과학이다. 그리고 그 설득의 방법은 우리의 생활 전반을 포위하고 있다. 철저하게 기획된 브랜드명, 제품의 패키징, 라벨, 미디어와 길거리 광고들, 브랜드를 판매하는 장소, 이 브랜드를 마시고 후원하는 유명인, 인터넷을 통해 공유되는 소비자들의 경험이 더해져 우리는 제품을 열망하게 된다. 마케팅은 우리가 느끼는 것 이상으로 강력한 영향력을 발휘하고 있다.

7. 구매행위의 소비

2012년 한 조사에서 응답자의 52.7%가 "물건을 사면 스트레스가 해소된다"고 했다. 이 비율은 2013년 39.1%로 2012년(52.7%) 대비 13.6% 감소하였다. 이 비율의 감소는 금전 문제로 쇼핑을 제약당하고 있는, 스트레스 해소 기제가 제한된 사람들을 의미하며, 쇼핑의 스트레스 해소 기능이 감소했음을 의미하지는 않는다.[44] 『쇼핑학』의 저자 마틴 린드스트롬(Martin Rindstrom)은 다음과 같이 인터뷰하였다. "많은 소비자에게 쇼핑은 뇌에서 도파민을 얻는 방법입니다. 도파민은 신경전달물질로, 게임을 하거나 술을 마시거나 쇼핑할 때 분비가 증가하죠. 짧은 시간 동안 기분을 좋게 만들어줘요. 우리는 쇼핑을 하며 지속적으로 그 도파민 분비를 일으키려고 하는 겁니다. 쾌감과 기쁜 감정을 느끼는 순간 그 상태를 유지하기 위해 더욱 많이 사고 싶어져요."[45]

이런 견해들을 접하다 보면 우리가 제품을 소비하면서 만족을 얻을 뿐 아니라, 구매행위에서도 행복을 얻는 것으로 보인다. 쇼핑 컨설턴트사 인바이로셸의 CEO인 파코 언더힐(Paco Underhill)은 "소유에 대한 자부심보다는 획득하는 행위를 통해 만족감을 얻는 것이죠. 우리가 살고 있는 소비문화 속에서 열심히 일한 데 대한 보상은 종종 소비하는 능력입니다"라고 하였다.[46] 우리는 제품을 소유, 사용하는 것과는 별개로 구매행위를 즐긴다. 구매행위 자체를 소비하는 것이다.

구매행위는 일시적이지만 자극적이고 보상을 제공한다. 소비행위에서 발생하는 호르몬인 도파민은 일종의 쾌락 호르몬이며, 술, 도박과 같은 다양한 중독의 문제와 관련된다. 이를 생각하면 쇼핑에서도 중독의 문제가 발생하는 것은 자연스러워 보인다. 영국에서는 충동구매행동으로 고통 받는 사람이 50만 명에 이르고, 미국은 보다 만연하여 인구의 5.9~10%에 이른다고 보고된다.[47] 한국의 경우 포괄적인 조사결과를 발견하지는 못했지만 19세에서 28세까지의 여대생 489명을 대상으로 한 연구에서 응답자 중 15.5%가 쇼핑중독 구매자로 나타났다.[48]

충동구매는 물건 따위를 살 필요나 의사가 없이 물건을 구경하거나 광고를 보다가 갑자기 사고 싶어져 사는 행위라고 정의된다. 충동적인 구매자는 불안할 때 쇼핑을 통해서 고통스러운 감정을 극복한다. 일반적으로 사람들은 자아존중감이 낮거나, 우울하고 스트레스를 받게 되면 충족되지 못한 욕구를 대리 충족시키고자 무엇인가를 구매하는 경향이 있다. 그리고 이런 행동이 반복될 경우 지나친 구매욕구를 느끼며, 통제력이 부족해지는 소비중독 현상이 발생한다.[49] 이런 쇼핑행동은 부정적 감정을 일시적으로 완화시킬 수 있지만, 과도한 구매 이후에는 바로 우울해지거나 죄책감과 불안한 감정이 뒤따른다.[50] 우울함이나 스트레스가 충동구매, 소비중독의 원인이며 그 결과라는 점에서 악순환의 고리가 형성된다.

중독적인 상황은 아닐지라도 소비행위 자체가 현대인에게 의미 있는 경험으로 간주되기도 한다. 앞서 소비자들에게 하루에 평균적으로 노출되는 광고 메시지가 500~3,000개에 달한다는 연구를 소개했다(서문 참조). 이런 광고들은 소비욕구의 창출을 목적으로 한다. 또한 연봉과 소유한 물건들을 통해 자신을 과시하는 문화 속에서 개인의 소비욕구는 증폭된다.

또한 소비자본주의 문화는 일시적인 쾌락의 문화이다. 현대카드의 "인생을 즐겨라" 광고 시리즈는 상당히 인상 깊다. "아버지는 말하셨지, 인생을 즐겨라. 재미나게 사는 인생, 자 시작이다. 오늘밤도 누구보다 크게 웃는다. 아버지는 말하셨지, 그걸 가져라"라고 읊조린다. 가벼운 즐거움의 추구는 아버지의 입을 빌려 삶의 교훈으로 표현된다.

그러나 사람들의 소비능력은 제한되어 있고 많은 소비욕구들이 억눌려져 있다. 결국 소비행위는 억눌린 소비욕구의 해소행위이며, 사람들이 소비를 통해 쾌감을 느끼는 것은 자연스런 현상으로 보인다. 결국 우리는 욕구의 과잉상태, 경쟁과 비교에서 오는 스트레스와 불안감을 경험할 수밖에 없다. 우리 모두는 소비중독의 인자를 보유하고 있는 것이다. 우리는 소비의 일시적 쾌락을 원하지만 돈과 시간의 문제로 자제를 강요당할 뿐이다.

자제력은 한정된 자원이라고 한다. 중독자들은 일반인들과 크게 다른 사람들이 아니다. 단지 더 힘든 상황을 겪었을 뿐일 수 있다. 피터 우벨의 『욕망의 경제학』에서는 다음과 같은 실험을 소개하였다.

끼니를 거르고 참석해달라고 부탁한 피실험자들을 갓 구운 초콜릿쿠키 냄새가 풍기는 방 안에 들여보내고는 쿠키는 먹지 말고 무 조각만 먹을 수 있도록 하였다. 일정 시간 후에 무의 맛이 사라진 이후 설문조사를 할 테니 기다리라고 한다. 이때 기다리는 동안 무료하지 않도록 간단한 문제를 내겠다고 한다. 그 문제는 같은 선을 두 번 지나지 않고 한 번에 도형을 따라 그리는 문제다. 처음에는 쉬운 문제가 나왔지만 나중에는 아주 복잡한 문제가 나온다. 마지막에는 풀 수 없는 문제를 주고는 풀 자신이 없으면 벨을 누르라고 요청한다. 이때 포기할 때까지 걸리는 시간을 측정하면 쿠키의 유혹을 이겨낸 사람들 대비 그 유혹에 시달리지 않은 사람들이 두 배의 시간을 투입한다.[51] 사소한 것처럼 보이는 쿠키 향기의 유혹일지라도 이를 인내해야 한다면 과제 해결에 필요한 사람들의 자제력이 소진되어버린다. 그 결과 쿠키의 유혹에 시달린 사람들이 새로운 과제에 투입하는 자제력에 한계를 보이는 것이다.

항시적으로 마케팅 메시지들에 노출되고 있는 사람들은 마치 항상 쿠키 향기를 맡지만 먹지 못하는 것과 같은 상황에 놓이게 된다. 이런 상황에서 개인적으로 힘든 일을 겪게 된다면 그에 따른 자제력의 소진이 쇼핑중독과 같은 형태로 나타날 수 있는 것이다. 반대로 소비를 억제하면서 지내는 사람들은 그에 따른 자제력의 소진이 다른 형태의 문제를 만들어낼 수도 있다. 우리에게 아직 자제력이 남아 있어 욕구를 조금씩 분출하는 데에 만족할지라도 우리는 소진되고 있다.

06

마케팅과
사회적 이슈

지갑이 허락하는 것만 원하는 삶처럼
따분한 삶이 또 있을까요?

칼 라거펠트(패션 디자이너)

우리는 제2~5장을 통해 마케팅의 기본 원리와 구체적인 마케팅의 실행 방법들을 다루었다. 그 과정에서 마케팅이 주입하는 욕구들이 우리의 삶을 행복하게 만드는지에 대한 의문들을 제시하였다. 본격적으로 이 질문을 다루기 전에 이번 장에서는 리스(Lease) 서비스, 신용카드와 할부/대부업, 어린이 마케팅이라는 세 가지 마케팅 유형을 살필 것이다. 다른 마케팅방식들과 달리 이런 유형의 마케팅은 그 자체로 사회적 이슈가 되고 있다. 해당 이슈에 대한 이해가 향후 논의에 의미가 있다.

기업의 사회적 책임(CSR: Corporate Social Responsibility) 이슈도 별도로 다룰 가치가 있다. 소수 기업으로 경제적 영향력이 집중되는 경향이 강하게 나타나고 있으며, 이런 영향력은 경제 외적인 분야로도 확대되고 있다. 따라서 경제적 영역으로 간주되지 않던 사회적 책임을 기업에게 요구하는 경향이 있다. 그러나 중요한 사회적 이슈들, 특히 시장의 실패로 간주되는 문제들에 대해 기업에 책임을 요구하는 것이 바람직한지 생각해보아야 한다. 어쩌면 기업의 사회적 책임 논의는 정부 또는 사회 전반이 짊어질 책임을 기업의 역할로 규정하게 만들고 정부와 시민사회의 영향력을 감소시킬 수 있다.

마지막으로 이번 장은 다음 장들의 논의를 위해 앞서 논의들을 정리하여 제시할 것이다.

1. 리스lease… 공유?

"미국에는 전동드릴이 8천만 개나 있지만, 평균 사용 시간은 각각 13분밖에 되지 않습니다. 모든 사람들이 전동드릴을 소유할 필요가 있을까요?" 숙박공유업체 Airbnb의 CEO인 브라이언 채스키(Brian Chesky)의 말이다.[1] 이러한 현상의 배경에는 "세계에서 가장 다재다능한 전동공구"라는 문구와 함께 〈미션 임파서블〉을 연상케 하는 광고(RIDGID RE6라는 공구에 대한 광고)의 힘이 함께하지 않았을까? 전동드릴만이 아니다. 개인 승용차의 경우 전체 사용 기간 중 95%는 주차된 상태로 있다는 조사결과도 있다. 사람들은 자동차를 소유의 대상이자 자유, 편리, 지위의 상징으로 여기고 있다. 하지만 엄청난 주차난과 비용을 생각할 때 택시나 집카(Zipcar, 미국 렌터카회사로 자동차 쉐어링 서비스를 제공한다)와 같은 대안은 충분히 훌륭하다.

이런 문제의식으로 인해 소유가 아닌 공유를 강조하는 것이 하나의 사회현상으로 나타나고 있다. Airbnb, Zipcar, Uber Taxi와 같은 사례들은 기업적 성공뿐만 아니라 공유 개념을 활용한 사업 모델로 주목받고 있다.

한편 리스의 개념도 소유와는 구분되며, 공유에 가까운 개념으로 주목받고 있다. 학자들은 공유 서비스의 개념을 소비자들이 소유하는 제품의 공유로 한정함으로써 기업이 보유한 제품의 리스와 공유 서비스를 구분한다. 하지만 현실적으로 공유의 개념에 리스, 렌탈 서비스를 포함시켜 사용하는 경우가 있으며, 두 개념을 혼동케 하는 마케팅 메시지들이 이용되기도 한다. 또 상식적인 수준에서 볼 때 리스 개념은 사용하되 쓰고 버리지 않음으로 인해 환경에 도움이 되는 것 같고, 합리적인 소비인 듯 보인다. 그러나 최근 성행하는 리스 서비스들은 합리적인 소비보다는 더 비싼 제품의 소비 또는 상품의 교체주기 증가를 추구하는 것으로 보인다.

인터넷에 공유 서비스(Sharing Portal)를 표방하는 '쏘시오'를 검색해보면 다음과 같이 서비스를 소개하고 있다. "자주 안 쓸 것 같아 망설여질 때, 미리 써보고 싶을 때! 무턱대고 사지 말고 쏘시오에서 셰어링하세요!" 좋은 취지로 이해된다. 하지만 이 업체의 TV 광고는 누구나 꿈꿔보았을 만한 페라리로 보이는 컨버터블 자동차(Convertible Car)를 제시하며, 목돈 들이지 않고 슈퍼카들을 써볼 수 있다는 자극적인 내용으로 구성된다. 구매가 아니라는 점에서 리스 방식은 제품 사용에 대한 부담감을 크게 완화시킬 수 있다. 명시적으로 말하지 않아도 내 머릿속에는 "인생 뭐 있어? 질러버리는 거야"라는 환청이 스쳐지나간다. '쏘시오' 같은 발음들은 무의식적으로 뭐든지 너무 쉽게 사버릴 수 있다는 느낌을 제공한다. 실제로 구매 절차는 너무나 쉽다.

한편 리스 서비스는 기간별 지불금액을 강조하면서 소비자들의 비용 부담을 낮게 인식시키는 수단이 될 수 있다. 'Pennies-a-day(하루에 1원)' 전략이 그 기본적인 방식을 설명한다.

"하루에 1,100원이면 암 걱정 끝"과 같은 장기 할부 광고나 "스토케 익스프로리4.0 유모차 8,000원/일" "Economy 렌터카 월 30만원"과 같은 리스 서비스의 경우 총 가격보다는 일 또는 월 지불금액이 강조된다. 필자의 나이에 특정 암보험을 가입할 경우 하루 1,100원의 금액을 15년간 납입하면 향후 33년간 보장이 가능하다. 그런데 하루 1,100원을 15년간 납입하면 총 600만원이 넘는 금액이 된다.

Pennies-a-day 전략은 기본적으로 대수롭지 않게 느껴지는 분할된 가격(하루 1,100원)을 제시함으로써 소비자들이 일시납입 금액을 제시받을 때 느끼는 가격 부담을 완화시키는 방식이다. 실제 여러 연구들이 상황에 따라 Pennies-a-day 전략이 일시납 대비 소비자들의 구매의사를 증가시킴을 보여주고 있다.[2]

반면 판매자 입장에서 각종 행정 비용의 부담으로 인해 리스 서비스의 가격이 단순 구매의 경우보다 높아지는 것이 자연스럽다. "새 차로 바꿔 타는 즐거움까지"를 모토로 하는 현대캐피탈 자동차리스의 경우 자동차 판매 사업에 5.9%의 담보대출 사업과 차량관리 서비스를(차량 점검, 자동차세·과태료 자동납부 등과 관련된 부대비용 청구) 결합한 효과적인 비즈니스 모델이다. 그리고 이 전략은 제품의 교체주기를 줄이는 효과적인 전략이기도 하다. 48개월 또는 36개월을 기본 계약기간으로 삼다 보니 계약 기간이 만료되면 당연히 신차로 교체하게 된다.

문화일보에 실린 "車·가방·유모차도 신상으로, 명품 리스族"이라는 기사(2009. 09. 26)는 다음과 같이 서술한다. "서울 강남구 압구정동과 삼성동 일대에는 명품 리스숍이 하루가 다르게 늘고 있다. 리스 전문업체 리스플러스 관계자는 "물건에 대한 개념이 '소유'에서 '사용'으로 바뀌면서 렌탈 산업이 급성장할 전망"이라고 말했다." 소유가 아님이 강조되면서 합리적인 소비의 느낌을 주지만 명품의 사용을 자극한다는 점에서 결국 소비확대를 추구하는 것이다. 명품 리스숍의 제품들은 외제차, 명품 액세서리들이고 고객들은 경제난의 여파로 소득 수준은 예전만큼 회복되지 않았지만 유행과 흐름에 뒤처지기 싫어하는 강남 중산층이 주축이라고 설명하고 있다.

할부제도, 리스와 같은 신용공여와 결합된 제품 판매방식은 값비싼 제품을 가진 궁핍한 자들을 만들어내고 있다. 개인의 수입차 구매에서 20~30대가 차지하는 비중은 2004년 30.7%에서 2012년 46.4%로 늘어났다고 하며, 카푸어족이 양산되고 있다는 비판이 나오고 있다.[3] 또 다른 문헌은 렌탈 서비스에 대한 추천 의향을 가진 소비자는 2012년 30.8%에서 2013년 38.8%로 늘었다고 소개하면서 이를 사람들이 부족한 현금에서 느끼는 저렴함에 대한 집착으로 해석하였다.[4] 더 쉬운, 더 많은 소비의 개념과 궁핍함이 공존하는 현상이다.

2. 신용카드와 할부, 대부업

성인 대부분이 보유하고 있는 신용카드는 사람들의 지출 수준을 증가시키는 데 매우 중요한 역할을 한다. 손으로 만져지는 현금과 달리 신용카드를 이용한 지출의 경우 사람들이 그 심각성을 잘 인식하지 못하는 경우가 많다. 합리적인 인간의 관점에서는 이해할 수 없지만 신용카드의 사용은 사람들에게 없는 돈이 생긴 것 같은 착각을 만든다. 때로는 지출하고서 지출의 부담을 느끼지 못하게 하는 신경안정제 같은 역할을 한다.

《하버드 비즈니스 리뷰》에 실린 한 논문에서는 사람들이 현금을 세고 잔돈을 받는 경우 거래의 규모를 명확히 인지하지만, 만 원이든 십만 원이든 단지 사인으로 결제하는 신용카드 거래에서는 이를 잘 인지하지 못한다고 설명한다. 한 극장의 데이터를 분석한 결과 신용카드로 결제한 사람들은 예매 이후 극장을 방문하지 않는 빈도가 현금 결제의 경우 대비 10배 높게 나타났다.[5] MIT에서 뇌의 구매결정 과정을 연구하는 심리학 교수 드라젠 프레릭(Drazen Prelec)이 실시한 일련의 실험 결과 신용카드로 물건 값을 결제할 경우 사람들은 평상시보다 두 배나 많은 지출을 하는 것으로 나타났다.[6] 또 카드를 썼을 때 현금을 썼을 때에 비해 뇌가 고통을 덜 느낀다고 한다.[7]

신용카드와는 성격이 다르지만 상품권이나 선물카드, 온라인 머니와 같은 현금 대용품들도 사람들이 실질적인 비용을 인식하지 못하게 하는 역할을 한다. 한 연구는 사람들이 현금 대신 선물카드를 지급받은 경우 사치품을 구매하는 비율이 증가함을 보여주었다. 이 연구에서는 또 선물카드를 사용하는 경우와 신용카드를 사용하는 경우도 비교하였는데 선물카드를 사용하는 사람들이 신용카드를 사용하는 사람들보다도 사치품 소비가 더 많게 나타났다. 또한 선물카드와 신용카드를 같이 사용하는 사람들의 경우 선물카드로는 사치품을, 신용카드로는 생활용품을 구매하는 행태를 보였다.[8] 온라인 머니에서도 유사한 상황을 예측할 수 있으며, 최근에는 아프리카TV 등에서 온라인 머니로 수억 원을 탕진하는 평범한 직장인이 르포 프로그램에 소개된 바 있다.

소비 활성화를 명분으로 허가되는 다양한 현금 대용품들은 결국 사람들의 사치품 소비와 전반적인 소비성향을 증가시키는 역할을 한다. 현명한 소비를 추구한다면 이런 심리적 특성을 잘 이해할 필요가 있다.

한편 다양한 방식으로 신용카드 사용이 장려되고 있다. 물건을 살 때, 특히 수백, 수천만 원 하는 냉장고, 자동차와 같은 물건들을 구매할 때 신용카드를 이용하면 수십만 원에 해당하는 할인을 제공한다. 혹할 수밖에 없는 이 할인의 조건은 매달 적게는 수십만 원에서 많게는 백만 원 이상을 그 카드로 결제하라는 것이다. 우리는 결제 조건을 만족시키기 위해서 소비를 강요당하는 상황에 놓인다.

186

무이자할부의 경우 이용하지 않으면 경제 지식이 없는 무식한 사람처럼 느끼게 하는 혜택이지만 기묘한 면이 있다. 지출을 하고서도 이번 달 지출에 반영되지 않으니 그냥 잊고 지내기 쉽다. 하지만 할부들이 쌓이다 보니 이번 달에 별것 쓴 게 없는데도 카드 청구서에는 월급 이상의 금액이 찍혀 나온다. 신용카드는 사람들이 지출을 통제하지 못하고 과소비를 하게 만드는 주범이다.

또한 할부는 사실상 빚을 내서라도 소비하라는 유혹이다. 최소 금액만 결제하면 잔여 카드이용대금을 다음 달로 이월시키는 리볼빙 서비스, 한도가 자동으로 설정되고 늘어나는 카드론 같은 서비스들은 명백히 높은 이자율을 목적으로 하는 대부업이다. 복잡한 서류 처리 없는 이런 유형의 대출 서비스는 사람들을 쉽게 빚지게 하고 경우에 따라서는 매우 심각한 상황에 놓이게 만들기도 한다.

한편 대부업체 광고가 케이블TV를 점령하다시피 했다. 대부업 이자율은 2016년 3월 개정된 대부업법에 의해 상한이 27.9%로 규제되고 있다.[9] 은행권이 아닌 저축은행 대출, 카드 연체이자, 그리고 대부업법의 관리를 받는 기타 대부업체들의 이자율은 이 상한에 근접해 있다. 만약 복리 27.9%로 10년간 돈을 빌렸을 경우 만기 상환액은 원금의 11.7배가 된다.

가히 살인적인 이자율에도 불구하고 대부업 광고들은 마치 일사천리로 고민이 해결될 듯 시원스러운 광고들을 쏟아낸다. "거기 이자 비싸지 않아? → 버스랑 지하철만 탈 수 있나? 바쁠 땐 택시도 타는 거지" "무방문, 무수수료, 바로송금… 신청 시 6,000만원까지 30분 내에 대출 가능! 대한민국 여성이라면 신청 가능(무직자, 전업주부 가능, 비밀 대출)" 케이블 텔레비전을 통해 방송되는 이런 유형의 대부업 광고는 하루 평균 1,364건에 이른다고 한다.[10] 대부업체들은 지자체에 신청서를 작성한 뒤 등록비 10만 원만 납부하면 사업이 가능하다. 서울시에만 4,000여 개의 대부업체가 등록되어 있다.[11]

한국의 가계부채 수준은 2015년 말 기준으로 1,200조 원 수준으로 알려져 있다. 2015년 3분기 기준 GDP 대비 가계부채 비율은 87.2%로 조사 대상 41개국 중 8위에 해당했다. 이 비율은 2002년 2분기 62.5% 대비 상당한 증가이다.[12] 이런 현상의 주요 책임은 집값을 부양하기 위해 DTI(Debt To Income) 규제 완화 등을 시행한 정부에 있다. 정부가 나서서 빚을 권하는 현상은 소비의 증대를 최우선으로 하는 정부정책의 대표적인 사례로 보인다.

신용카드, 대부업, 앞서 논의한 할부제도와 리스와 같은 신용공여와 결합된 제품 판매방식은 소득 이상의 소비를 발생시킨다. 미래를 희생하면서까지 현재의 소비를 극대화시키는 수단들인 것이다. 한국에는 장기 금융 연체자가 350만 명이 넘는다고 한다.[13]

정부는 서민들의 긴급자금에 대한 수요를 만족시키기 위해 대부업법을 통해 사금융을 양성화시켰다고 한다. 그러나 『빚 권하는 사회, 빚 못 갚을 권리』의 저자 제윤경은 만성적으로 현금 흐름이 적자인 사람들에게 긴급자금이라는 것은 의미가 없다고 말한다. "이들에게 필요한 것은 일시적인 자금 수혈이 아니라 근본적인 소득 보장과 일자리다."[14] 분명히 맞는 말이다. 하지만 우리는 비형평적인 사회를 만들어 가난을 구조화하고서는 그 가난을 이용해 돈벌이를 하고 있는 사회에 살고 있다.

3. 어린이 마케팅

어린이들은 대상에 대한 경험이 없거나 한정되어 있는 경우가 많다. 이렇듯 대상에 대한 태도가 약한 경우 대중매체와 이를 통해 전달되는 마케팅 메시지가 대상에 대한 태도 형성에 미치는 영향력은 강력해진다. 결국 마케팅의 효과성이 어떤 대상들보다 어린이들에게서 크게 나타날 수 있다.

아이들은 자신이 살고 있는 사회를 학습하기 위해 TV 속에 묘사된 현실을 이용한다고 한다. 더욱이 6세 이전의 아이들은 TV가 허구임을 이해하지 못한다. 7세 이상이 되어 현실과 TV의 허구를 구별하는 능력이 생겼다고 해도 종종 현실세계를 반영하는 것으로 착각한다. 결국 지나치게 TV를 시청할 경우 현실세계에 대한 편향된 시각을 가지게 될 가능성이 제기된다.[15] 이런 아이들이 세 번째나 네 번째 생일쯤 되면 브랜드가 자신의 개성을 나타낸다고 생각하기 시작한다. 예를 들어 멋지다거나 강하다거나 똑똑하다 등의 특성을 나타낸다고 믿기 시작한다.[16]

좀 더 넓게 볼 때 청소년들도 마케팅에 대한 취약성이 크다. 뇌는 20대 초반에 가서야 완전히 성숙한다. 십대들은 아직 자아를 구성하는 사회의 규범, 가치들을 습득하려고 애쓰는 단계이다. 당연히 자신감이 부족하고 또래 집단의 압력에 취약하며, 세상 물정에 대한 경험이 부족하다.[17] 결과적으로 마케팅에 영향을 받은 청소년들은 특정 브랜드를 가지지 못하면 낙오자라고 생각하거나 패배감, 사회적 소외감을 느끼게 된다. 연구자들은 "청소년들이 브랜드가 개인의 소득 수준을 나타낼 뿐만 아니라 지적 수준, 사회적 성공, 교육 수준, 자기 삶의 개척 능력까지 보여준다고 믿는다. 그리고 이런 믿음은 부유층에 속하는 청소년일수록 강하다"고 말한다.[18]

결과적으로 어린이, 청소년들은 손쉬운 마케팅 설득의 대상이다. 한편 어린이들의 구매력 자체가 중요할 뿐 아니라 외식이나 자동차 구매와 같은 가족 단위 구매의사결정에서 어린이들의 영향력은 매우 크다. 따라서 자동차회사도 타깃을 아이들에게 맞춘 광고를 내보낼 정도다. 특히 남자 아이들은 광고를 보고 마음을 빼앗긴 자동차를 사자며 부모에게 조르는 경우가 많다. 아동 마케팅 전문가 제임스 맥닐(James McNeal)에 따르면 열 네 살 미만의 아이들이 가구 소비의 절반에 영향을 미친다고 한다. 실제로 부모의 3분의 2는 구매할 차를 결정할 때 아이들의 의사를 적극적으로 반영한다고 말했다.[19]

추가적으로 아이들은 미래의 성인으로서 기업들의 주목을 받는다. 클로테르 라파이유(Clotaire Rapaille)의 『컬처코드』에서는 장기적인 구매집단 형성을 위한 집요한 노력이 잘 설명되고 있다. 1970년대에 일본 진출을 시도하던 네슬레(Nestler)는 생각만큼 시장을 확대하지 못하였다. 이를 타개하기 위해 경영진들은 다양한 연구들을 진행하였다. 그 결과 중 하나는 일본 소비자들의 경우 어린 시절 커피에 대한 기억이 매우 명확하지 않음을 보여주었다. 이는 대다수 일본인들이 전통차에 대해 아주 강한 감정과 기억들을 가지고 있는 것과는 대조적이었다. 이러한 상황을 이해한 네슬레는 이후 커피향을 첨가한 어린이용 과자류를 만들었다. 이를 받아들인 1970년대의 어린이, 젊은이들이 이제 커피에 대한 강한 소비자층으로 성장하였다. 그리고 일본은 이제 거대한 커피 시장으로 변화되었다.[20] 저자는 어린 시절의 각인이 현재 그들의 행동에 깊은 영향을 미친다고 주장한다. 이제 이러한 접근법은 대다수 기업들이 이해하고 실행하는 전략이다.

어린이, 청소년들의 취약성을 고려할 때 어린이 마케팅의 윤리성은 매우 중요하게 다루어질 문제이다. 그렇지만 이윤 추구 동기를 최우선으로 하는 기업들은 어린이들을 배려할 여유가 없는 듯하다. 『기업에 포위된 아이들』의 저자 조엘 바칸(Joel Bakan)은 광고와 어린이용 방송 콘텐츠를 포함하는 어린이/십대 마케팅이 아이들의 자연스럽고 정상적인 욕구를 부풀려 부모에 반항하게 하고, 아이들이 부모가 아닌 브랜드, 기계, 인터넷 사이트, 캐릭터, 아바타에 시간과 마음을 쏟게 만든다고 하였다. 이와 함께 저자는 다양한 연구들을 제시하면서 아이들이 이런 대상들에 깊게 빠져들면서 아이들을 안전하고 건강하며 장기적으로 행복하게 만드는 데 필요한 부모와 아이들 사이의 접촉, 존중, 권위, 신뢰를 찾기가 어려워졌음을 지적한다.[21]

또 다른 연구들은 광고에 의해 형성된 부적절한 정서는 아이들에게 당장의 만족감에 집착하고 물질주의적 신념이 중요하다는 것을 일깨우는 역할을 해왔음을 설명한다.[22] 또한 아이와 성인 모두에게 지나친 물질주의적 태도는 불행/불안/우울과 연관되고, 감정적 애착을 약화시키고, 타인에게 공감하고 타인과 협동하는 능력의 저하를 불러오며, 자기도취적이고 약삭빠르고 반사회적인 행동으로 이어짐을 주장한다.[23]

넬슨 만델라(Nelson Mandela)는 "사회가 아이들을 대하는 방식만큼 그 사회의 정신을 분명하게 드러내는 것도 없다"고 하였다. 우리 사회가 아이들에 대한 배려를 최우선으로 생각한다면 위의 분노 섞인 주장들에 공감할 필요가 있다.

4. 기업의 사회적 책임

우리의 삶을 둘러싼 끊임없는 마케팅 메시지들은 만족되지 못할 욕구를 불어넣는다. 사람들은 더 많은 소비와 물질적 성공을 위해 분투하지만 성공의 길은 좁다. 세계화와 함께 더욱 강화된 무제한적인 경쟁은 대다수 사람들에게 소외감을 불러일으킨다. 누군가를 밟고 올라서야 하는 경쟁으로 인해 공동체 의식이 파괴되어간다. 형평성의 악화, 불안정한 고용, 과도한 교육시장의 경쟁과 같은 요인들로 인해 중산층 이하의 삶이 악화되고 있고 사회문제로 불거지고 있다. 환경의 악화가 불러오는 위기감은 사람들의 불안감을 가중시킨다.

반면 현대 경제에서 대규모 기업 집단의 영향력은 절대적인 수준이다. 많은 산업들이 소수의 기업들에 의해 지배되는 독과점 형태를 띠고 있다. 또한 이런 경제적 영향력은 사회, 문화, 정치적 차원의 영향력으로 확대되었다.

결과적으로 기업으로 대표되는 일부 승자 계층과 일반 대중의 괴리가 심화되면서 반기업 정서가 나타나고 있다. 경제적 성장과 번영을 이끌고 가야 할 주체로서 기업과 온갖 사회병리현상의 원인으로서의 기업의 모습이 모순적으로 상존하면서 이를 해소하기 위한 사회적 필요성이 부각될 수밖에 없다.

이와 관련하여 기업의 사회적 책임(CSR: Corporate Social Responsibility)을 강조하는 경영과 마케팅 기법이 관심을 끌고 있다. 브랜드 가치가 중요한 시장에서 반기업적 정서의 표적이 되는 기업들은 브랜드 가치에 심각한 손상을 경험할 수 있다. 반면 한국의 유한킴벌리나 영국의 보디 숍(The Body Shop)과 같은 기업들은 사회적 기업의 이미지를 확보하여 성공을 거두고 있다. 따라서 '사회적 책임을 장기적 수익 창출에 도움이 되게 하는 경영'의 중요성이 부각된다.

사회적 책임의 중요성이 부각되면서 저명한 마케팅 학자인 필립 코틀러(Phlip Kotler)는 자신의 저서 『Market 3.0』을 통해 마켓 3.0의 시대가 도래했다고 주장하였다. 기존 패러다임인 마켓 2.0은 개인으로서의 고객만족을 목표로 삼았던 소비자 지향적인 것이다. 반면 마켓 3.0은 단순히 고객만족과 이익 실현을 넘어서, 좀 더 큰 미션과 비전, 가치를 통해 세상에 기여하는 마케팅을 의미한다.[24] 이런 주장의 배경에는 단순 소비를 넘어 기업의 가치 창출에 적극 개입하고자 하며, 사회적 문제를 인식하고 이의 해소를 지향하는 소비자들이 대두되고 있다는 인식이 깔려 있다.

실제 이러한 사회적 책임 경영, CSR 경영이 장기적인 수익성을 증가시킴을 보여주는 연구들이 있다.[25] 그러나 이런 연구들은 설문에 기초한 연구들이거나 일부 성공적 기업들을 대상으로 한 연구로서 한계점이 있다. 또한 CSR 경영이 기업경영 성과와 뚜렷한 관계가 없거나 부정적인 영향을 미침을 보이는 연구들도 있다.[26] 따라서 실제 기업들이 CSR 경영을 통해 성과를 얻게 되고, CSR 경영이 확산되어 실질적인 변화에 기여할지에 대해서는 아직 속단하기 어렵다.

일부에서는 CSR에 대한 부정적 시각이 제기되기도 하였다. 우선 기업의 위법행위와 관련된 부정적 이미지에 대한 면죄부로 이용되고 있다는 인식이 있다.[27] 실제 CSR 지수가 높은 기업이 사회적 무책임(CSiR: Corporate Social Irresponsibility) 지수가 낮다는 증거가 없다는 연구나, CSR 활동이 많은 기업에서 도리어 CSiR 지수가 높다는 연구결과들이 발표되기도 하였다.[28]

또한 이런 활동들이 자발성보다는 시민과 시민단체, 여론단체, 이해관계단체의 압력이나, 항의성 여론 조성에 영향을 받은 것이라고 인식하면서 근본적인 한계가 있다는 시각도 있다. 예를 들어 주식 거래와 관련해서 FTSE(Financial Times Stock Exchange)가 실시하는 FTSE4GOOD지수(환경보호, 인권보장, 사회적 책임 등의 세 가지 항목을 조사해 우수한 점수를 얻은 기업들을 FTSE4GOOD지수에 포함시킴) 및 Dow Jones가 실시하는 DJSI(Dow Jones Sustainability Indexes: 다우존스 지속가능성 지수)에 등록되어 있느냐의 여부가 투자자들의 투자에 영향을 미치기 때문에 이를 만족시키기 위해 노력한다는 것이다.[29] 이런 관점에 따르면 정부 규제나 직접 개입을 통한 문제의 개선과 CSR 경영이 그다지 구별되지 않는다.

필자는 규제가 가지는 한계성도 명확히 존재하기 때문에 윤리와 도덕에 의한 자율 규제는 중요한 의미를 갖는다고 생각한다. 그렇지만 자율 규제의 한계성 또한 명확히 존재한다. 예를 들어 CSR 논의에서 가장 주목받는 이슈는 "착한 기업의 수익성이 장기적으로 높아진다"라는 가설이다. 기업은 본질적으로 이윤의 극대화를 추구하기 때문에 사회적 책임의 문제도 결국 이윤의 극대화에 도움이 되는 가의 문제로 귀결된다. 즉, CSR 경영을 통해 소비자의 선택을 더 많이 받을 수 있는가의 문제가 관심의 대상이 되는 것이다.[30]

이런 관점에서 CSR 경영은 근본적으로 여론 관리의 성격을 띠고 있으며, 커뮤니케이션 또는 마케팅 전략의 한 범주로 인식될 수 있다. 또한 최소한의 투자와 성공적인 커뮤니케이션을 통해 수익을 극대화한다는 일반적인 경영원칙에서 자유롭지 못하다.

결국 문제는 소비자의 윤리성 문제로 귀결된다. 소비자들이 개인적 만족 이외에 사회적 가치에 얼마나 많은 가중치를 부여하고 실제 책임성 있는 회사들을 선택하느냐에 따라 CSR 경영의 효과성은 달라진다. 이와 관련하여 전기자동차업체로 주목받고 있는 테슬라(Tesla Motors)의 사례는 흥미롭다. 일찍이 전기차를 생산했던 싱크(Think)나 미쓰비시, 닛산 등의 기존 자동차업체들은 전기차의 본질을 고유가에 대응하기 위한 경제성과 친환경성에서 찾고자 했으나 그다지 성공적이지 못했다. 그러나 테슬라는 주행감, 자기표현의 개념을 빌어 자사의 전기차를 슈퍼카로 포지셔닝하여 성공을 거두었다.[31] 이 사례는 전기차의 실용성과 상품성을 잘 보여주면서도 환경문제보다는 고가의 자기표현 상품으로 소구하는 것이 소비자들의 마음을 움직이는 데 성공적이었음을 보여준다.

대부분 사람들은 분명 사회적 문제에 대한 참여의식, 시민의식을 가지고 있다. 그러나 다른 요인들이 대등할 때 CSR이 선택에 영향을 미치지만 더 높은 가격, 불편함을 감수하기는 어렵다. 한 연구는 소비자들이 CSR 활동을 많이 하는 기업의 제품이 가격 공정성이 낮다고 인지하는 경향이 있음을 보여준다. 소비자들이 CSR 활동에 따른 비용이 가격에 전가되는 것을 우려한다는 것이다.[32] 이 연구나 테슬라 사례를 비롯해 일상생활의 경험들은 실제 환경이나 인도주의적 이슈들이 얼마나 소비생활에 영향력을 미치는지에 대해 의문을 던진다.

한편 우리 사회는 경제적 성장과 소비의 확대를 최우선 과제로 삼고 있다. 이런 문화에서 기업의 사회적 책임의 문제는 또 다른 왜곡의 가능성을 내포하고 있다. 가톨릭 대학의 사회학과 이영자 교수는 "대중의 아픔을 치유하고 자선사업과 사회봉사에 앞장서는 '착한 기업'을 선전하는 대중매체들도 시장의 민주주의와 대중친화성을 부각시킨다"라고 지적하였다.[33] 이 글은 기업의 사회적 책임 경영도 신자유주의적 자유방임체제를 강화하고 본질적인 문제를 회피하는 수단으로 쓰일 수 있다는 경계심을 표출한 것이다.

본질적으로 이윤의 추구를 최우선으로 하는 기업들에게 환경이나 취약 계층에 대한 보호, 문화의 육성과 같은 사회 공통의 문제에 대한 근본적 책임을 부여하는 것은 바람직하지 않다. 사회가 바람직한 가치를 지향하고 소비자가 사회의 장기적 번영을 추구한다면 기업의 이윤극대화 추구 활동도 윤리적 범주 안에서 수행될 것이다. 반면 성장이 최우선이 되고, 윤리문제를 중요치 않게 보는 사회에서는 CSR이란 단지 본질적 문제의 회피 수단에 불과할 수 있다.

원론적으로 볼 때 CSR을 강조하는 새로운 트렌드는 바람직한 현상이다. 그러나 "단순히 고객만족과 이익 실현을 넘어서, 더 큰 미션과 비전, 가치를 통해 세상에 기여"를 지향하는 마켓 3.0의 시대가 도래했다는 필립 코틀러의 주장은 때 이른 듯하다. 성장과 소비의 지향이 우리에게 어떤 영향을 미치는지에 대해 깊은 성찰이 필요하다. 그리고 더 본질적인 사회운영 철학의 변화를 추구해야만 한다. 그때에 이르러 CSR 경영은 진정한 힘을 발휘할 수 있을 것이다.

5. 욕구의 해방에 대한 가치평가

마케팅은 소비문화를 강화하였으며, 소비문화는 개인욕구 해방의 문화로 해석될 수 있다. 소비주체로서 여성의 지위 향상, 자기표현이 강조되는 젊은 세대, 젊고 활력 있는 노인의 개념 모두 개인의 욕구를 분출시켜 소비를 확대시키려는 기업들의 요구와 밀접하다.

이런 욕구의 해방은 봉건적 억압으로부터 사람들을 해방시키는 추세와 결부되어왔다. 한 예로서 사랑 관념의 변화를 생각해보자. 소비와 사랑 관념의 결합은 '매력'과 '육체적 아름다움'에 기초한 여성다움의 정의를 강화하면서 성의 상품화라는 문제를 발생시켰다. 그러나 역설적이게도 여성의 자아실현, 자율성, 평등이라는 보다 광범위한 이상을 뒷받침했다. 더불어 여성참정권, 노동시장에서의 지위 상승 등 실질적인 권력의 이동이 발생했다.

또 소비의 확대 과정은 경제적 민주화를 수반했다는 점에서 긍정적이다. 경제적 민주화는 부자들만으로 제한되었던 사치의 보편화를 의미한다. 또한 부적절한 것으로 받아들여지던 노동계급의 관행들, 예를 들어 데이트나 영화관, 댄스홀에서의 춤이 중간계급 이상에서 받아들여졌다. 참고로 기본적인 데이트 활동이 된 외출은 집이 비좁기 때문에 초대에 필요한 공간과 사생활이 없었던 노동계급에서 시작된 것이라고 한다.[34] 이러한 문화적 타협과 보편화 또한 긍정적으로 받아들여질 수 있다.

한 가지 흥미로운 점은 이런 욕구의 분출과 쾌락적 문화의 보편화가 산업사회의 합리성, 근면성 개념의 확립과 함께 이루어졌다는 것이다. 언뜻 보기에 위계적 조직체계와 기계화된 생산과정은 욕구의 분출이나 쾌락적 문화와는 거리가 멀다.

사실 소비문화의 확산과 생산력, 산업사회의 발전은 동시에 진행되었다. 그리고 봉건적 억압의 해체와 경제적 민주화는 산업사회에 필요한 노동력 공급을 위해서도 진행될 수밖에 없었다. 대가족 제도의 해체를 통한 도시로의 인구 유입, 가부장적 문화로부터 여성의 해방은 노동력 확보를 위해 필수적이었던 것이다. 이를 통해 확보된 인력들이 강도 높은 노동에 효과적으로 투입되기 위해서는 경제적 합리성과 근면성이 요구된다.

이와 관련하여 재독 철학자 한병철은 현대 사회가 생산력을 극대화하기 위해 조직적 억압을 통해 개인을 착취하는 단계를 넘어서 개개인이 스스로를 자발적으로 착취하는 단계로 나아갔다고 설명한다.[35] 다시 말하면 조직적, 억압적 방식의 한계를 극복하기 위해 사람들의 자발성이 필요했다는 것이다.

소비가 주는 쾌락의 추구는 분명 자발적 노동의 중요한 원동력이다. 결과적으로 소비의 확대와 생산의 확대는 쾌락의 분출과 자기규율이라는 상호 모순적인 두 가지 문화적 흐름 속에 존재할 수밖에 없어 보인다. 쾌락적 욕구의 해방이 강도 높은 착취의 대가가 됨으로써 대중적 타협이 가능했던 것이다.

그러나 오늘날에도 이런 강도 높은 노동·착취와 욕구해방 간의 타협이 여전히 유효한 것인지 생각해볼 필요가 있다. 기본적인 물질적 욕구를 만족시키기 어려운 상황에서 물질적 풍요의 달성은 긍정적으로 평가될 수 있다. 하지만 오늘날 사람들이 느끼는 문제는 절대적인 물질의 부족이기보다 상대적인 결핍감이다.

상대적 결핍감은 두 가지 관점에서 생각해볼 수 있다. 첫 번째는 우리가 잘 알고 있는 사회적인 비교에서 발생하는 박탈감이다. 두 번째 문제는 여태껏 우리가 크게 관심을 두지 못했던 것으로, 욕망의 수준에 비교한 결핍감이다. 우리들은 기업이 주도하는 미디어를 통해 지속적으로 욕망을 주입받는다. "광고는 우리로 하여금 아직 가지지 못한 것을 욕망하게 하고 이미 누리고 있는 것을 비하하도록 부추긴다. 광고는 좌절된 욕망의 긴장을 조장하고 또 조장한다.… 이 일을 하는 사람들 중에 당신의 행복을 바라는 사람은 없다. 행복한 사람은 소비하지 않기 때문이다."[36] 우리가 가진 물질적 풍요로움이 과연 우리를 행복하게 만들고 있는지 뒤에서 다시 논의해볼 것이다. 무엇보다 우리는 현재의 물질적 풍요를 위해 너무나 많은 것들을 희생하고 있다.

인간 해방의 관점도 이제 그 의미를 다시 평가해볼 시점이다. 과거 욕구의 해방은 소비의 대중화(계급차별), 여성 해방 등 명시적 억압의 해방과 연관됐었다. 그러나 이미 우리는 법과 제도에 의한 명시적인 억압으로부터 해방되어 있다. 오늘날 우리를 짓누르고 있는 억압은 기회의 평등으로 정당화되고 있는 부(결과)의 불평등, 그 결과로서 교육과 문화의 차이에 의해 형성되는 기회의 불평등이다. 지금 우리가 외치는 인간 해방, 욕구의 해방은 더 많은 소비와 그를 위한 성장을 추구한다는 점에서 이런 부류의 억압을 심화시킨다. 더 많은 소비를 위한 성장 지향은 결국 형평성의 희생을 정당화하는 것이다.

또 지금의 욕구 해방은 인간의 존엄성을 회복하는 것과는 다른 차원이다. 예를 들어 현재의 욕구 해방은 여성 해방보다는 성의 상품화를 부추길 뿐이다. 아니 그런 논의 자체를 집어삼킨 듯하다. 저명한 마케팅 저널에 실린 논문은 성의 상품화가 특정 남성용품 판매에 도움이 되지만 여성용품 판매에는 도움이 되지 않으며, 고급스러운 성의 묘사만이 긍정적인 효과를 낳는다고 보고하였다.[37] 중국에서 진행된 또 다른 연구는 남성 누드에 대한 여성 고객의 반응은 '시큰둥'함이라고 그 효과성에 부정적인 평가를 내렸다.[38] 이 논문을 소개한 저자는 찬반의 논란을 떠나 인간 모두의 관심사인 성을 매개로한 상품 광고는 피할 수 없는 흐름이라고 평가하고 있다. 이제 잣대는 판매에 도움이 되는지로 단일화되었다. 여성들이나 남성들이나 성적인 매력을 상품화하는 데에는 거부감을 느끼지 않는다. 선망의 눈초리로 바라볼 뿐이다. 다만 싸구려 냄새가 나는 묘사를 거부할 뿐이다.

   이 문제는 정신적 가치에 대한 평가절하와 밀접하다. 오늘날 매체, 광고들은 사람들의 관심을 두고 경쟁한다. 경쟁 속에서 복잡한 사고는 배격되고 직관적이고 감각적인 메시지만 살아남는다. '쿨병'에 걸린 사람들 눈에는 진지한 성찰은 잘난 체이고 고루함이다. 정신분석학자 파울 페르하에허(Paul Perhaeghe)는 한 논문의 제목을 인용하면서 오늘날 지성적이라는 말은 욕이나 진배없다고 말한다. "그렇게 똑똑한데 왜 돈을 못버니?"[39] 쿨하지 못하면 견디기 힘든 사회다. 정신적 가치가 설 자리가 없다.

   이제 사회 변화의 힘, 옳고 그름의 잣대는 소비의 확대, 경제의 성장으로 단일화되었다. 소프트웨어 산업의 성장을 위해 온라인 게임의 폭력성이나 선정성에 대한 논의는 접어두기로 했다. 사회적 이슈가 공유되고 논의되는 인터넷 뉴스사이트는 최신의 선정성을 공유하는 장이다. 창문, 입간판, 차량 뒷면 등 옥외광고 규제 철폐가 경제 살리기 공익광고의 대상이 되었고, 그린벨트에 대한 규제가 개혁의 대상이 되었다. 우리는 소비자본주의가 우리의 가치관을 어디로 끌고 가는지 평가해보아야만 한다.

6. 마케팅은 필요악인가?

마케팅은 좁게는 특정 상품에 대한 욕구를 창출하고 생산·판매를 가능하게 하여 기업을 존속·성장시키는 수단이다. 이런 기업 단위의 마케팅은 집체적으로 발현되어 소비욕구, 소비자본주의 문화를 유지·강화함으로써 경제 전체의 성장을 지속시키는 수단이 된다.

이 책의 제1장은 우리의 소비욕구는 본성이기보다 문화에 의해 만들어진 것임을 논했다. 제2장에서는 사람들의 소비가 합리적 선택의 결과라는 경제학적 관점을 부정하고 감정과 무의식에 호소하는 마케팅의 원리를 설명하였다. 그 이후에 다루었던 내용들은 마케팅의 구체적 방법론에 해당한다. 결국 우리의 소비욕구는 본성 이상으로 마케팅에 의해 부풀려진 것임을 살피고자 했던 것이다. 이제 우리는 부풀려진 욕구와 성장지향성, 그리고 그 결과 드러나는 기업들의 지배력과 제반 병리적 사회현상의 연관성을 바라봐야 한다.

노벨 경제학상 수상자인 폴 사무엘슨(Paul A. Samuelson)은 다음과 같은 간단한 행복 방정식을 제시했다.

$$\text{행복(Happiness)} = \frac{\text{소비(Consumption)}}{\text{욕망(Desire)}}$$

소비를 늘리는 것으로 행복을 증진시킬 수도 있지만 욕망을 줄이는 것 또한 행복의 수단이 된다. 동양의 오랜 지혜가 경제학자의 입을 통해 다시금 말해진 것일 뿐이다. 동양철학자 성균관대학교의 이기동 교수는 EBS 『중용』 강의에서 다음과 같이 설명한다. "행복의 양은 고통의 양과 같다. 밥이 주는 행복은 몇 끼를 굶었는지에 의해 결정된다." 그 생각의 깊이를 따라가기가 쉽지 않다. 다만 소비만이 우리의 대안은 아님을 생각해보아야 한다.

이 책의 제3장은 소비의 많은 부분이 상징적 가치를 지향하고 남들보다 앞서기 위한 경쟁적인 소비임을 설명하였다. 이런 경쟁적인 소비는 국가 간 군비경쟁과 유사하다. 소모적인 소비의 경쟁이 사람들을 행복하게 하는지 질문을 던질 필요가 있다.

제4장은 더 많은 소비의 상당 부분이 여전히 가치 있는 제품들을 폐기처분함으로써 만들어짐을 다루었다. 그리고 제5장은 전통적인 광고뿐만 아니라 다양한 마케팅수단들이 우리 생활의 모든 측면들에 침습하고 있으며, 과소비와 충동구매를 비롯한 다양한 문제를 발생시킬 수 있음을 다루었다.

마케팅과 소비문화가 주입하는 욕구가 터질 듯이 부풀려지고 있다. 마케팅은 욕구를 충족시키기 위한 것이 아니라 욕구를 창출하기 위한 것이다. 만족되지 않은 욕구는 사람들에게는 고통과 결핍감만을 남긴다.

물론 일정 수준의 소비가 우리의 삶을 풍성하게 만든다는 점을 부정해서는 안 된다. 그러나 과도한 소비의 추구가 가져오는 대가를 분명히 생각해보아야 한다. 이 책의 후반부에서는 과도한 소비 추구의 대가에 대한 고찰을 시도한다.

아직도 물질적인 궁핍함에 고통받는 사람들이 많음을 생각할 때 배부른 소리를 한다고 비판할 사람들도 있을 것이다. 그러나 우리 사회의 전체적인 부의 수준을 고려할 때 빈곤의 문제는 맹목적인 성장이 빚어낸 문제라고 보아야 한다. 빈곤의 문제를 성장우선주의를 폐기하고 불평등을 완화함으로써 해결할 수는 없는가? 우리는 다른 대안을 고려하지 못하고 성장을 추구해왔다. 그리고 마케팅이 주입하는 소비욕구는 우리를 맹목적으로 앞만 보고 달리게 한 에너지를 주입해왔다.

그러나 마케팅에 대한 비판은 신중해야 한다. 시장경제의 근간은 사유재산 및 사적 이익 추구의 존중이다. 생산과 판매의 기본 단위인 기업 간 자유로운 경쟁이 사회를 발전시켜온 역동성의 근간이다. 그리고 기업은 사적 이익, 이윤을 추구하는 조직이며, 마케팅은 그 목표를 추구하는 하나의 기능일 뿐이다. 그렇다면 기업의 한 기능으로서 마케팅에 대한 비판은 본질을 따지지 않은 표피에 대한 비판이 될 수 있다.

실제 이 책이 비판하고자 하는 것은 시장경제가 아니라 신자유주의적 시장경제이다. 신자유주의는 자본주의 경제에 대한 정부의 개입을 옹호한 수정자본주의의 실패를 지적하고 경제적 자유방임주의로 회귀를 지향한다. 자유방임주의는 시장에서 소수 기업 집단의 영향력을 극대화시켰다. 문화의 영역 또한 문화산업이라는 이름으로 시장에 편입되고 대규모 기업 집단들의 시장에서의 영향력은 고스란히 문화의 영역에 전이된다. 이런 경제적, 문화적 영향력은 역시 사회를 조직하는 법·제도, 관행의 형성에도 영향을 미치게 된다. 국가가 경제적 성장을 최우선 과제로 설정한 이상 소수 기업 집단의 영향력을 제어할 수단이 없다.

더 중요한 것은 대중이 신자유주의적 사고를 내재화하여 문제를 직시하지 못하고 있다는 점이다. 신자유주의를 비판함에 있어 마케팅을 중요하게 다루는 것은 마케팅이 기업과 일반 대중의 소통방식이며, 사람들의 생각에 영향을 미치는 기능이라는 점에서 중요하기 때문이다.

악화되는 지구환경문제에 대한 적극적 대응은 요원할 뿐이다. 불평등의 심화와 대다수 민중의 소외, 규제되지 않은 상업적 방송과 기업 권력의 강화, 모든 미디어에서 범람하는 성의 상품화와 폭력성, 사회적 결속력의 약화, OECD 국가들 가운데 최하위를 기록하는 아동들의 삶의 만족도… 이 모든 문제의 근원에는 성장을 최우선하는 정책과 이를 용인하고 스스로 추구하는 소비문화가 자리 잡고 있다. 우리는 이제 소비와 성장, 행복에 대해 더 깊이 생각해볼 필요가 있다.

07

소비,
부와 개인의 행복

—

물질주의와 행복 | 금전적 보상과 동기부여
부자의 행복 | 성과사회: 소진, 피로감 | 본질적 목표의 추구

어떻게 하지? 나 그만 부자가 되고 말았네
대형 냉장고에 가득한 음식
옷장에 걸린 수십 벌의 상표들
사방에 행복은 흔하기도 하지
언제든 부르면 달려오는 자장면
오른발만 살짝 얹으면 굴러가는 자동차
핸들을 이리저리 돌리기만 하면
나 어디든 갈 수 있네
나 성공하고 말았네
이제 시(詩)만 폐업하면 불행 끝
시 대신 진주 목걸이 하나만 사서 걸면 오케이
내 가슴에 피었다 지는 노을과 신록
아침 햇살보다 맑은 눈물
도둑고양이처럼 기어오르던 고독 다 귀찮아
시 파산 선고하고
행복 벤처 시작할까
그리고 저 캄캄한 도시 속으로
폭탄같이 강렬한 차 하나 몰고
미친 듯이 질주하기만 하면

문정희, 『성공 시대』, 「양귀비꽃 머리에 꽂고」

영화 〈죽은 시인의 사회(Dead Poet's society)〉에서는 다음과 같은 대사가 나온다. "시와 아름다움, 낭만, 사랑 같은 것들이 우리가 살아가는 이유(Poetry, beauty, romance, love- these are what we stay alive for)." 하지만 어떤 시인은 죽었고 어떤 시인은 폐업을 선언한다. 이제는 오래된 노래 015B의 '수필과 자동차'는 경쾌하기만 하다.

이 책은 앞부분에서 마케팅이 주도하는 소비자본주의 문화가 어떻게 사람들을 욕구로 채워나가는지를 다루었다. 그 욕구들은 다른 사람들보다 더 비싼, 더 최신의 물건들, 외모의 아름다움, 사회적으로 더 높은 지위의 성취와 표현을 지향한다. 이런 욕구들은 사람들과의 관계 속에서 느끼는 따뜻함, 보람과 같은 내적인 만족과는 크게 다른 것이다.

많은 학자들은 외재(外在)적 목표에 몰입하는 사람들은 자신의 내재(內在)적 필요를 돌보는 일에서 점점 더 멀어지게 된다고 설명한다. 외재적 목표가 달성되었을 때 사람들은 일시적으로 만족감을 느낀다. 그러나 외재적 목표의 달성은 본질적으로 다른 사람과의 비교에서 얻어지는 상대적인 것이다. 만족되었다고 느끼는 순간 새로운 비교대상이 생기고 욕구의 크기는 다시 커진다. 그에 반해 가족의 사랑, 친구와의 우정, 가치 있는 일을 하고 있다는 보람은 지속적인 충만감을 준다.

지금도 사랑받는 오래된 어린이 도서 『꽃들에게 희망을』에서는 애벌레로 쌓아올려진 커다란 탑들을 보여준다. 탑 속에 있는 애벌레들은 그 꼭대기에 무엇이 있는지 알지 못한다. 단지 무엇인가 소중한 것이 있으리라 믿고 다른 애벌레들을 밀치고 올라갈 뿐이다. 하지만 꼭대기에는 다른 애벌레로 쌓여진 낭떠러지밖에 없다. 고치 속에 들어가 자유로워진 나비들만이 안타깝게 이 꼭대기를 내려다볼 수 있다.

외재적 목표는 내적인 만족을 추구하기 위한 수단이 될 수 있지만 그것 자체가 목적인 삶은 공허하다. 외재적 목표만을 추구하는 사람이 느끼는 내적 공허함은 외재적 목표에 연료를 주입한다. 공허함을 외재적 목표로 채우기 위해 끊임없이 자신을 소진시킨다.

많은 사람들이 비물질적 가치의 중요성을 인식하고 있지만 역시 안정적인 재정 상태를 저버릴 수 없다고 생각한다. 우리 문화는 물질적, 외재적 욕구를 추구하는 것 외에 다른 대안을 보여주고 있지 못하다. 삶은 더 악화될 뿐이며 미래가 삭막해 보인다는 인식이 폭넓게 형성되어 있다. 이번 장에서는 물질적, 외재적 목표의 지향이 우리 삶에 어떤 영향을 미치는지 구체적으로 살펴볼 것이다.

1. 물질주의와 행복

팀 카서(Tim Kasser)가 저술한 『물질주의의 대가(The High Price of Materialism)』는 무엇을 지향하는지에 따른 행복의 수준을 다룬다. 이 책은 물질주의를 지향하다 보면 언제나 욕구불만에 쌓일 수밖에 없음을 보여준다. 이는 우리들이 원하는 물질적 부란 단순히 충분히 가지는 것이 아니라 다른 사람들보다 더 많이 갖는 것이기 때문이다.

저자와 동료들은 우선 개인이 추구하는 가치의 유형들을 1) 재무적인 성공, 사회적 지위, 제품의 구매 등을 중시하는 물질적 가치, 2) 심리적 성장, 자율성, 자존감을 중시하는 자아 수용, 3) 행복한 가정, 좋은 친구를 중시하는 소속감, 4) 더 좋은 세상을 만들기 위한 공헌을 중시하는 공동체 의식으로 분류하였다. 그리고 설문 기법을 활용하여 특정 개인이 이들 가치 유형들 중 어떤 가치를 더 중시하는지를 측정하는 방법론을 개발하였다.

이후 다양한 국가 및 연령대의 집단들로부터 방대한 설문 자료를 수집하여 물질적 가치를 중시하는 사람들의 특성들을 분석하였다. 그중 1) 자기 자신 또는 자신의 삶의 의미에 대한 만족감이나 자신감을 의미하는 자아실현, 2) 심리적인 성장과 에너지 수준을 측정하는 활력도(Vitality), 3) 우울감, 불안감과 같은 심리적 장애의 세 가지 측면을 살핀 복지 수준의 분석에서 물질적 가치를 중시하는 사람들은 일관되게 뚜렷이 부정적인 결과를 보였다.

십대들을 대상으로 한 조사에서는 행동장애 증상 및 공공기물 파손, 학교 결석, 무기 소지와 같은 부정적 행위의 경향도가 조사되었다. 역시 물질적 가치를 중시하는 십대들에서 이런 증상 및 행위가 뚜렷이 높게 나타났다. 대학생들을 대상으로는 흡연, 음주, 마약 복용 경향이 조사되었는데 물질주의 성향이 이에 명확히 영향을 미쳤다. 저자들은 이 외에도 유사한 목적으로 실행된 다수의 연구들을 소개하였는데 그 결과들은 상당히 일관적이다.[1]

그 이유에 대해 다양한 설명이 가능하다. 저자는 우선 부를 유지하고 관리하거나 증가시키는 과정은 매우 스트레스가 큰 노동이라고 본다. 부의 추구는 인생을 걱정거리로 가득하게 만들 수 있다. 또한 이 책에서는 기본적인 안전, 사회적 관계, 자존감과 자기성취감과 같은 부분에서 결핍감을 느끼는 사람들이 물질주의적 경향이 높다고 한다. 결국 물질주의를 추구하는 사람들은 결핍감이 높은 경향이 있으며, 이는 다시 물질주의를 강화하는 순환적 과정을 만들어낸다고 주장한다.

아브라함 매슬로우(Abraham Maslow)가 지적한 바와 같이 사람들이 만족되지 못한 특정한 욕구를 보유하고 있을 때 그들의 미래에 대한 철학은 변화하는 경향이 있다. 만성적이고 극단적으로 배고픈 사람에게 유토피아란 음식이 가득한 곳이다.

우리 사회는 끊임없이 어떠한 욕구든 물질의 구매를 통해 만족될 수 있다고 제시하고 있다. 우리에게 사랑과 안정감이 결핍되어 있더라도 결국 표면적으로는 물질적 욕구로 드러나게 된다. 그리고 만성적인 물질적 부족 상태를 경험하게 된다. 결국 어떠한 행태의 채워지지 않은 욕구들도 물질주의를 강화하는 형태로 나타날 수 있다.

이와 관련하여 『물질주의의 대가』에서는 사람들이 느끼는 기본적인 욕구(Needs)와 물질주의 경향의 관련성을 분석하였다. 이 책에서는 사람들의 욕구를 1) 안전(Safety and Security)과 자양분(Sustenance), 2) 자존감(Self-esteem)과 자아효능감(Efficacy), 3) 유대감(Connectedness), 4) 자율성(Autonomy)과 진실성(Authenticity)의 네 가지로 분류하고 있다.

그리고 이들 네 가지 유형 중 안전, 자존감, 유대감의 세 가지 욕구가 채워지지 않을 경우 물질주의적 경향이 더 증가함을 보여준다. 또 물질주의의 지향이 이러한 욕구의 충족을 저해하며, 다시 물질주의를 강화한다고 설명한다. 각각의 내용을 더 자세히 살펴보자.[2]

1) 안전감의 부족

안전감을 느끼기 어려운 가정 환경을 가진 사람들은 물질적이기 쉽다고 한다. 한 연구에서는 덜 애정을 보이고 제약적이며, 아이들이 스스로를 표현하지 못하게 하는 부모들의 아이들에게서 물질주의적 경향이 뚜렷이 높게 나타났다.[3] 다른 연구에서도 물질주의 지향성이 높은 청소년들은 그들의 부모가 상대적으로 자신들의 관점에 귀 기울이지 않으며, 자신들의 감정을 인정하지 않고 선택권을 주지 않는다고 인식하고 있음을 보여주었다.[4] 또한 물질주의적 경향이 높은 청소년들의 부모들은 아이들에 대한 소유욕이 강하고 속박하며, 아이들의 잘못에 대해 징벌적이고 일관적이지 못한 행태를 보이는 경향이 있다고 한다.[5]

2014년 11월 4일 보건복지부의 '2013 한국 아동 종합실태조사' 발표에서는 한국 아동이 주관적으로 평가한 삶의 만족도가 OECD 국가들 가운데 최하위를 기록하였다. 그 주된 원인으로 숙제와 시험, 성적 등 과도한 학업에 대한 압박감이 꼽혔다. 또한 아동들이 취미활동이나 친구와의 교류 등이 부족할 때 느끼는 아동 결핍지수 역시 OECD 국가들 가운데 가장 높았다. 한국 사회에서 과도한 경쟁이 아이들의 만족감에 얼마나 큰 악영향을 미치는지 제대로 보여준 지표이다.

앞서 설명된 연구결과들을 생각해보면 억압되고 자신을 표현하기 어려운 우리의 학생들은 물질주의적 가치를 받아들일 가능성이 높다. 실제 한국에는 외모에 치중하여 화장하는 초·중학생들이 매우 많다. 십대들의 스마트폰 사용은 우리 사회의 소비중독적 현상을 잘 보여준다. 가뜩이나 운동이나 사회적 관계가 부족한 십대들이 스마트폰 게임과 인터넷 검색, 카카오톡 등에 시간을 빼앗기는 상황이 달가울 부모는 없을 것이다. 그러나 중학생만 돼도 대다수는 스마트폰을 가지고 있다. 물질적 보상으로 문제를 해결하려는 부모와 스마트폰 없는 삶을 생각하지 못하는 학생들의 합작품인 듯하다.

똑같은 일을 해도 목적이 무엇인지에 따라 그 의미와 과정에서의 즐거움이 다를 수밖에 없다. 이미 초등학교에서부터 좋은 직업을 가지기 위해서, 그렇지 않으면 도태될까 두려워서 공부해야 하는 아이들이 공부가 즐거울 리 없다. 한국에서는 좋은 대학을 가기 위한 경쟁이 너무 치열하다. 그렇지만 대학원에 진학하려는 학생들의 수는 눈에 띄게 감소하였다. 대학원은 취업이 안 되면 가는 곳이 되고 있다. 좋은 대학을 가고 싶을 뿐이지 공부가 즐거운 학생들은 줄어드는 것이다. 많은 학생들의 꿈은 공무원이다. 안정적인 삶 외에 다른 것을 추구하기 너무 어려운 듯하다.

한편 이혼, 가정의 빈곤, 성장 지향적이고 복지 추구가 약한 국가적 환경과 같은 요인들도 물질주의를 강화하는 요인이 된다고 한다.[6] 사람들이 불안감을 느끼면 더 물질을 추구하게 된다는 일관된 연구들이 제시되고 있다. 물질의 추구는 다시 더 경쟁적인 사회를 만들고 도태에 대한 불안감은 더 커질 것이다. 하나의 악순환이 탄생한다.

2) 자존감(Self-esteem)의 부족

오늘날 사람들은 자존감을 가지기 쉽지 않다. 존 버거(John Berger)는 "광고의 목적은 소비자가 현실 생활에 최대한 불만을 느끼도록 하는 데 있다"고 하였다.[7] 이런 불만은 제품의 소유에만 국한된 것이 아니라 우리 스스로에도 적용된다. 우리는 컴퓨터 그래픽의 지원까지 받는 세계 최고의 미녀들과 세계 최고의 갑부들을 매일 접해야 한다. 미디어는 그렇지 않아도 부풀려진 그런 사람들의 지위를 앞다투어 더욱더 부풀리면서 우리의 무력감을 부추긴다.

그리하여 우리는 부족한 자존감을 채우기 위해 물질적인 성공을 지향한다. 명품들과 성형수술, 피부 관리로 미녀가 될 수 있다. 멋진 차에는 아름다운 여인들의 시선이 다가온다. 언젠가는 남들에게 과시해보리라 생각한다. 유행가 가사에서는 '남자친구와 헤어지면서 더 멋진, 예뻐진 나를 보여주겠다고 선언한다. 그러나 연구결과들은 물질적인 성공의 한계를 보여준다.

미국 대학생들을 대상으로 한 연구에서는 학생들의 돈, 명성, 이미지와 같은 물질주의적 목표 및 개인적 성장, 친밀한 관계, 공동체에의 공헌과 같은 비물질주의적 목표에 대한 성취 정도를 설문 기법으로 측정하였다. 이 두 가지 차원에서의 성취 정도를 기준으로 학생들을 4개의 그룹으로(물질/비물질 고성취, 물질만 고성취, 비물질만 고성취, 모두 저성취) 나눈 이후 개인적 복지, 마약 복용, 자존감 등을 측정하여 비교하였다. 그 결과 물질주의적 성취는 복지 수준의 증가에 그다지 기여가 없었으며, 비물질주의적 성취가 복지 수준을 결정하는 요인으로 나타났다. 또한 마약 복용, 자존감 수준에 대해서도 유사한 의미의 결과가 나타났다.[8]

한국에서도 유사한 의미의 연구결과가 제시된 바 있다. 백화점과 브랜드 전문점에서 쇼핑하는 사람, 브랜드 가치를 구매동기로 삼는 사람, 소비에서 미디어의 영향을 많이 받는 사람일수록 고급스러운 제품을 추구하는 현시적인 소비성향이 높았다. 또한 이러한 사람들은 모두 상대적으로 자아정체성이 낮은 사람들이었다.[9]

광고는 해당 제품을 소유하고 이용하는 사람을 이상적으로 그려내는 방향으로 디자인된다. 광고 등을 통해 주입되는 장밋빛 삶의 이상이 실제 그러한 성취를 이루었을 때 달성된다고 생각하는가? 물질적인 가치를 지향할때 현실과 이상의 간극은 만성적인 것이 되며, 자존감을 갉아먹게 된다.

3) 유대감, 사회적 관계의 부족

우리의 물질 생산력 증대는 전통 공동체를 해체시킴으로써 가능했다. 이런 해체는 공동체에 의존한 자아정체성을 해체하고 개인으로서의 정체성을 강화하였다. 또한 생산시스템의 변화를 떠나서라도 물질주의 지향은 사회적 관계를 희생하는 경우가 많다.

물질주의적 가치는 사람들과의 관계에 스며든다고 한다. 이런 가치에 몰입된 사람들은 철학자 마틴 버버(Martin Buber)가 '나-그것 관계(I-It relationship)'라고 표현한 대인관계 특성을 보이기 쉽다. 이는 타인들의 품성이나 경험, 감성, 욕구를 무시하고 중요치 않게 생각하며, 그것들을 자신에게의 유용성 관점에서만 파악하려 하는 경향을 의미한다.

주변인을 감정을 교류하는 대상으로 대하기보다 특정한 욕구나 활동을 위해 이용하는 경향을 의미하는 도구적 우정(Instrumental Friendship), 냉소, 타인에 대한 불신, 자기중심성과 타인을 조정하려는 의지를 특징으로 하는 마키아벨리즘(Machiavellianism)도 관계 자체에 의미를 부여하지 않고 물질이나 권력을 추구하는 도구로 관계를 이용하려는 속성을 의미한다. 이런 속성들을 가질 때 깊은 관계란 불가능하다.

2000년 미국의 한 잡지에는 부모들이 남자 유모들이 여자 유모 대비 아이들을 더 경쟁적으로 키울 것이라는 기대 때문에 남자 유모를 선호한다는 기사를 언급했다. 그 기사는 한 회사 대표가 "부모는 자신들의 아이들을 포함한 자신들의 자산을 더 잘 관리해야한다"고 끝을 맺었다.[10] 물질주의가 극대화되었을 때 자녀들마저도 자산적 가치로 환원될 수 있는 것이다.

실제 우리는 사람의 상품가치라는 용어를 쓰는 경우를 많이 본다. 편리한 비유이기는 하지만 그런 사고방식이 우리의 삶과 인간관계에 미치는 영향에 대해 생각해볼 필요가 있다. 돈을 버느라 바빠서 인간관계에 소원해지기도 하지만 물질주의 가치에 휘말려 인간관계의 가치 자체를 부정하는 상황이 되기 쉽다.

물질지향성은 개인의 전반적인 삶의 만족도를 떨어뜨린다. 안전감, 자존감, 유대감, 사회적 관계의 결핍과 같이 삶의 만족도를 떨어뜨리는 요인들은 다시 물질지향성을 강화한다. 결국 물질지향성은 악순환의 고리를 내포하고 있다.

한편 앞서 이혼, 가정의 빈곤, 성장지향적이고 복지 추구가 약한 국가적 환경 등이 물질지향성을 증가시키는 경향이 있음을 언급하였다. 한국은 이혼율도 높고 불평등 수준도 높다. 또한 정책적 지향이 성장에 맞춰져 있다. 한국은 물질지향성을 강화하는 사회에 해당하는 것으로 보인다. 물질적 성취라는 것은 상대적 비교에 근거하는 것이다. 따라서 물질지향적 사회에서는 대다수 사람들이 패자일 수밖에 없다. 또한 유대감, 사회적 결속과 물질지향성의 관계를 고려하면 물질지향적 사회일수록 사회적 결속력이 약할 것이다. 이런 요인들을 고려하면 개인뿐 아니라 사회적 수준에서도 물질지향성의 악순환 관계가 생길 수 있다.

실제 우리 사회는 병리적 현상들을 보이고 있다. 2016년 3월 28일 KBS 〈9시 뉴스〉는 다음과 같은 기사를 송출했다.

"맘충, 한남충, 취업충. 최근 온라인에 떠도는 혐오 표현들입니다. 이런 혐오 표현은 SNS 와 블로그에서 지난해 40배 넘게 급증했습니다. 혐오 대상도 달라지고 있는데요. 과 거에는 동성애나 외국인 등 소수자에 대한 혐오가 주를 이뤘지만 최근에는 여성과 남 성 혐오가 동시에 상위권 검색어로 등장하며 성별 대결 양상까지 보이고 있습니다."

대상을 가리지 않는 '묻지마' 폭력과 살인까지 발생하고 있다. 이런 불특정 다수에 대한 혐오/증오의 표현들은 낮은 자존감에 뒤따르는 피해의식, 사회적 고립의 결과로 생각된다.

2. 금전적 보상과 동기부여

우리 삶에서 성취감, 보람과 같은 욕구 또한 매우 중요하다. 역량을 발휘할 때 느끼는 즐거움, 학습과 개인의 발전, 사회적 의무의 수행이 주는 만족감은 삶을 더욱 충만하게 만든다. 그런데 현대에서는 이런 성취의 수준이 돈으로 표현된다. 돈을 수반하지 못하는 성취는 도리어 쓸데없는 일이 되고, 무책임한 열정으로 평가되기 쉽다. 이는 가격시스템에 대한 지나친 신뢰, 돈을 이용한 성과 보상이 지배하는 경제시스템의 결과이다. 그러나 많은 연구들은 금전적인 보상을 포함한 외재적 보상들이 도리어 사람들이 본질적으로 가지는 열정을 갉아먹는다고 설명한다.

에드워드 데시(Edward Deci)가 1971년에 수행한 실험에서는 학생들에게 SOMA Cube(3차원 입체퍼즐)를 가지고 놀도록 하였다. 이때 절반의 학생들에게는 약간의 돈을 지급하였고 나머지에게는 돈을 지급하지 않았다. 일정 시간이 지난 후에 실험이 끝났다고 선언하고는 학생들이 그 시점부터 얼마나 더 SOMA Cube를 가지고 노는지를 은밀하게 측정하였다. 그 결과 보상을 받았던 학생들은 더 짧은 시간 SOMA Cube를 가지고 노는 것으로 나타났다. 금전적인 보상이 그 행위에 대한 동기·유인을 감소시키는 것으로 보인다.[11] 이 실험 이후 연관된 실험들이 계속 진행되었으며 실험들은 일관되게 금전적, 외재적 보상이 일 자체가 주는 동기, 흥미, 즐거움을 감소시킴을 보여주었다.[12]

도덕적 행위들에 대해서도 보상시스템이 도입되면서 부작용이 지적되고 있다. 어린이집에서 제시간에 아이를 데려가지 않는 부모들, 자동차 공유 서비스에서 예약시간을 위반하는 행위 등은 서비스 기업들에게 많은 비용을 유발한다. 이에 대해 보편적인 보상시스템은 잘못된 행동들에 벌금을 부과하는 것을 대안으로 제시한다. 그러나 이런 벌금이 부과되고 나면 사회적 의무, 도덕의 문제는 금전적인 거래의 문제로 변질된다. 벌금이라는 가격을 치르게 되면 아이를 늦게 데려가고, 예약시간을 위반하는 것이 잘못된 행위로 인식되지 않는다. 대가를 치르는 행위인 벌금은 일종의 편리한 면죄부가 되고 잘못된 행동을 정당화한다. 더 높은 벌금을 답으로 제시할 수도 있지만 서비스 상황에서 강력한 벌금은 소비자들의 반발을 불러일으킨다. 벌금이 잘못된 행동을 막는 효과적 방법이 못 되는 경우가 많다. 이제 사람들의 도덕심, 시민의식을 강화할 수 있는 방법을 찾아야 한다는 경영학자들의 의견이 제시되고 있다.[13]

저명한 행동경제학자 댄 애리얼리(Dan Ariely)가 소개한 한 실험을 생각해보자. 택시기사들은 길을 잘 모르는 평범한 승객이 탔을 때 일부러 먼 길로 돌아가는 소위 '뺑뺑 돌기' 수법을 사용하곤 한다. 이런 택시기사들이 속이기 쉬운 시각장애인이 탑승했을 때 어떤 행동을 보일까? 택시기사들이 정말 자신의 이익을 위해 도덕심을 희생한다면 당연히 길을 돌아가 거나 미터기 요금보다 더 많은 요금을 부과할 것이다. 그러나 실제 실험에서 시각장애인이 탔을 때 동일 목적지에 대한 평균 부과요금은 평범한 사람이 탔을 때보다 더 낮게 나타났다. 많은 택시기사들은 예상보다 높은 미터 요금이 나올 때에는 미터기를 꺼버리고 예상된 요금만을 받는 모습을 보이기도 했다고 한다.[14] 시각장애인의 탑승은 택시기사들에게 사기의 기회이기보다 자신의 도덕심을 시험하는 대상으로 인식되었던 듯하다.

사람들은 소소한 부정들을 많이 저지른다. 반드시 부정이 아니더라도 자신의 이익을 위해 다른 사람들에게 피해를 입히곤 한다. 그렇지만 보통의 사람들은 스스로를 적어도 나쁜 사람은 아니라고 생각하고 자신을 도덕적인 사람으로 생각하기 위해 노력한다. 애리얼리는 보상이나 처벌 이외에도 사람들에게 도덕심을 상기시킬 수 있는 조그만 장치들을 통해 더 정직한 사회가 만들어질 수 있다고 생각한다.[15]

그러나 현재의 신자유주의적 시스템은 사람들의 도덕심을 하찮은 것으로 여기고 경제적 이익만으로 사람들의 행동을 통제하려고 한다. 이런 분위기 속에서 사람들의 도덕심이 작용할 여지가 점점 줄어들고 있지 않은지 의심스럽다.

한편 과거 노동은 신성한 것이기도 했다. 그러나 현대의 성과주의는 더 많은 소득, 소비를 지향한다는 점에서 쾌락적이다. 그리고 이런 쾌락성은 노동에 부여하는 의미를 크게 퇴색시킨다. 다음은 어느 블로그에서 "직장의 목적이 뭔가 바뀐 것 같은데…"라는 제목으로 포스팅되었던 글이다. 이미 삭제된 글로 작성자에게 허락받지 못했지만 현대인들이 느끼는 노동에 대한 딜레마를 잘 표현하고 있어 인용한다.

"일하기 싫어~ 라는 말이 목구멍에서 맴도는 상태가 된지 몇 달째인지~
일요일 저녁만 되면 '내일 출근해야 하는구나' 싶어서 심장 박동이 빨라질
정도로 월요병이 심해졌어요~

이쯤 되면 회사를 관둬야 하는데 회사관두면 어쩔 거냐~ 라고 스스로 자
문해도 답이 안 나오는걸…
일은 일대로 점점 많아지는데 일하기 싫으니 스트레스…

스트레스로 잠을 잘 못자니까 얼굴은 더 칙칙해지고 다크써클은 맨날 뺨
까지 내려오고…
여드름은 도지고, 기미는 짙어지고… 나이드니 화장을 해도 안 이뻐… ㅠ_ㅠ
보는 건 있어가지구 여드름이다 뭐다 해서 치료해야지
점 생겨서 트리플점빼기 하고, 나이 들면서 칙칙해지고 기미 생겼다고 레이
저토닝 하느라 돈 쓰고~
이렇게 돈을 써버렸으니 어쨌든 그 돈 다 벌러 직장 다녀야 하고~

주말에 서면쪽 단골 성형외과에 레이저 토닝 때문에 갔었는데 여자들이
바글바글~
대부분이 직장인 인 것 같던데 정말 직장여자들의 품위유지 비용은 얼마
나 될런지~
가만~ 생각해보면 버는 돈의 반 이상이 품위유지에 들어가는 거 같아요~
처음에 직장을 다녔을 때는 자기성취, 만족 등등이 직장의 목적이었던 것
도(?) 같은데
지금은 왠지 직장의 목적이 너무 원초적이 돼버렸어요"

이런 딜레마가 소비자본주의 노동의 전형적인 특성이 아닌가 싶다. 그 밑에는 다음과 같은 댓글이 올라와 있었다.

"원하는 점빼기비용 정보가 없어서 짜증나시죠?
점빼기비용 관련된 추천 정보를 볼 수 있는 곳입니다.
아래 홈페이지에서 자료를 꼭 참고하시기 바랍니다…"

현대의 성과주의는 분명히 한계가 있어 보인다. 동일한 자발성이라도 더 많은 돈을 위해 일할 때보다 자신의 역량을 발휘할 때 느끼는 즐거움, 성취감, 일을 통한 학습과 자기 계발, 동료들의 인정과 같은 부분을 통해 더 많은 기쁨을 느끼지 않을까? 더구나 성과주의 보상은 일반적으로 낮은 성과에 대한 처벌과 연계되어 제로섬 게임 형태를 띤다. 따라서 사람들의 행복이라는 관점에서는 성과주의보다는 사람들의 자발적 동기가 더 의미 있다.

효율성의 관점에서는 일 자체의 즐거움이 희생되더라도 돈을 통한 보상이 더 강력한 힘을 발휘하리라 생각할 수 있다. 실제 현실에서 물질적·외재적 목표와 실패에 대한 두려움이 더 높은 가치를 지향하는 마음보다 강력하게 작용하는 것으로 보인다. 어쩌면 이는 우리 사회의 불평등이 심화되고 결과적으로 직업적 안정성이 많이 감소하면서 나타나는 특징일 수 있다. 사회안전망이 부족하고 승자와 패자 간 격차가 심할 때 성과보상의 힘이 강력해지는 것은 당연하다.

그러나 완벽한 성과보상 시스템을 설계하는 것은 불가능하다. 정량적인 지표를 도입하면 업무의 질을 무시하고 업무의 양만을 중시하는 행동이 나타난다. 성과보다는 보상만을 추구하는 기회주의가 나타나기 쉬운 것이다. 이런 문제점을 해결하기 위해서 성과보상시스템은 점점 복잡해지고 행정적 부담은 누적되기만 한다. 경제학자들은 개인의 이기심을 과대평가하고 성과보상시스템을 만병통치약으로 생각하는 경향이 있지만 그 부작용 또한 심각하다.

가장 중요한 부작용은 성과보상시스템하에서 사람들의 도덕성이나 자발적 노력이 설 자리가 점점 사라진다는 점이다. 이런 시스템하에서는 보상이 없는데도 열심히 일하는 것은 바보스러운 일이 될 뿐이다. 결국 도덕성과 자발성의 자리를 점점 금전적인 유인으로 대체하는 악순환의 고리가 만들어진다. 우리가 자판기처럼 동전을 받아 먹고 그만큼 일하는 삶을 산다면 그보다 비참한 일이 없지 않을까?

3. 부자의 행복

《포브스 메거진》에서 제시한 자료에 따르면 미국 내 100대 거부들의 행복 수준은 평범한 미국인들 대비 아주 조금 높을 뿐이다.[16] 한국의 경우에도 한겨레신문사에서 2009년 발표한 자료에 따르면(그림 7-1) 월소득 800~1,000만 원에서 행복지수가 가장 높게 나타났다. 그리고 월소득 1,000만 원 이상의 사람들의 경우 행복지수가 도리어 감소하여 월소득 300~400만 원인 그룹과 유사하게 나타났다.

소득 상승에 따라 행복감이 상승하는 것은 절대적 관점에서는 생활수준의 향상, 상대적·주관적 관점에서는 부유층이 느끼는 성취감과 저소득층이 느끼는 결핍감과 같은 이유로 설명이 가능하다. 이런 행복감의 차이가 바람직한 것인지는 다음 장에서 다시 논하겠다. 그러나 최고 소득 계

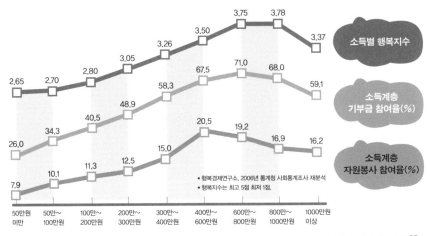

그림 7-1. 한국 국민의 소득수준과 행복 수준[17]

층에서 행복감이 감소하는 현상은 일반적인 상식과는 다르다. 우리는 대부분 부자가 되기 원하기 때문에 이런 조사결과가 당황스럽다.

그렇지만 우리가 익히 알고 있던 내용들을 정리해보면 부자가 특별히 행복할 이유가 없는 것도 자연스럽다. 쾌락적응은 알려진 지 오래된 개념이다. 우리가 슬픈 일이 닥쳤을 때 계속 슬퍼야 한다면 살아가기 너무나 힘들 것이다. 우리에게는 슬픔을 잊고 평상으로 돌아가는 힘이 있다. 마찬가지로 우리는 기쁜 일이 닥쳐도 곧 그 기쁨을 잊고 평상으로 돌아온다. 왜 우리는 사랑하는 사람을 만나고 아이가 생겼을 때의 행복을 계속 가지고 살지 못할까? 아마도 사람이 계속 발전해가기 위해서는 기쁨도 곧 잊혀야 하기 때문이 아닐까? 아무튼 우리는 쾌락에도 쉽게 적응한다. 부자가 되는 순간 기쁠지 모르겠지만 기쁨은 금세 사라지고 더 많은 부를 원하게 된다.

행복경제학 분야의 핵심적인 이론 중 하나는 전망이론(Prospect Theory)

마케팅 지배사회

이다. 이 이론은 사람들이 가치를 인지하는 방식의 몇 가지 중요한 특징을 묘사한다. 그중 하나가 준거점 의존성이다. 사람들은 이득이나 손실을 평가하는 기준을 갖는데 그것이 준거점이다. 보통 준거점은 '현재의 상태'이다. 예를 들어 현재 2억 원의 연봉을 받는 사람이 앞으로 1억 원 연봉을 받게 된다면 이를 손실로, 불행으로 인식한다는 것이 준거점 원리다. 반면 5천만 원을 벌던 사람이 1억 원을 벌면 행복하게 느낀다. 같은 1억 원이라도 준거점에 따라 다르게 평가되는 셈이다. 이 원리는 1억 원을 받으면 그것은 단지 1억 원의 이득이라고 판단하는 절대적 평가와 대비된다. 준거점 이론에 따르면 부자가 되는 순간에는 이득이라고 느끼겠지만 일정 시간이 지나면 그것은 단지 현실에 지나지 않는다. 더 벌지 않으면 그저 평범한 현실인 것이다.[18]

이런 쾌락적응이나 준거점 의존성은 부자들이 더 행복할 이유가 없다는 이유를 부분적으로 설명한다. 한편 부를 유지하고 관리하거나 증가시키는 과정은 매우 스트레스가 큰 노동이라는 점도 고려해야 한다. 그러나 대다수 사람들은 그래도 부자는 더 행복할 것이라고 생각할 듯싶다. 특히 부자들을 맥없이 바라봐야 할 때에 느꼈던 결핍감을 떠올린다면 더 그러하다. 그러나 누군가는 여러분을 부러워하고 있을지 모른다. 물질적인 부란 마음의 가치와는 달리 상대적인 것임에 분명하다. 더 올라가고 싶지만 올라가도 더 위는 있기 마련이다. 우리가 만족하기 위해서는 어느 정도의 부가 필요하겠지만 적정 수준에 만족하지 못할 때 행복감은 감소할 수 있다. 우리는 추가로 마음, 가치관의 문제를 생각해보아야 한다.

관련하여 부자들은 과연 마음이 더 넉넉한지의 질문이 흥미롭다. 대다수는 행복한 사람은 마음이 넉넉할 것이라는 점에 동의할 것이다. 그러나

그림 7-1을 살펴보면 소득이 가장 높은 집단에서 행복 수준과 마찬가지로 기부금 참여율이나 자원봉사 참여율이 감소하는 모습을 확인할 수 있다. 특히 행복 수준 대비 더 일찍 감소하기 시작한다.

영국의 비영리단체가 운영하는 온라인 강의 TED에서 폴 피프(Paul Piff)의 "돈이 사람을 비열하게 하는가?(Does money make you mean?)"라는 강의를 찾을 수 있다.[19] 이 강의에서도 여러 실험 결과들을 통해 개인의 부가 증가할수록 동정심이나 공감능력이 저하됨을 설명하고 있다. 도리어 사리사욕이 더 증가했다고 한다. 소개되었던 실험 몇 가지를 아래에 정리하였다.

부자와 가난한 사람들을 실험실에 불러 똑같이 10달러를 준다. 참가자들은 이 돈을 자신이 그냥 가져도 되고, 완전히 모르는 낯선 이와 일부를 공유할 수도 있다는 설명을 받는다. 이 낯선 사람들과는 서로 다시 볼 일이 없다는 설명을 덧붙였다. 이후 참여자들이 타인에게 돈을 얼마나 주는지 관찰하였다. 연간 소득이 2만5천 달러 정도이고 때때로 1만5천 달러 이하로 소득이 줄기도 하는 사람들의 44% 이상이 15만 달러나 20만 달러 이상 버는 사람들보다 더 많이 타인에게 돈을 나눠줬다고 한다.

또 50달러의 보상을 제공하는 컴퓨터 게임에서 돈이 많은 사람일수록 속임수를 많이 쓴다는 관찰 결과도 설명하였다. 길거리에서 횡단보도를 건너는 보행자 실험을 통해 차종에 따라 보행자를 위해 멈추는지의 여부를 살핀 결과 역시 비싼 차종에서 법규를 위반하는 빈도가 높았다고 한다.

폴 피프는 사람들이 더 많은 부를 가지고 있을수록 더 많이 성공에 집착하고 성취에 더 신경을 쓰며, 당신의 주변에 있는 사람들에게 해를 끼치는 경향이 있다고 결론짓는다. 정리하자면 부자들이 보이는 더 높은 성공에의 집착, 물질지향적 태도가 행복감을 감소시키는 원인이라고 생각할 수 있다. 또한 사회적 계층이 나뉘는 상황에서 부여되는 특권의식은 더 많은 기대를 유발하고 그 기대가 불만족의 원인이 될 수 있다.

한편 폴 피프의 설명을 들으면 부자들은 스스로를 불행하게 만들며, 다른 사람들에게도 피해를 주는 면이 있다. 불평등은 단순히 객관적인 부의 상태가 아니라 사람들의 '의식'의 결과로 생각된다. 계층의식, 특권의식은 실제 부의 차이 이상으로 사람들에게 결핍감을 초래할 수 있다.

영향력 있는 경영학자인 찰스 핸디(Chales Handy)는 만족하기 위해서는 돈을 성공의 상징이나 우리 자신을 정의하는 수단, 또는 우리의 삶을 방기하는 변명으로 바라보아서는 안 된다고 말한다.[20] 부가 주는 여유를 행복으로 만들기 위해서는 현명함이 필요하다.

4. 성과사회: 소진, 피로감

프랑스의 정신분석학자 자크 라캉(Jacques Lacan)은 욕망에 대해 다음과 같이 말한다. "욕망은 인간을 살아가게 하는 동력이다. 얻고 싶은 욕망은 그것을 손에 넣는 순간 그만큼 물러난다. 처음에는 욕망의 대상이 실재처럼 보이지만, 얻는 순간 허상으로 변하기에 욕망은 남고 인간은 계속해서 살아가는 것이다."[21] 이 글에서는 인간 삶의 원천이 욕망이다. 그러나 과도한 욕망의 문제를 되짚어볼 필요가 있다.

재독 철학자 한병철은 『피로사회』라는 책에서 과거 산업사회와 현대 사회의 차이를 다음과 같이 설명한다. 산업사회는 타자에 의한 억압, 규율을 특징으로 하며, 이런 억압으로부터 해방을 추구하는 것이 사회 변화의 동력이었다. 반면 현대 사회를 특징짓는 성과사회라는 용어는 우리가 외부적 억압이 아니라 자발적으로 스스로를 착취한다는 점을 부각한다. 더

많은 행복을 위한 노력의 과잉, 즉 긍정성의 과잉을 특성으로 본다.[22]

생산성이 일정 지점에 이르면 규율이나 금지라는 부정적인 개념은 그 한계를 드러내게 된다. 따라서 자발적인 노력을 이끌어내는 시스템이 필요한 것이다. 앞서 마케팅이 주입하는 물질적 욕구는 사람들을 더 많은 돈을 벌기 위해 자발적으로 노력하게 만들며, 이것이 소비자본주의의 소비와 생산을 극대화하는 근본 기제(Mechanism)임을 언급한 바 있다. 성과주의는 이런 기제의 다른 표현이다. 한병철은 자기착취는 자유를 가장하기 때문에 타자에 의한 착취보다 훨씬 더 효과적이고 능률적이라고 하였다. 자유의 감정을 동반한 착취가 규율과 억압에 의한 착취보다 더 치명적일 수 있다고 주장한다.

성과사회의 개념은 알랭 드 보통(Alain de Botton)의 '보다 온화하고 부드러운 성공 철학' 강의에서 강조하는 성과주의와 밀접하게 관련되어 있다.[23] 중세 시대에는 아주 가난한 사람을 만나면 행운의 축복을 받지 못한 사람이라고 생각했다고 한다. 그러나 오늘날 사회 최하층 사람들은 실패한 사람으로 인식된다. 매우 큰 시각 차이이다.

자기책임을 강조하는 현대 사회가 사람들에게 노력할 유인을 제공하고 개인과 사회 발전의 동력이 되어왔음을 부정할 수 없다. 그러나 자기책임을 강조하는 성과주의는 지나친 압박감을 발생시킨다고 지적한다. "자본주의 사회는 부/지위와 같은 스펙을 통해 물질적 성공을 규격화·정량화하고 상호 간의 비교를 용이하게 한다. 성공의 크기가 표면적으로 드러나게 되면서 여기에 집착하는 '속물 근성'이 등장하게 된다. 속물 근성이 글로벌 트렌드로 발전하면서 '커리어에 대한 불안감'은 자본주의를 살아가는 사람들 마음속에 깊이 스며든다." 결국 사람들에게 창피하지 않게 자

226

신을 관리해야 한다는 압박감이 사회에 팽배하게 된다.

많은 사람들은 결과보다도 과정에 의미를 부여해야 한다고 생각한다. 그렇지만 사회적 분위기는 결과로서 보여주지 못할 때 무슨 의미가 있느냐고 반문한다. 개인의 성공이 반드시 열정과 노력에만 좌우되는 것은 아니다. 개인에게 주어진 환경과 운이라는 요소를 무시하기 어렵다. 특히 돈의 문제에 관해서는 더 그렇다. 사전적인 의미로 속물은 사람의 작은 일부분만 갖고 사람됨 전체를 정의해버리는 사람을 의미한다. 외모나 돈과 같은 쉽게 드러나는 측면만으로 사람을 평가하려 든다면 속물이라 부름직하다. 현대 사회는 속물을 대량으로 생산해낸다.

그리고 우리는 더 많은 돈을 벌기 위해, 실패하지 않기 위해 일하느라 많이 피곤하고 지쳐 있다. 우리가 인생에서 실패를 두려워하는 것은 단지 소득이나 지위를 잃어버리기 때문만은 아니다. 남들의 판단과 비웃음, 관계의 해체가 더 근본적인 두려움일 수 있다. 그렇지만 우리는 성공을 위해 관계를 희생하고 있다. 우리는 스스로를 돌보고 주변과의 관계를 충실히 하는 데 더 노력해야 한다.

5. 본질적 목표의 추구

우리는 열심히 살고 있지만 그리 행복하지 않은 것 같다. 현대 사회는 사람들의 기본적인 물질적 욕구를 충족시키고 있다. 사람들에게 필요한 것은 안전감, 사회적 관계, 자존감과 성취감과 같은 심리적 욕구에 대한 충족, 내재적 가치다. 반면 사람들이 현실에서 추구하는 것은 물질적 부, 외모, 권력과 같은 겉으로 드러나는 외재적 가치들이다.

우리가 생각해볼 문제는 과연 외재적 가치를 추구할 때 내재적 가치 또한 충족되는지의 여부다. 기존 연구들을 살피면 외재적 가치의 추구는 만족되지 않은 욕구의 표출이다. 심리적 불안정, 부족한 자존감과 사회적 관계의 결핍을 경험할 때 사람들은 외재적 가치를 추구하는 경향이 있다. 또한 개인이 외재적 가치를 추구할 경우 심리적 안정이나 사회적 관계와 같은 개인의 내적 욕구를 등한시하게 된다. 결국 개인의 행복감이 감소하며, 다시 외재적 가치 추구를 강화하는 악순환의 관계를 보이게 된다.

또한 실제 부자가 될지라도 단지 일시적인 만족감만을 줄 수 있다. 쾌락적응이나 준거점 의존성과 같은 개념들은 부가 주는 만족감이 일시적인 이유를 설명한다. 마케팅에서도 사람들의 만족을 기대와 성과 간의 비교로 설명한다. 기대가 높은 경우 보통의 성과는 불만족을 의미할 뿐이다. 부가 주는 특권의식은 타인들의 소외의식을 조장할 뿐 아니라 스스로의 행복도 감소시킬 수 있다.

외재적 가치는 남들에게 보여주기 위한 경쟁적인 가치다. 그런데 자신이 주목받는다고 생각하여 필요 이상으로 남의 시선을 신경 쓰는 현상을 의미하는 조명효과(Spotlignt Effect)라는 개념이 있다. 옷을 뒤집어 입었을 때 또는 바지 지퍼를 내린 채로 다녔을 때 남들이 자신의 민망한 모습을 보았을까 봐 창피해하지만 실제 남들은 나에게 그다지 신경 쓰지 않는다는 것이다. 연구자들은 타인이 우리를 주목하는 정도는 우리가 생각하는 수준의 절반 정도라고 말한다.[24] 광고는 남들이 잘못된 나의 옷을 흉볼 것이라거나 좋은 옷을 입고 나갔을 때 선망할 것이라는 의식을 조장하지만 남들은 생각보다 나에게 관심이 없다.

한편 사람들에게 일생에서 자신이 하고 싶었던 일을 못 했던 이유를

228

물었을 때 1위를 차지한 항목은 "바보같이 보일까 봐(I would look silly)"였다.[25] 아쉽게 느껴지는 부분이다.

사실, 나에게 정말 관심 있는 사람들은 나의 돈이나 외모보다는 나의 생각, 인품, 마음에 더 관심이 있지 않을까? 나의 돈과 지위에 관심이 있는 사람들은 나를 어떻게 이용해볼 여지가 없는지에 관심을 두는 사람들 아닐까? 외재적 가치의 추구가 우리가 본질적으로 원하는 것을 줄 수 있는지 의심스럽다.

또한 외재적 가치 추구의 경쟁적인 속성은 사회 전체의 행복을 저해하기 마련이다. '남들보다 더'를 위한 경쟁은 많은 승자를 용납하지 않는다. 뿐만 아니라 '죄수의 딜레마' 상황으로 서로를 더 결핍 상태로 만든다. 더 많은 소비를 위한 성장은 빈부격차를 심화하고 사회적 불안정성을 심화시켰다. 남을 짓밟음으로써 행복을 추구하는 사회에서는 이기심과 비도덕이 용납되고 서로를 도구로 보는 시선이 팽배해진다. 우리 사회의 작은 공동체 하나하나가 파괴된다.

하지만 우리는 진지한 성찰이 어려운 세상에 살고 있다. 미디어는 자유로 포장된 욕구의 해방을 외치는 메시지들로 채워져 있다. 지긋한 노력보다는 감각적이고 가벼운 즐거움, 쾌락을 추구하는 문화 속에서 진지함이 자리 잡기 어렵다. '쿨병'이라는 용어는 진지함을 잘난 체 또는 고루함으로 바라보는 시선이다. 문제를 성찰할 기회마저도 박탈당하는 느낌이다.

08

소득과 형평성,
사회의 행복

부富는 마실수록 갈증이 더 심해지는 바닷물과 같다.

쇼펜하우어

제7장에서는 개인 차원에서 부, 소득과 같은 외재적 가치들을 지향하는 것이 행복을 저해할 수 있음을 살펴보았다. 그러나 제7장의 논의는 부의 많고 적음의 문제가 아니라 무엇을 지향하는지를 다룬 것으로 실제 부의 증가가 미치는 영향과는 다소 다를 수 있다. 이번 장에서는 소득(부)의 증가가 사회적 차원의 행복 수준에 어떻게 영향을 미치는지를 검토해볼 것이다.

그 결과가 보여주는 내용은 명확하다. 아직 성장이 미흡한 국가들에서는 소득의 증가가 행복 수준을 증진시킨다. 그러나 일정 수준 이상의 소득을 달성한 국가들에서는 더 이상의 소득 증가가 사람들의 행복에 큰 영향을 미치지 못한다. 다만 이런 논의는 국가의 평균적인 행복감의 문제이다.

국가 내에서 소득 수준의 차이는 제7장의 그림 7-1이 보여주었듯이 개인들의 행복 수준에 큰 영향을 미친다. 국가 내에서 소득 수준의 차이는 절대적인 생활 수준의 차이만을 의미하는 것이 아니다. 다른 사람들과의 상대적인 비교에서 나타나는 성취감, 결핍감의 문제와 관련된다. 우리는 제6장까지 현대 소비의 많은 부분이 상징적·경쟁적 차원의 소비임을 다루었다. 우리가 이런 경쟁적 소비에 몰입한다면 상대적 소득 수준이 행복감에 큰 영향을 미치리라는 것은 자명하다. 또한 소득의 불평등은 경쟁적 소비의 문제점을 더 심화시킨다. 경쟁적 소비와 불평등은 순환적 관계를 갖는다고 할 수 있다. 이번 장에서는 우리가 소득의 성장보다는 형평성에 더 신경 써야 할 단계에 이르렀음을 논해보고자 한다.

1. 행복에 영향을 미치는 요인들

본격적인 논의에 앞서 우리의 행복을 결정하는 요인들이 무엇일지에 대해 간단히 생각해보는 것이 의미 있어 보인다. 그림 8-1은 2005년 10월에 영국의 시장조사기관 GfK NOP가 BBC에 의뢰하여 실시한 여론조사(1,001명 답변)의 결과다.[1] 설문은 '당신의 행복과 복지와 관련해서 가장 중요하다고 생각되는 항목을 선택하라(Please tell me which one is most important to you with regard to your own happiness and well-being)'는 질문에 대해 제시된 항목들 중 고르는 방식으로 진행되었다.

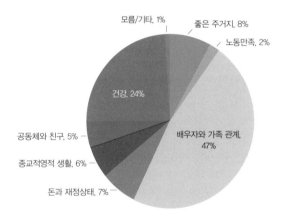

그림 8-1. 영국인들의 행복 결정 요인

이 분석에서는 '배우자와 가족 관계'가 압도적으로 중요한 위치를 차지하고 있으며, 다음으로 건강이 꼽히고 있다. '돈과 재정 상태'는 7%의 사람들이 선택하였으며, '좋은 주거지' '종교적 영적 생활' '공동체와 친구'와 유사한 수준을 보이고 있다.

개인들이 느끼는 행복 수준의 결정 요인들에 대해 분석한 또 다른 연

마케팅 지배사회

구 결과는 다음과 같다.[2] 우선 개인의 심리 요인이 행복 수준의 차이를 30%가량 설명한다고 한다. 여기서 개인의 심리 요인이란 개인의 자존감, 자신의 삶에 대한 통제력, 낙관적인 성향과 같은 측면을 말한다. 다음으로 이혼, 아이의 탄생(혹은 죽음), 질병과 같은 인생에서의 중요 사건들이 25%가량의 설명력을 갖는다. 자원봉사나 유급 근로활동을 비롯한 사회적 참여는 10%의 설명력을 갖는다. 소득과 물질적인 부의 설명력은 10% 수준으로 나타났다. 정리하자면 영국 사람들은 소득이 개인의 행복을 결정 짓는 가장 중요한 요인이라고 생각하지 않으며, 실제 소득이 개인적 행복의 차이를 설명하는 데 가장 중요한 요인이 아니었다.

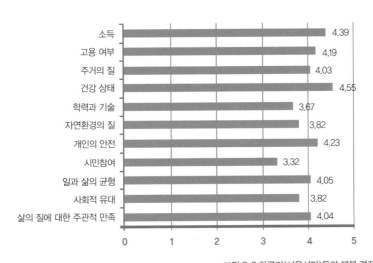

그림 8-2 한국인(서울시민)들의 행복 결정 요인

다음으로 한국에서의 조사결과를 살펴보자. 2015년 서울연구원은 서울 시민 1,000명을 대상으로 "나의 행복을 위해 각 요소가 어느 정도 중요하다고 생각하십니까"라고 5점 척도로 질문하였고 그 결과가 그림 8-2에 제시되었다.[3] 서울시민들의 경우 소득이 건강 상태 다음으로 중요한 것으로 평가하고 있다. 이 연구에서는 또한 실제 주관적 행복 수준에 영향을 미치는 요인들을 통계적으로 분석해보았는데 서울시민들이 행복 정도를 주로 물질적, 경제적 잣대로 판단하고 있다고 평가했다. 이는 영국 대비 한국에서 물질주의 지향성이 상대적으로 높음을 의미하는 것으로 이해된다. 그럼에도 불구하고 소득 외에 다양한 요인들이 골고루 행복을 결정하는 요인으로 평가되고 있다.

이상의 결과를 살피면 우리가 국가 운영의 목적을 소득의 증대에 두는 것이 올바른지에 대해 재고할 필요가 있다. 어쩌면 소득이 뒷받침되면 다른 문제들이 자연스럽게 해결된다고 생각할 수 있다. 그러나 소득을 추구하는 과정에서 다른 가치들이 너무 희생되고 있다. 또 국가의 책임은 소득의 증대에 있고 사람들과의 관계, 건강과 같은 부분들은 개인의 책임이라고 생각할 수도 있다. 그러나 우리 개개인의 삶은 사회 전체의 움직임에 크게 영향을 받는다.

2. 경제의 성장과 행복

한국의 경우 1990년 대비 2015년의 1인당 GNI(Gross National Income: GDP 유사 지표)는 실질가치로 2.67배에 해당한다.[4] 이런 성장에도 불구하고 사람들은 점점 더 사는 게 힘들어진다고들 말한다. 그 이유로 크게 세 가지 가능성, 1) 증가된 생산 또는 소득이 국민 대다수가 아닌 소수에게만 혜택을 준 경우, 2) 생산의 증대를 위해 지나치게 많은 여가, 기타의 가치가 희생된 경우, 3) GDP 또는 GNI와 같은 화폐적 통계의 한계, 즉 화폐가치로 측정된 생산/소비가 우리의 행복 증진과는 무관한 것들인 경우를 생각해볼 수 있다. 통계적 분석들을 살펴보기 전에 아래에서 각각의 이슈들을 간단히 살펴보자.

1) 형평성의 문제

신자유주의 체제하에서 성과보상주의가 강조되면서 경제적 양극화가 정당화되었다. 예를 들어 신자유주의 체제하에서 누진세 제도가 약화되었다. 노동정책에서는 기업이 필요할 때 선발하고 해고할 수 있는 유연성을 강조하며, 성과에 따른 보상의 차별을 강조한다. 또한 정부가 운영해온 공공기업들의 민영화 및 이윤추구를 통한 효율성을 강조하는 정책을 시행해왔다. 이런 정책들이 과연 경제의 성장에 더 효과적인지에 대해서도 논란이 있지만 형평성을 악화시켜 양극화를 발생시킬 개연성은 현실에서 입증되고 있다.

예를 들어 10인 이상 사업장 근로자들을 대상으로 한 근로소득 통계를 살펴보자. 한국이 IMF(International Monetary Fund)에 구제금융을 요청했던 1997년 하위 10% 임금 수준 대비 상위 90% 임금 수준의 비율은 3.74 배였는데 2013년에는 이 비율이 4.69로 증가하였다.[5] 물론 동 기간에도 꾸준한 생산력의 발전이 있었고 평균임금은 2배 이상 상승하였다. 그러나 양극화 결과 일반 대중이 느끼는 상대적 박탈감을 고려하면 국민들이 더 행복해졌는지에 대해 자신 있는 대답이 어렵다.

다음의 질문에 답해보라. 당신의 연봉이 5천만 원이고 사회 전체의 평균연봉은 2천5백만 원인 상황과 당신의 연봉이 1억 원이고 사회 전체의 평균연봉은 2억 원인 상황 중 어느 상황에서 당신이 더 행복을 느낄까? 대답이 망설여지는 것이 보편적인 사람이다. 하버드 의대생들과 교직원들

중 절반에 가까운 사람들은 전자를 더 선호한다고 답변하였다.[6]

원론적으로 형평성의 악화는 행복 수준의 감소를 초래할 것이 자명하다. 상위 계층에서 동일한 소득의 증가가 주는 편익은 상대적으로 가난한 중하위 계층에서의 편익 대비 매우 낮을 수밖에 없다. 부자가 가지는 백만 원이 끼니를 걱정하고 아이들을 치료하지 못하는 사람들의 백만 원과 비교될 수 없다.

또한 현대 소비의 중요한 특성은 과시적, 경쟁적 소비다. 특히 부유층의 소비는 과시적 소비의 성격이 크다. 이런 소비가 당사자에게는 행복감을 줄지 모르나 다른 사람들에게는 상대적 결핍감을 유발한다. 사회적으로 행복에 기여한다고 보기 어렵다.

오늘날 중산층이 옛날 임금에 못지않은 소비를 향유해도 TV 드라마와 광고 속 우아하고 부유한 사람들 대비 느끼는 상대적인 열등·소외감을 극복하기 어렵다. 현재 우리의 성장은 누구에게 혜택이 돌아가는지를 구별하지 않는다. 사회적 약자들을 방치하면서라도 일단 성장을 하면 결국 모두가 행복해질 것이라고 생각되는가?

2) 여가와 기타 가치의 희생

오늘날 사람들은 부와 소비의 증진을 위해 많은 것을 희생하고 있다. 재독 학자 한병철 교수가 제시하는 '피로사회', '성과사회'와 같은 개념들은 현대인들이 자발적으로 스스로를 착취하고 있음을 의미한다. 이는 결코 과장된 주장이 아니다.

앞서 하버드 의과대학에서 실행되었던 실험의 설계자들은 이후 소득 외에 여가와 같은 부분에서도 상대적 평가가 의미 있는지 살펴보았다. 첫 번째 세계에서는 당신에게 2주의 연차휴가가 주어지는데, 다른 사람들의 평균 연차휴가는 1주밖에 안 된다. 두 번째 세계에서는 당신에게 4주의 연차휴가가 주어지는데, 다른 사람들은 평균 8주의 연차휴가를 얻는다. 이 실험에서 피실험자들은 거의 압도적으로 두 번째 세계를 선택했다. 대다수 사람들은 지나친 노동에 지쳐 있다고 보아야 한다. 그리고 이런 추구에는 상대적인 비교가 의미 없다. 소득 상위 10%의 자리는 10%만이 차지할 수 있지만 여가의 가치는 다르다. 더 많은 소득을 위해 다 같이 여가를 희생하는 상황에 대해 질문해보아야 한다.

사실, 우리는 노동시간을 통제할 수 없다. 체력과 열정이 있는 동안에는 우리에게 여가가 없다. 승진하기 위해, 남부끄럽지 않기 위해, 잘리지 않기 위해 온 열정을 쏟아야만 한다. 그리고 어느 순간에는 일할 수 없는 상황에 놓인다. 결국 우리는 이상한 덫에 빠져 있다는 생각을 한다. 뭔가 모순적이다.

사람들은 가족을 위해 열심히 일하고 있다고 하지만 일을 열심히 할수록 가족과 함께하는 시간은 점점 줄어든다. 우리가 일할 수 없게 되었을 때에는 사랑했던 부인과 아이들이 어느덧 낯설게 느껴진다. 수단과 공언된 목적이 모순을 이루는 결과가 나타난다. 어쩌면 우리는 이미 일과 관계의 균형을 상실해버렸는지 모른다.

일에서 느끼는 보람은 어떤가? 노동시장의 유연화를 강조한 결과 직업적 불안정성이 너무나 커졌다. 언제 그만둘지 모르는 회사에서 일에 대한 보람이나 동료애는 사치스러운 개념이 되었다.

사회의 모든 분야들이 경제에 예속된 상황에서 사회를 이끌어가는 정신적 가치도 찾아보기 힘들다. 정신분석학자인 파울 페르하에허(Paul Verhaeghe)는 『우리는 어떻게 괴물이 되어가는가: 신자유주의적 인격의 탄생』이라는 책에서 이렇게 말한다. "우리의 문화와 정체성은 네 가지 주요 측면의 상호작용에 기초를 두고 있었다. 정치, 종교, 경제, 예술… 하지만 이제 정치가들은 개그맨들의 먹잇감에 불과하고 종교는 자살폭탄테러범, 성추행이나 떠올리게 만든다. 예술은 아무나 할 수 있다. 모두가 예술가이다. 경제를 제외하면 아무것도 중요하지 않다."[7]

조지프 스티글리츠는 이런 현상을 심각한 불평등의 결과로 해석한다. 다른 사람들에게 뒤처지지 않게 소비 수준을 유지하기 위해서 여가와 기타의 가치들을 희생한다. 그런데 이는 다람쥐 챗바퀴 돌리기 식의 무한경쟁에 지나지 않는다. 이 경쟁에서는 누군가 위로 올라서면 누군가는 밑으로 떨어질 수밖에 없다.

3) 통계의 한계

GDP(Gross Domestic product)는 정부, 즉 경제운영자에게 지상(至上)의 정책목표가 되었다. 근본적으로는 국민의 행복을 목표로 해야 하지만 추상적인 행복의 개념을 측정할 수 없으므로 행복의 대용치(Proxy)로 한 국가의 연간 생산량 GDP가 사용되는 것이다. 그런데 우리가 생산한 목록을 살피면 우리가 원하지 않았을 듯한 것들이 많이 포함되어 있다. 합리적인 경제인을 생각하면 불가능해 보이는 일이다. 그러나 목적과 수단이 전도된 사회에서 이는 현실이 된다.

우선 우리에게 해가 될지도 모르는 생산들을 생각해보자. 성 관련 산업을 포함한 불건전 유흥산업은 적어도 필요 이상으로 비대한 것 같다. 군수산업은 단지 필요악이라고 말하기에는 석연치 않다. 이런 산업들의 팽창에는 생산 극대화라는 논리 속에 이루어지는 적극적인 방조와 소극·적극적 지원이 큰 몫을 한다. 인류와 전체 자연계를 위협하는 환경파괴 또한 당장의 생산 추구의 부산물이다. 소비자본주의 체제하에서 만족

마케팅 지배사회

되지 않는 욕구와 경제논리에 밀려난 가치체계에 수반되는 정신병과 범죄율의 증가는 의료산업, 수용시설, 민간 경비사업의 활성화를 통해 생산을 증가시킨다. 극단적인 주장이라고 느껴지는가? 2013년 우울증 치료를 받는 사람들이 66만 명을 넘어섰다고 한다.[8] 미켈 보쉬 야콥슨(Mikkel Borch-Jacobsen)이 지은 『의약에서 독약으로』는 효과가 의심스럽고 장기적으로 위험할 수 있는 제약산업의 문제들을 고발한다.

한편 우리가 원하는 것으로 보이는 소비에도 문제가 있다. 우리는 이미 제4장에서 기업들이 어떻게 새로운 소비를 위해 팔려버린 제품을 급속히 옛것, 어쩔 수 없이 써야 하는 애물덩어리로 만들어가는지 살펴보았다. 우리는 더 많은 소비를 위해 더 많은 쓰레기, 공해물질들을 생산해내고 다시 쓰레기 처리시설과 공해저감(低減) 설비에 추가로 투자하면서 GDP를 증가시킨다.

이 과정에서 마케팅의 힘이 중요하게 작용한다. 정부와 대중을 향한 홍보, 교묘하게 설득하고 유혹하는 마케팅은 이들 산업의 필수 노하우다. 스마트폰의 과용이 청소년들에게 부작용이 크다는 경고가 아무리 들려와도 청소년을 목표로 한 마케팅의 설득력에 미치지 못한다. 게임 산업에서 이용되는 마케팅이 지극히 선정적이고 공격성을 자극할지라도 그 힘은 막강하다. 건강과 아름다움의 최대 적이 비만일지라도 정크푸드로 알려진 음식들의 유혹은 당당하게 우리를 굴복시킨다.

자본주의 사회는 가격을 가치의 대용물로 본다. 위의 모든 것들이 가격을 치르고 판매되었다면 그것을 가치의 창출로 본다. 객관적으로 평가할 수 없는 가치를 가격으로 평가하게 되면서 경제적 효율성은 우리가 경험한 어떤 시스템보다 높아졌다. 하지만 가격으로 평가된 생산과 소비의 증가를 위한 극도의 노력은 필연적으로 왜곡을 초래한다.

정리하자면 우리는 누구에게 혜택이 돌아갈지? 무엇을 희생하는지? 진정 필요한 것을 생산하는지? 너무 많은 질문들을 회피한 채 오직 성장을 위해 노력해왔다. 우리 사회의 운영 목적을 사람들의 행복이 아닌 생산과 소비로 두어도 괜찮은 것인가? '보이지 않는 손'을 믿고 생산과 소비에 매진하면 행복이 달성되는 것일까?

『성장숭배』의 저자 클라이브 헤밀턴(Clive Hamilton)은 현대 주류 경제학은 "기업이 생산요소를 투입해 시장에 내보낼 재화와 서비스를 생산하는 것처럼, 인간이라는 용기 속에 재화와 서비스를 처넣으면 행복이 생산되는 것으로 이해할 뿐이다"라고 묘사하였다.[9] 왜 성장해야 하는가에 대한 물음이 사라지면 성장이 다른 숭고한 목표들을 희생시킬 수 있다. 성장만 추구하면 행복해진다는 생각은 지나치게 단순하다. 이제 소득과 행복의 관계를 통계적으로 검토해보자.

3. 행복과 소득의 관계

환경 분야의 권위 있는 연구소인 월드워치연구소(World Watch Institute)는 매년 '지구환경보고서'를 발간하고 있다. 그중 2008년 보고서(그림 8-3)는 국가별 소득(구매력 환산 1인당 GNP)과 행복 수준(행복 또는 만족하는 사람들의 비율)의 관계를 정리하고 보여주고 있다.[10]

그림을 살피면 구매력 환산 1인당 GNP가 증가할 때 행복 또는 만족하다고 느끼는 사람들의 비중이 증가하는 현상은 1만 달러 수준까지만 관찰된다. 이후에는 소득과 행복과의 관계가 뚜렷하지 않게 나타나며, 1만5천 달러를 넘어서면 소득과 행복 간의 관계성(상관계수)이 통계적으로 관찰되지 않는다.

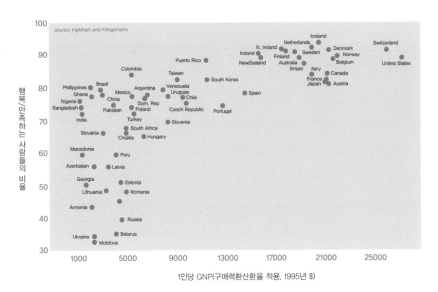

그림 8-3. 1인당 GNP와 행복/만족하는 사람들의 비율

　개별 국가 수준에서도 비슷한 결과들이 제시되고 있다. 미국의 경우 1957
년 대비 2005년에 1인당 소득이 2.3배 이상 증가하였지만 설문조사에서 행
복하다고 답변한 사람들의 비중은 1957년 35%에서 2004년 34%로 오히려
약간 감소하였다.[11] 중국 또한 1994년 이래 극적인 경제성장을 보였다. TV
소유 가정의 비율이 40%에서 82%로, 유선전화는 10%에서 63%로, 휴대
전화는 전무한 상황에서 48%로 치솟았다고 한다. 하지만 전국적 조사에
의하면 삶의 만족을 나타내는 중국인들의 비율도 감소했다.[12] 일본 또한 50
년대 후반에서 30여 년간 소득이 6배 가까이 증가했지만 삶에 대한 만족
도는 거의 변화가 없었다. 영국의 경우 1957년 행복하다고 답변한 사람들의
비율이 52%였지만 2000년대에는 이 비율이 36%로 감소하였다.[13]

　소득이 늘어난다고 해서 삶의 질(Sujective Wellbeing)이 증가하지 않는 이
러한 현상을 이 분야의 초기 연구에 크게 기여한 이스털린(Richard Easterlin)

의 이름을 따서 '이스털린 역설'이라고 부른다. 이런 현상이 발생하는 원인으로 우리가 제7장에서 검토했던 개인의 물질지향적 태도, 가족과 공동체의 파괴, 부의 양극화와 같은 문제들을 생각할 수 있다.[14] 성장지향의 과정에서 나타나는 부작용들이 성장의 의미를 무색하게 만드는 것이다.

위에서 제시된 연구들이 사용한 데이터는 이미 상당히 오래된 것들이다. 더 최신의 자료를 이용했을 때 다른 결과들이 나타나지 않는지, 그리고 행복지수 외에 다른 중요 지표들과 소득과의 관계를 추가로 분석해보는 것도 의미가 있다. 이를 위해 필자는 UNDP(United Nations Development Programme)의 홈페이지(http://hdr.undp.org/en/data)에 게시된 통계자료들을 이용해 추가적 분석을 진행해보았다.

복지 관련 자료는 2013년 자료를 사용하였으나 1인당 GDP는 2008년 자료를 사용하였는데 이는 소득이 복지 관련 변수들에 영향을 미치는데에 일정 시간이 걸림을 고려한 것이다.[15] 분석 대상 국가는 관련 자료가 존재하는 176개국을 대상으로 하였다. 그림 8-4에서 8-7까지의 모든 그래프에서 X축 값은 UNDP 홈페이지에서 제시된 2008년 1인당 GDP 자료(한국의 경우 $26,701)이다.[16]

그림 8-4에서는 UNDP가 측정한 인간개발지수(Human Development Index) 2013년 자료를 Y축에 적용한 것이다. 인간개발지수는 사람들의 수명과 건강, 교육과 품위 있는 삶의 기준을 만족시키는지의 여부를 종합적으로 반영하는 지표다. 역시 소득이 낮은 국가들에서는 1인당 GDP와 인간개발지수 간의 관계성이 뚜렷하게 나타난다. 그러나 한국(인간개발지수=0.891)보다 1인당 GDP가 많은 국가들을 기준으로 볼 때 소득과 인간개발지수 간의 상관성이 없는 것으로 보인다.

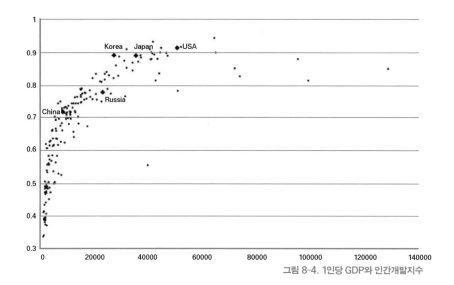

그림 8-4. 1인당 GDP와 인간개발지수

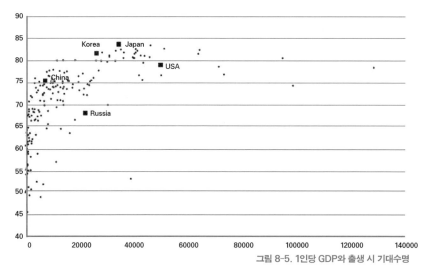

그림 8-5. 1인당 GDP와 출생 시 기대수명

다음으로, 행복 수준과 관련이 높아 보이는 건강 관련 변수들에 대해서도 분석을 진행하였다. 그림 8-5의 Y축은 2013년 출생 시 기대수명이다. 역시 유사한 형태를 확인할 수 있다(한국의 출생 시 기대수명=81.5세). 그

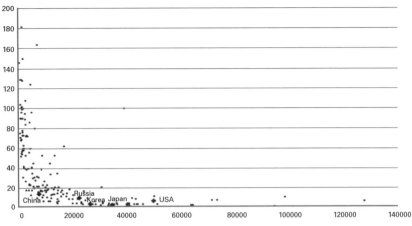

그림 8-6. 1인당 GDP와 영아사망률(5세 이하 사망자/1,000명)

림 8-6의 Y축은 2013년 영아사망률(5세 이하 사망자/1,000명)이다. 역시 소득이 한국(영아사망률=4)보다 높은 국가들에서는 영아사망률에 차이가 크지 않다.

UNDP에서 가용한 자료 중 또 하나 관심 있게 볼 수 있는 데이터가 교육지수이다. 교육지수는 평균 교육기간 및 기대 교육기간의 평균값을 이용하여 산출된다. 교육지수는 미래의 성장가능성, 인간다운 삶을 추구할 수 있는 역량과 관련 있다. 2013년 교육지수를 사용한 그림 8-7 또한 유사한 모습을 보인다(한국의 교육지수=0.865).

이상의 검토들이 제시하는 결과는 일관적이다. 아직 경제성장이 미진한 저소득 국가들에서나 소득의 증가가 행복과 복지를 증가시킨다. 소득수준이 일정 수준 이상이 될 때 소득의 증가는 행복과 복지에 그다지 영향을 미치지 못한다.

참고로 2008년 1인당 GDP가 $20,000(구매력환산환율 적용, 2011년 $) 이

246

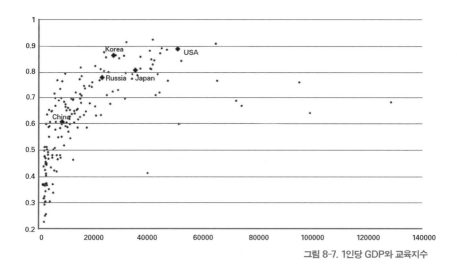

상인 국가들(51개국)을 대상으로 1인당 GDP가 위에 분석된 인간개발지수,
기대수명, 영아사망률, 교육지수에 미치는 영향을 선형 회귀분석으로 검
토해보았다. 그 결과 1인당 GDP가 위 변수들을 통계적으로 유의하게 설
명하지 못하였다(최소 P-value=17.4%).[17]

물론 일부 연구들은 부유한 국가들에서도 소득의 증가가 행복 수준을
증가시킬 수 있음을 보여주기도 한다.[18] 상식적인 수준에서 다른 모든 조
건들이 동일하다면 소득의 증가는 긍정적으로 평가될 수 있다. 그러나 부
유한 국가들에서 소득의 중요성이 상대적으로 감소한다는 데에는 대부분
학자들이 동의하는 바이다. 필자가 강조하는 부분은 소득의 증가를 위해
기타의 가치들이 희생될 수 있다는 것이다.

4. 형평성과 행복

일정 이상의 소득 수준을 달성한 국가들에서 절대적인 소득 수준이 국민들의 행복 또는 복지 수준에 큰 영향을 미치지 못하면서 추가로 주목받고 있는 개념이 형평성이다. 특히 소득 수준의 향상에 관심을 두는 성장 중심의 정책이 형평성을 희생하는 경우가 많음을 고려하면 형평성이 행복과 복지 수준에 미치는 영향을 검토해보는 것이 의미 있다.

이의 분석을 위해 역시 UNDP 홈페이지에 개시된 지니계수(Gini Coefficient) 값과 인간개발지수, 기대수명, 영아사망률, 교육지수와의 관계를 검토해보았다. 지니계수는 0~1의 값을 가지며, 한 국가의 소득 형평성 정도를 보여준다. 0의 값은 모든 국민이 동일한 소득을 얻는 완전 평등의 상태를 의미하며, 1의 값은 한 사람이 모든 소득을 갖는 극단적인 불평등 상황을 의미한다. UNDP에서는 132개 국가의 2013년 기준으로 측정된 지니계수 자료만을 제공하고 있었다. 소득(GDP)의 분석과 일관성을 확보할 수 없었지만 참고자료로 의미가 있으리라 생각한다.[19] 아래에서는 분석 결과의 요약만을 제시하며 구체적인 통계분석 결과는 별첨자료를 참조하기 바란다.

자료가 확보된 전체 132개국을 대상으로 분석한 결과는 형평성의 정도를 표현하는 지니계수가 4개 복지 관련 변수(인간개발지수, 기대수명, 영아사망률, 교육지수) 모두를 유의미하게 설명함을 보여주었다(유의 수준 5%).

또한 1인당 GDP의 분석과 비교하기 위해 2008년 1인당 GDP가 $20,000(구매력환산환율 적용, 2011년 $) 이상이며, 지니계수가 확보된 27개국만을 대상으로 유사한 분석을 진행해보았다. 그 결과 지니계수는 4개 복

지니계수와 행복 및 복지 관련 변수들의 관계는 그래프로 표현할 때 명확히 드러나지 않
았다. 따라서 표 A-1에서 회귀분석의 결과만을 요약하여 제시하였다. 표 A-1을 살피면 모
든 분석에서 P-value가 5% 이하로 나타난다(로그 회귀분석의 경우가 결정계수 값이 더 높았으
나 해석상의 편의를 위해 선형회귀분석 값을 제시).

지니계수 (전체: 132개국)	인간개발지수	기대수명	영아사망률	교육지수
결정계수	.080	.069	.038	.083
표준화 B	−.283	−.262	.194	−.287
P-value	.001	.002	.026	.001

표 A-1. 132개국을 대상으로 지니계수를 독립변수로 사용한 선형회귀분석 결과

한편 위의 분석이 저개발국가의 영향을 주로 반영한 것일 수 있다. 만약 1인당 GDP와 같
이 소득이 일정 수준 이상인 국가들에서는 형평성 수준이 영향을 미치지 않을 수 있다. 따
라서 앞서와 같이 소득 $20,000 이상인 국가들(GINI계수가 가용한 국가들은 27개국이었다)만
을 대상으로 회귀분석을 진행해보았다.

지니계수 (고소득 국가: 27개국)	인간개발지수	기대수명	영아사망률	교육지수
결정계수	.314	.166	.524	.328
표준화 B	−.561	−.407	.724	−.573
P-value	.002	.035	.000	.002

표 A-2. 소득 $20,000 이상의 27개국을 대상으로 지니계수를 독립변수로 사용한 선형회귀분석

GDP지니계수 (고소득 국가: 27개국)	인간개발지수	기대수명	영아사망률	교육지수
결정계수	.149	.130	.063	.037
표준화 B	.386	.361	−.251	−.192
P-value	.046	.064	.207	.338

표 A-3. 소득 $20,000 이상의 27개국을 대상으로 1인당 GDP를 독립변수로 사용한 선형회귀분석 결과

지 관련 변수들을 모두 유의미하게 설명하였다(유의 수준 5%). 반면 27개 국만을 대상으로 2008년 GDP를 이용한 분석에서는 인간개발지수에서 만 유의미한 것으로 나타났다(유의 수준 5%). 가용하였던 UNDP의 2012년 GDP 자료를 이용할 경우에도 4가지 복지 관련 변수들을 모두 유의미하 게 설명하지 못하였다(유의수준 5%). 데이터의 시점이 일치하지 않는 한 계점에도 불구하고 형평성의 중요도를 보여주는 결과이다. 동일한 결론을 제시하는 기존 연구들이 다수 존재한다.[20]

형평성의 개선은 가난한 사람들만의 행복이 아니라 사회의 전반적인, 평균적인 행복 수준을 증가시킨다. 형평성의 개선은 결코 제로섬 게임이 아니다. 이 책에서는 현대의 소비가 상징적·경쟁적 속성을 가짐을 누차 언급한 바 있다. 아무리 소득이 증가해도 소득 불균형이 높아질 경우 다 수의 사람들이 상대적 결핍감을 느끼며, 전반적인 행복 수준이 감소할 것 이라는 것은 자명하다.

5. 복지정책과 성장, 행복

행복과 소득, 형평성의 관계를 논할 때 성장과 복지의 균형을 추구하고 있 는 북유럽 국가들을 주목해볼 필요가 있다. UNDP에서 제공하는 132개 국의 지니계수를 바탕으로 가장 형평성 수준이 높은 10개국을 살피면 명 확히 두 개 부류로 나누어진다. 한 부류는 우크라이나(2위), 슬로바키아(4 위), 벨라루스(5위) 등 구 러시아연방 소속 국가들로 사회주의의 영향으로 형평성 수준은 높으나 경제적 성과 및 인간개발지수가 낮은 국가들이다.

우리가 주목하는 국가들은 스웨덴(1위), 노르웨이(3위), 핀란드(6위), 독일(10위)의 4개국이다. 이 중 독일을 제외한 3개국은 북유럽 국가들로 성장과 복지의 균형을 추구하는 국가들로 알려져 있다. 이들 국가들은 기타 자본주의 국가들과 구분되는 경제정책을 펼치고 있어 '북유럽 경제모델'이라는 별도의 체제로 지칭된다. 한편 덴마크와 아이슬란드도 북유럽 경제모델을 채택한 국가들로 알려져 있으나 지니계수가 제시된 132개국에 포함되어 있지 않았다. 그러나 이 두 국가 역시 높은 경제적 성과와 행복 수준을 보이는 것으로 알려져 있다.[21]

독일은 라인 자본주의(Rhenish Capitalism) 또는 이해관계자 모델(Stakeholder Model)이라 불리는 경제모델을 특징으로 한다. 이 경제모델은 기업들이 주주뿐만 아니라 노동자들의 대표로부터 지방정부, 소비자단체, 환경보호단체 등의 대표까지 포함하는 이해관계자라고 알려진 집단들에 의해 소유되는 경제모델을 일컫는다. 이들 집단들은 주주가 아니더라도 독일 기업의 이사회 구성원에 포함되며, 단순한 협의 기능이 아니라 적극적인 심의 기능을 수행한다. 이런 소유구조로 인해 독일 기업들의 주식가치는 저평가된 것으로 알려지고 있다.[22]

위 4개 국가들은 전형적인 성장지향적 자본주의가 아닌 복지 및 다양한 가치의 균형을 추구하는 국가들로 분류할 수 있다. 그럼에도 불구하고 행복 수준은 물론 높은 경제적 성과를 달성하고 있다. 앞서 행복과 1인당 GDP의 관계 분석에 이용된 176개국 통계를 살피면 스웨덴(1인당 GDP 19위, 인간개발지수 12위), 노르웨이(7위, 1위), 핀란드(22위, 24위), 독일(23위, 6위)로 나타났다. 본문의 그림 8-3에서도 이들 국가들의 높은 경제적 성과와 행복 수준을 확인할 수 있다.

북유럽 국가들의 복지 수준은 성장 중심의 영·미식 자본주의 국가들과는 근본적으로 다르다. 노르웨이의 경우 연간 평균적인 노동시간이 한국의 2/3 수준에 불과하다. 또한 무상에 가까운 의료서비스, 평준화된 대학교육 및 박사과정까지 무상교육, 전문직들의 경우 대략 45~55%에 달하는 높은 소득세율, 53%에 달하는 노조 조직률 등을 보면 그 차이가 실감된다.[23]

이 국가들을 살피면 경쟁과 경제적 인센티브를 통해 성장할 수 있다는 경제학적 상식에 대해 의심을 품어 마땅하다. 삼성경제연구소에서 분석한 핀란드, 스웨덴, 덴마크 3개국의 2010~2012년 GDP 성장률은 3.1%, 2010년 노동생산성 증가율은 3.4%로 대표적인 영·미식 자본주의 국가인 영국과 아일랜드(GDP 성장률 0.9%, 노동생산성 증가율 2.7%) 대비 압도적으로 높다.[24]

이 책에서는 성장 자체에 큰 의미를 부여하지 않지만 적어도 복지와 형평, 성장 간 타협의 가능성이 있음을 생각해보아야 한다. 다음 절에서는 한국의 현황을 살펴볼 것이다. 한국은 형평성을 희생해가면서 경제를 성장시킨 대표적인 국가로 보인다.

6. 한국의 현황

1) 복지, 행복 수준

앞서 UNDP의 자료에 따르면 한국의 2008년 1인당 GDP 수준은 176개국 중 38위에 해당한다(2012년 기준 1인당 GDP로 볼 때는 33위). UNDP의 인간개발지수에서는 15위를 기록하여 1인당 GDP 대비 높은 복지 상태를 보이고 있다. UNDP의 인간개발지수는 수명과 건강, 교육과 품위 있는 삶의 기준을 종합적으로 평가하는데, 한국의 경우 기대수명 14위, 영아사망률은 14개국과 공동 10위, 교육지수 11위를 기록하고 있음을 고려하면 납득할 수 있는 결과이다.

그러나 2016년 세계행복보고서(World Happiness Report 2016)는 한국의 행복 수준을 조사 대상 157개국 중 58위로 평가했다.[25] 미국은 13위, 중국은 83위로 평가되었고, 1인당 GDP가 한국이 $28,737, 미국 $54,678, 중국 $7,572임을 고려하면 이들 국가들 사이에는 소득과 행복 수준 간 관계가 상식과 같다.[26]

하지만 1인당 GDP가 $10,000에도 못 미치는 국가들이 한국보다 훨씬 높은 등수를 보인 결과는 당혹스럽다. 브라질(행복 수준 17위, 1인당 GDP $7,447), 멕시코(21위, $8,415), 태국(33위, $5,940), 알제리(38위, $4,083), 과테말라(39위, $4,087), 수리남(40위 $7,701)…[27] 이 결과가 UNDP의 평가와 큰 차이를 보이는 이유는 평가 항목의 차이에 있다. 세계행복보고서는 1인당 국내총생산(GDP), 사회적 지원, 기대수명, 선택의 자유, 관대함, 부패지수 등을 기준으로 평가하였다. 한국의 경우 수명이나 소득 부분을 제외한 항목에서 평가가 매우 나쁘게 나타났음을 알 수 있다.

추가로 주목할 부분은 서울시민 1,000명을 대상으로 2015년 조사된 주관적 행복감은 100점 만점에 71.2점으로 10년 전 평균 73.3점에 비해 감소했다는 점이다.[28] 이 연구에서는 항목별 만족도 평가도 그림 8-8과 같이 제시하였다. 대체로 삶의 (경제적) 성취도, 생활수준, 미래 안정성과 같은 소득 관련 항목들의 평가가 낮게 나타나고 있다. 추가적인 통계적 분석 결과 서울시민들이 행복 정도를 주로 물질적, 경제적 잣대로 판단하고 있다고 평가했다. 꾸준한 소득 증가에도 불구하고 행복 수준이 감소한 것이나 소득 관련 항목들에서 낮은 평가가 나타난 것은 다소 의아스러운

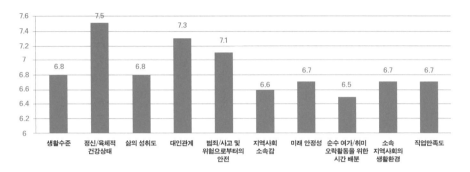

그림 8-8. 자신의 삶에 대한 항목별 만족도 평가(10점 만점)

결과이다. 결국 절대적 소득보다는 소득 분배, 형평성의 문제가 행복감의 감소를 설명하는 요인이라고 생각할 수 있다. 즉, 상대적 결핍감의 문제가 크다는 것이다.

또한 그림 8-8은 소비를 추구하는 정책과 문화 속에서 저축률이 낮아지면서 미래의 안정성을 낮게 평가하는 불안한 사회가 되었음을 보여주고 있다. 그리고 그림 8-8에서 여가 관련 항목이 가장 평가점이 낮다는 점도 주목할 필요가 있다.

한편 국가 내에서 소득의 수준과 행복 수준의 문제도 중요한 관심사이다. 이 책의 제7장에서 그림 7-1을 통해 한국의 소득 수준별 행복 수준을 보여준 바 있다. 이 그림에서는 월소득이 800~1000만 원 수준인 사람들의 행복지수가 가장 높게 나타났다. 이보다 낮은 소득에서는 소득의 증가가 행복지수를 뚜렷이 증가시킨다. 가장 소득이 낮은 월소득 50만 원 이하인 사람들의 행복지수 대비 월소득 800~1000만 원인 사람들의 행복지수는 1.43배 수준으로 큰 차이를 보인다. 이는 절대적인 소득의 차이를 반영한 객관적인 생활수준의 차이뿐 아니라 상대적 결핍감의 문제가 결합된 결과라고 평가할 수 있다. 추가로 소득 최상위 계층(월 소득 1000만 원 이상)에서 행복감이 도리어 감소하여 월 소득 300~400만 원인 그룹과 유사하게 나타났다는 점도 주목해볼 필요가 있다.

정리하자면 한국은 수명, 건강, 소득과 같은 객관적 부분에서 긍정적 성과를 달성해왔다. 그러나 주관적인 경제적 만족감과 전체적인 행복 수준은 낮게 평가되고 있다. 이와 관련하여 불평등의 심화에 따른 상대적 결핍감, 미래에 대한 불안감, 여가의 부족 등 절대적 소득 증가와는 별개의 문제들이 논의될 필요가 있다.

2) 결과(소득) 형평성

경제적 성장을 우선시하는 그간의 정책들이 한국 사회의 형평성을 크게 악화시켰음은 주지의 사실이다. 물론 신자유주의 체제하에서 유럽, 미국, 일본 등 대다수 국가들에서도 불평등이 꾸준히 심화되어왔다.[29]

한국의 경우 1960년대 초반부터 1990년대 중반까지 소득 불평등이 악화되었다는 뚜렷한 증거가 보이지 않았다. 그러나 1997년 외환위기 이후 불평등은 악화되기 시작했다. 장하성 교수가 그의 저서 『왜 분노해야 하는가』를 통해 제시한 몇 가지 수치들을 살펴보자. 개인소득 상위 10%의 소득이 전체 소득에서 차지하는 비율은 1995년 29.2%에서 2012년 44.9%로 상승하였다.[30] 한국노동연구원에 따르면 한국에서 전체 노동자들 중 최하위 10% 노동자들의 임금 대비 최상위 10% 노동자들의 임금 비율은 5.9배에 해당한다. 이 비율은 미국의 5.1배보다 높으며 OECD 국가들 중 가장 높은 값이다.[31] 통계청 가계동향조사에 따르면 1997년 대비 2014년의 실질노동소득은 최상위 10%의 경우 47.3% 증가하였으나, 최하위 10%

의 경우 6.0% 감소하였다.[32] 기관마다 발표하는 수치가 다소 다르지만 한국의 불평등은 OECD 국가들 중 최고 수준이다.

장하성 교수는 모든 계층에서 전체 소득의 90% 이상을 차지하는 노동소득(재산소득과 대비되는)의 불평등이 한국 소득 불평등의 원인이라고 설명한다. 그리고 노동소득 불평등은 크게 임금·고용 불평등과 기업 간 불평등에서 기인한 것이라고 보고 있다.

우선 임금·고용 불평등의 문제를 살펴보자. 핵심적인 문제는 비정규직과 정규직의 임금 격차에서 찾을 수 있다. 2014년 정규직 대비 비정규직 임금은 노동계를 대표하는 노동사회연구소 추산에 따르면 49.9%(정부를 대표하는 노동연구원 추산 55.8%)로 절반에 미치지 못한다. 한국의 비정규직 노동자 비중은 노동사회연구소 추산 45.4%(노동연구원 추산 32.4%)이다.[33] 또한 OECD 평가에 따르면 비정규직 노동자들이 정규직으로 전환되는 비율은 비정규직 취업 1년 후 11.1%, 3년 후 22.4%에 불과하다.[34] 한국에서는 엄청난 규모의 비정규직 노동자들이 넘어서지 못하는 장벽을 경험하고 있는 것이다.

또한 중소기업과 대기업 간의 격차도 심각한 수준이다. 중소기업(근로자 300인 이하 기업)의 임금은 대기업(근로자 300인 이상 기업)의 60% 수준에 불과하다. 1980년에는 중소기업 임금 수준이 대기업의 97% 수준이었다는 사실이 도리어 놀라울 정도의 현격한 변화이다. 이런 임금 수준의 격차와 함께 대기업 취업의 길이 좁아졌다는 점도 주목해야 한다. 1980년대에는 중소기업에서 일하는 노동자들이 전체 노동자의 절반을 넘는 53% 수준이었으나, 2014년에는 전체 노동자들 중 81%가 중소기업에서 일하고 있다.[35] 좁아진 성공의 길, 대기업과 궁핍한 대다수의 중소기업으로 양극화가 발생한 것이다.

대기업들 내부에서의 불평등도 심각한 수준이다. 대기업 평균 임금을 삼성전자, 현대자동차, SK텔레콤과 비교하면 56.8%~59.7% 수준이다.[36] 대기업이라 해도 같은 대기업이라고 볼 수 없는 것이다.

한국은 OECD 국가들 중에서 최악의 불평등 수준을 보이고 있다. 한국에서 보편적 복지에 대한 논의가 활발하게 이루어지는 것은 이를 반영하는 듯하다. 2015년 정부 예산에서 사회복지 지출이 차지하는 비중은 30.4%이다. 이는 35.0%를 차지하는 일반, 지방행정예산 다음으로 높은 수준이다. 또한 GDP 대비로 보면 사회복지 지출은 1997년 3.6%에서 2014년 10.4%로 크게 늘어났다.[37] 이를 살피면 정부가 불평등 문제의 해소를 위해 적극적으로 개입하고 있는 것으로 보인다.

그러나 한국의 GDP 대비 사회복지예산 비율은 OECD 34개 회원국들 중 32번째이다. OECD 국가들의 평균 비율은 21.6%이며, 한국의 10.4%의 두 배를 넘는다.[38] 어쩌면 보편적 복지에 대한 논쟁이 한국의 복지 수준에 대한 착시현상을 불러일으키는 것이 아닌가 생각된다.

관련하여 한 가지 주목할 수치는 국민소득 전체를 경제의 세 주체인 가계, 기업, 정부가 어떻게 배분하고 있는가이다. 1996년 국민총소득 중 가계에 배분된 소득의 비율은 71%였으나 이 수치는 2014년 62%로 줄어들었다. 반면 같은 기간에 기업소득으로 분배된 비율은 16%에서 25%로 9%가 늘어났다. 가계소득 비율이 줄어든 만큼을 결국 기업이 가져간 것이다.[39] 성공적인 기업들에 비해 국민들의 소득은 감소했다고 볼 수 있다. 한편 나머지 하나의 경제 주체인 정부의 비중은 13% 수준에서 변화가 없었다. 결국 심화되는 불균형을 바로잡을 수 있는 정부의 역할은 확대되기 어려운 상태였다.

앞으로도 정부의 역할에 대한 논의는 계속될 것이다. 그러나 현재 정부 예산의 경제 내 규모는 OECD 국가들 중 최악의 불평등 문제를 해소하기에 역부족이다. 때문에 장하성 교수는 정부가 직접 예산을 투입하는 소득의 재분배 방식도 중요하지만 원천적 분배의 문제가 해결되어야 한다고 주장한다. 원천적 분배의 문제란 정규직과 비정규직의 차별, 소수의 재벌 및 대기업으로의 경제력 집중에 의해 나타나는 소득의 차이를 말한다. 애초부터 소득 분배의 불평등이 너무 심하여 재분배를 통한 불평등 완화에 한계가 있다는 뜻이다. 비정규직의 문제를 해소하기 위한 고용 관행, 고용 관련 제도의 변화, 중소기업의 보호와 육성과 같은 근본적인 문제가 다루어져야 한다.

3) 기회 형평성

이상은 한국 경제 내에서 소득, 즉 결과의 불평등을 다룬 것이다. 추가로 우리는 기회의 불평등 문제를 생각해보아야 한다. 자본주의 경제는 능력 있고 열심히 일하는 사람들에게 더 많은 소득을 제공함으로써 경제의 활력을 유지한다. 따라서 어느 정도 결과의 불평등은 필연적일 수 있다. 그러나 이 논리는 기본적으로 기회의 평등이 보장될 때 가능하다. 물론 결과의 불평등은 어느 정도 기회 불평등을 수반한다는 것도 인정해야 한다.

그러나 결과의 불평등이 도를 넘어 심화되고 기회의 평등을 보장할 수 있는 교육제도가 뒷받침되지 않고 있다. 결과적으로 기회의 평등이 보장되지 않는 것으로 보이며, 이는 결과의 불평등도 용납할 수 없게 만든다.

최근 미국에서는 대학생들이 학비와 생활비를 충당하기 위해 슈가대디(나이 많은 부자)들과 만남을 갖는다는 뉴스가 이목을 끌었다. 공공연하게 대학생들과 슈가대디들의 만남을 주선하는 웹사이트들까지 생겨났다. 미국 대학생들은 재학 중 학자금 대출로 매년 평균 3만5천 달러의 빚을 지는 것으로 알려졌으며, 학자금 대출 규모는 꾸준히 증가해 졸업 시에는 평균 7만5천 달러의 빚을 안고 사회에 나온다고 한다.[40]

한국의 대학생들은 미국의 경우 대비 상황이 더 나을까? 한국의 대학 등록금은 2013~2014학년도를 기준으로 국·공립대학교의 경우 OECD 국가들 중에서 미국, 일본에 이어 세 번째로 높고, 사립대의 경우 미국 다음으로 두 번째로 높은 것으로 나타났다.[41] 미국 대학생의 67%가량은 국공립대 등록금을 내는 반면 한국 대학생의 78%가 사립대 등록금을 낸다는 점을 감안하면 한국의 대학 등록금은 세계에서 가장 높은 수준으로 평가된다.[42] 소득은 미국의 절반 수준이고 대학 교육의 수준도 훨씬 낮은 한국에서 학부모와 학생들의 부담은 더 높은 것이다.

그런데 한국의 고3 대학 진학률은 77.5%이다.[43] 재수·삼수까지 포함해 대학을 진학하는 비율을 고려하면 한국에서 대학은 필수로 인식된다. 그럼에도 불구하고 대학 학비의 부담은 매우 크다. 교육부가 2010~2015년의 6년간 제공한 학자금 대출 규모는 239조 원을 상회하며, 13만6천여 명이 대출을 받았다.[44] 교육부는 이를 실적으로 발표했지만 한국에서 대학 학자금 부담 수준을 여실히 보여준다. 각종 지방자치단체 및 사금융에서도 학자금 대출을 시행하고 있음을 고려하면 그 규모는 훨씬 더 클 것이다. 한편 정부지원 학자금 대출을 관리하는 준정부기관인 한국장학재단은 학자금 대출 채무불이행과 관련해 2013년 3,210명, 2014년 6,086명의 청년들을 상대로 소송을 제기했다.[45]

대학을 들어가기 위한 과정에서 사교육 의존성의 심화는 한국의 학부모들이라면 익히 경험하는 바이다. 미국에서 부유층 자녀와 빈곤층 자녀 사이의 학업성취도 격차는 25년 전에 비해 30~40%가량 더 벌어지고 있다고 한다. 사교육시장에서 세계 최고의 경쟁력을 보이는 한국 상황이 미국보다 더 나을 것 같지 않다. 대학에 들어가더라도 아르바이트로 학업에 전념하지 못하는 학생들이 많다. 졸업해도 학자금 대출의 부담에 미래가 암울하게 느껴진다.

교육시장에서부터 지위의 세습이 이루어지고 있다. 한국은 결과에서도 기회에서도 평등하지 않은 국가이다. 이제 평범한 대학생들의 꿈은 빚을 없애는 것이거나, 9급 공무원으로 대표되는 정규직 직원이다. 이제 한국에서는 아이들에게 꿈이 뭐냐고 묻지 말라고 한다. 한국에서는 생존을 위해서 공부해야 한다.

7. 불평등과 물질지향의 악순환

앞서 살펴본 다양한 통계적 분석들은 사회 차원에서 절대적 소득의 증가가 행복 수준을 증가시키는 데 한계가 있음을 보여준다. 일정 소득 수준 이상이 달성되면 절대적 소득의 증가가 행복 증진에 기여하는 수준이 약해진다. 반면 우리가 크게 관심을 두지 않았던 형평성, 불평등의 해소가 행복 증진에 더 기여할 수 있다. 형평성의 개선은 가난한 사람들만을 위한 희생이 아니며, 사회의 평균적인 행복 수준을 증가시킨다.

그러나 개인의 차원에서 소득의 증가는 행복에 큰 영향을 미친다. 그 주된 이유는 소득의 상대적 차이가 단지 생활수준의 차이뿐 아니라 상대적 결핍감을 초래하기 때문이다. 물질주의 사회에서는 더 많은 소득, 소비가 개인의 가치를 나타내는 척도가 된다. 낮은 소득은 열등감, 소외감의 원인이 되는 것이다.

형평성 수준이 높은 사회에서는 소득의 차이에도 불구하고 다양한 가치를 추구할 수 있다. 소득을 희생하더라도 자기가 좋아하는 일을 하고 공동체에 봉사할 수 있는 여력이 있는 것이다. 반면 한국에서는 대기업과 정규직의 관문을 통과하지 못하면 기본적인 생활수준이 보장되지 못한다. 미래에 대한 불안감은 너무나 크다. 스스로만이 아니라 자녀들에게도 기회를 주지 못한다. 한국에서 더 많은 소득을 위해 혼신의 힘을 다하는 것은 전혀 이상할 것이 없다.

결국 불평등 수준이 높은 국가에서는 사람들에게 부의 추구 외에 다른 가능성을 보여주지 못한다. 형평성의 악화는 그 자체로 악순환의 구조를 만들어내는 것이다. 이를 이스털린은 쾌락의 회전발판(Hedonic Tread-mill)이라고 비유했다. 제자리에서 회전하는 이 발판 위에서 남들보다 뒤처지지 않으려고 계속 달려야 하지만 결코 앞으로 나아가지 못한다는 것이다.

게임이론적으로 생각하면 죄수의 딜레마 또는 제로섬 게임에 가까워 보인다. 모두가 더 많은 소득을 위해 경쟁하고 행복을 희생하지만 승자의 숫자는 제한되어 있다. 더 많은 생산을 위한 노력을 제로섬 게임이라고 부르는 것에 대해 동의하지 못하는 분들도 많을 것이다. 이런 노력이 사회 발전의 원동력이 된다는 점을 무시할 수는 없다. 그러나 우리 사회는 지나치게 경쟁적이다. 그 경쟁이 가져오는 결과의 차이가 너무나 크다. 앞서 한국 사회는 물질지향성이 높은 사회임을 언급했다. 이는 심한 경쟁과 극심한 결과의 차이가 빚어낸 현상일 수 있다.

경제적 성장보다 형평성과 약자에 대한 배려를 중시하는 사회에서는 물질적 성공보다는 다른 가치들이 더 존중될 수 있다. 큰돈 못 벌고 밤새 고생을 할지라도 연구가 즐겁다면 학교를 선택할 것이다. 대학교수가 해고되지 않기 때문에 좋다는 생각과는 너무 다르다. TV에 나오지 못해도 길거리 공연이나 봉사만으로도 행복한 예술가들이 나타날 것이다. 그들이 돈을 못 벌어 소비에 참여하지 못하는, 경제에 기여하지 않는 잉여인력이 되지 않을 것이다. 돈이 많은 사람들은 자신의 능력만으로 성공한 것이 아니라 사회 인프라와 다른 사람들의 도움, 행운이 함께한 사람으로 스스로를 바라볼 것이다. 특권의식으로 가득 찬 인색한 사람들이 되지 않을 것이다. 다시 한 번 형평성의 의미를 새겨볼 필요가 있다. 물질적인 불평등의 완화를 통해 소득 이외에 다양한 가치를 추구할 수 있는 가능성을 열어주어야 한다.

09

성장의 수단이
되어버린 소비와 행복

—

소비자본주의의 탄생 | 사람 vs. 기업
경제적 영향력과 문화적 영향력 | 변화에 대한 생각

우리들이 원하는 부란 단순히 충분히 가지는 것이 아니라
다른 사람들보다 더 많이 갖는 것이다.

팀 카서

제8장의 논의를 살피면 소득의 증가에도 불구하고 사람들이 느끼는 삶의 만족도는 그다지 개선되지 않고 있다. 여러 가지 표면적인 이유들이 있겠지만 두 가지 본질적인 원인을 생각해볼 수 있다. 첫 번째, 우리의 삶이 행복을 지향하지 않고 그 수단에만 매몰되어 있다는 점이다. 현대 국가의 가장 우선되는 목표는 성장이다. 더 직접적으로는 성장을 위해 소비를 진작시키는 것이다.

당연하게 여겨지는 이런 논리들은 다시 생각해보면 매우 비정상적이다. 우리가 필요로 하는, 행복을 증진시킬 수 있는 것들을 생산하면 당연히 팔려야 한다. 그렇지만 현대 사회의 생산력은 지나치게 비대해져서 억지로 수요를 진작시키지 않으면 팔리지 않을 물건들이 생산된다. 따라서 생산력의 증대보다 소비의 증대가 우선적인 목표가 된다. 산업자본주의 대신 소비자본주의라는 용어가 사용되는 것은 이런 특성을 의미한다.

우리는 어쩌면 필요하지도 않은 것들을 생산하기 위해 열심히 일하고 또 그것을 팔기 위해 애를 쓴다. 그리고 그를 위해 여가와 기타의 가치들을 희생하고 있다. 본질적인 목표인 행복과 성장·소비 사이에는 큰 차이가 있다.

두 번째, 더 많이 생산하고 소비하기 위해서는, 그리고 일자리를 만들기 위해서는 기업이 잘되어야만 한다. 따라서 국가의 정책 목표, 사회의 운영 방식은 기업을 육성하는 것이 된다. 사람들의 기본적 물질적 욕구를 충족시키고 보람을 제공하기 위해 안정적인 일자리는 매우 중요하다. 그러나 기업을 육성하기 위해 노력하는 사회는 노동 유연성을 강조하고 비정규직 노동자들을 양산한다. 환경문제에 대한 우려가 아무리 심각해도 기업의 활동을 저해하는 환경 규제를 도입하는 데에는 소극적이다. 오늘날 사회를 이끌어 나가는 힘은 소수의 기업들에 집중되어 있다. 역시 수단이 우선시된 것이다. 기업이 잘되는 것과 사람들이 행복한 것에는 상당한 차이가 있다.

우리는 경제적 성장이 우리가 가진 문제들을 해결해주리라는 믿음을 가지고 노력해왔다. 경제를 성장시키면 각자의 몫도 더 커질 것이고, 일자리도 더 많이 생길 것이라고 생각해왔다. 설사 그런 말을 믿지 않았더라도 우리는 그냥 열심히 노력하는 수밖에 없었는지도 모른다. 하지만 이제 여태껏 가진 믿음들에 대해 다시 고찰해보아야 한다.

1. 소비자본주의의 탄생

제품을 만드는 것보다 판매하는 것이 더 어려워지면서 현대 소비자본주의가 시작되었다고 한다. 과거 기술과 생산력의 한계로 인해 공급이 부족했던 시절에는 검약이 미덕이었다. 하지만 어느 순간 소비를 조장하는 사회로 전환되었고 우리는 이를 소비사회, 소비자본주의라고 부른다.

경제학을 공부해본 사람이라면 누구나 '세이의 법칙'이라는 말을 들어보았을 것이다. 제창자인 프랑스의 경제학자 세이(Jean-Baptiste Say)의 이름을 딴 이 법칙은 "공급은 스스로 수요를 창출한다"고 주장하며, 고전학파 거시경제학의 기본 사고방식을 설명한다. 어떤 제품이 만들어져 팔리면 제품을 생산했던 노동자, 자금 임대인, 기업을 소유한 자본가, 투입 생산물 판매자에게 소득을 발생시킨다. 이 소득의 합계는 매출액과 동일하다. 그러면 사람들은 그 소득으로 무엇인가를 구매할 것이므로 공급한 가치만큼 수요가 발생한다는 말이다. 그림 9-1은 이런 순환관계를 보여준다. 이 관계 속에서 지출총액(저축/투자 포함)은 소득총액과 항상 같다. 따라서 수요를 초과하는 공급, 즉 과잉생산, 초과공급은 발생할 수 없다.

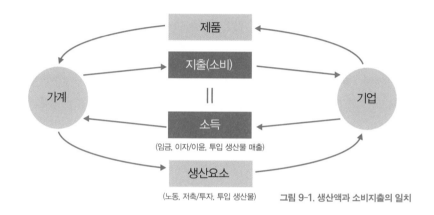

그림 9-1. 생산액과 소비지출의 일치

그런데 이 논리 속에는 중요한 문제점이 있다. 만들어진 제품이 다 팔려야 그만큼의 수요가 발생할 수 있다. 만약 다 안 팔리면 그만큼 이윤이 줄어들거나, 체불 임금이 발생해서 소득이 안 생기고 그만큼 수요가 창출되지 않는다. 다시 정리하면 만들어서 다 팔리면 그만큼 수요가 있는 것이고, 다 안 팔리면 그만큼 수요가 부족해져 초과공급이 발생한다는 자명한 논리가 된다. 우리가 공황 또는 경기침체라고 부르는 현상은 물건이 안 팔려 수요가 줄어들고 따라서 물건은 더 안 팔리고 그러면 수요가 더 줄어드는 악순환을 의미한다.

이에 대해 고전파 또는 신고전파 경제학에서는 일시적으로 물건이 안 팔리는 현상이 있더라도 보이지 않는 손, 즉 가격시스템의 조절에 의해 궁극적으로 생산과 소비는 바람직한 수준으로 유지될 것이라고 주장한다. 따라서 정부의 개입은 불필요해진다. 반면 케인스학파는 수요의 부족을 정부지출을 통해 해결해야 한다고 주장하였고 실제 케인스의 제안은 20세기 초 미국이 대공황에서 벗어나는 데 중요한 역할을 해냈다. 시장의 자연스러운 힘과 정부 개입의 필요성에 대한 이 두 가지 관점은 첨예하게 대립하고 있다. 그러나 정부의 직접 지출이나 금융정책을 포함한 다른 방식을 통한 소비의 확대 정책은 대다수 국가들에서 이미 채택되고 있다.

하지만 세이가 살던 시절에는 이런 질문이 그다지 의미가 없었던 듯하다. 실제 산업혁명에 의한 기술 발전이 급격히 진행되던 18세기에는 기술의 진보가 경제 전반의 성장을 주도했다. 예를 들어 영국의 산업혁명을 주도했던 방적산업을 생각해보자. 18세기 초입만 해도 100파운드의 면에서 실을 뽑아내려면 5만 시간이 걸렸다. 그러나 18세기 중엽에 특허를 받은 아크라이트 수력방적기를 이용할 경우 300시간, 자동 뮬(Self-acting Mule)을 이용할 경우 135시간이면 충분했다. 이런 혁신은 면직물의 가격을 급격히 하락시켰으며, 그런 가격 하락이 자연스러운 수요 확대(수출을 포함한)를 유발하며 경제를 급격히 성장시켰다.[1]

그 당시 공급의 급격한 증가에도 수요의 부족을 겪지 않았던 원인은 크게 두 가지 측면에서 이해될 수 있다. 첫 번째는 당시 영국이 장악하고 있던 식민지를 포함한 시장에는 영국 산업에 대항할 만한 경쟁자가 그다지 없었다. 따라서 영국의 생산 증가는 수출을 통해 수요를 확보할 수 있었다. 두 번째, 당시는 의류를 비롯한 물자가 매우 부족했고 아껴 쓰고 다시 쓰는 생활을 유지하던 시절이었다. 따라서 기술력의 발전에 의해 값싼 물자가 공급될 경우 빠른 수요 증가가 가능했을 것이다. 예를 들어 뜯어

270

진 옷을 몇번이나 고쳐서 입는 시간에 나가서 노동을 하면 그 옷을 살 수도 있게되는 것이다. 기존 제품을 더 싸게만 만들어도 수요가 크게 증가할 수 있는 것이다.

1900년대 초에 포드자동차가 표준화된 이동조립법(Ford System)을 도입하여 자동차를 대량 생산하던 시기에도 생산력의 증대는 수요를 걱정하지 않았다. 과거 대비 엄청나게 저렴해진 값싼 자동차에 대한 수요는 무궁무진했고 생산은 바로 수요로 이어질 수 있었다.

하지만 현대에는 상황이 크게 다르다. 국가 간 경쟁이 치열해지고 기술수준의 평준화가 이루어져 해외 수요를 창출하는 것이 쉽지 않다. 또 옷장에 새것과 다름없는 옷들이 쌓여 있을 때 단지 싸게 만들어 판다고 새로운 옷을 사지는 않을 것이다. 5년 된 차에 소음이 좀 커지고 광택이 무뎌졌다고 조금 싸진 새 차를 바로 구입하지는 않을 것이다. 더 많이 만든다고 더 팔 수 있는 것이 아니다. 실업이 만연하고 공장 설비가 놀고 있다고 해도 간단한 가격시스템의 조정이 수요를 증가시키는 데 한계가 있을 수밖에 없다. 이제 성장은 '이미 충분히 성숙된' 기능의 제품을 '더' 좋은 제품, '더' 혁신적인 제품으로 만들어 비싸게 팔아야 가능한 것이 되었다. 이때 소비자가 스스로 더 좋고, 더 혁신적이라고 인정해주지 않는다면 수요는 억지로 창출되어야만 한다. 이제부터가 마케팅의 힘이다.

광고계의 권위자 자크 세귀엘라(Jacques Séguéla)는 "우리는 과소비사회 속에서만 발전을 계속할 수 있다. 과잉공급은 시스템의 필연적 산물이다. 이 취약한 시스템은 욕구를 부추기는 방식에 의해서만 지속될 수 있다"고 하였다.[2] 마케팅의 세계적 권위자 필립 코틀러(Phlip Kotler)는 이미 한 세대 지난 기존 마케팅 패러다임을 마켓 2.0으로 칭하면서 그 목적은 부

족한 수요를 창출하는 데 있다고 하였다.[3]

기업뿐만이 아니다. 오늘날 정부는 경제성장을 최우선 과제로 삼는다. 국가 부처들, 정치인, 정책연구소 등 모두의 관심은 '어떻게 경제를 성장시키는가'에 있다. 민주당의 빌 클린턴이 공화당의 부시를 누르고 대선을 승리로 이끌게 한 슬로건인 "문제는 경제야, 바보야(It's the economy, stupid)"는 이제 너무 식상한 말이 되었다. 한국의 2016년 총선에 등장한 제3당의 구호는 다시 "문제는 정치다"로 회귀하였다. 이 구호는 사실 정치가 경제의 발목을 잡고 있으니 정치를 바꿔야 한다는 말이다. 정치의 경제에 대한 예속을 선언한 것이다.

국가가 경제를 성장시키기 위해 고려하는 가장 중요한 문제는 수요의 확보, 소비의 촉진이다. 4대강 사업을 진행할지의 여부, 여성의 복지나 휴가의 증가, 주5일제 도입을 비롯한 어떤 문제를 판단할 때라도 수요를 증가시키는지의 여부는 중요한 판단 기준이다. 자신의 상품을 더 판매하는 것이 개별 기업조직의 목적이라면, 국가적 과제는 어떤 제품이건 더 많이 소비하게 만드는 데에 있다.

생산은 우리가 원하는 것, 필요로 하는 것을 만들어내는 일이다. 하지만 지금 우리는 생산하기 위해 소비하고 있다. 누군가에게는 이 말이 말장난처럼 느껴질지 모르겠다. 하지만 우리는 진정 소비하지 않을 권리를 빼앗긴 듯하다.

프리터(Freeter)족이라는 용어를 들어본 적이 있는가? 프리터족이란 일정한 직업 없이 갖가지 아르바이트로 생활하는 사람들을 의미한다. 프리터족의 등장을 정규직 직장을 구하기 어려운 상황에서 어쩔 수 없는 선택으로 해석하기도 하지만, 적은 급료를 받더라도 취업에 대한 압박에서 벗어나고 직장생활에서 받는 스트레스도 적은 생활을 선호하는 문화현상으로 이해하기도 한다. 이런 현상에 대해 한 대기업이 운영하는 블로그에서는 "소득 수준이 낮은 프리터족의 증가는 소비 또한 감소시키므로 사회 및 경제 전반적인 면에서도 부정적인 영향을 줄 가능성이 높다고 할 수 있습니다"라는 평가를 내놓았다. 우리 사회를 이끌어가는 내적 논리를 명쾌하게 보여준다.

하지만 열심히 일하지 않고 대신 덜 소비하고 지내는 그들이 비판받아야 하는가? 그냥 덜 쓰고 살면 안 되는가? 프리터족이 길거리 무대에서 노래를 하고 스케이트 보드 공연을 하는 것이 생산 통계에 잡히지 않지만 사람들에게 더 유익한 생산은 아닐까? 경제성장의 욕망 앞에서 가치의 다양성이란 초라한 주장일 뿐이다.

물질, 소비의 추구는 진화의 과정에서 우리에게 체득된 생존방식일 수도 있다. 하지만 마케팅이 주도하는 소비자본주의 문화에 의해 우리는 본성 이상으로 소비를 추구하게 되었다. 성장을 위해 욕망을 주입받고 있는 것이다. 넘쳐나는 욕망은 채워서 더 행복해지라고 손짓하지만 이런 마케팅 메시지는 허구에 불구하다. 결핍을 만들어낼 뿐이며, 설사 소비를 통해 만족되더라도 새로운 결핍으로 채워진다. 이미 부풀려진 소비 수준을 유지하기 위해, 또 성장하기 위해 계속해서 새로운 것들을 욕망해야만 하기 때문이다.

마케팅의 역할은 소비자들을 대량 생산하는 일이며, 이는 상품의 생산을 증가시키는 것보다 더 중요한 일이 되었다. 과연 현대 사회의 소비가 사람들을 행복하게 하는지에 대한 질문은 대다수 경제학자들에게 배제되어 있다.

2. 사람 vs. 기업

우리는 성장이 과연 우리를 행복하게 하는지, 또 성장을 위해 과도하게 소비욕구를 창출하는 사회에 모순이 있지 않은지 질문해보았다. 하지만 경제학자들은 이들 질문이 이미 예전에 답변이 끝난 것이고 이제 와서 다시 짚어볼 필요가 없다고 생각하는 듯하다.

'최대 다수의 최대 행복'을 가치판단의 기준으로 둔 공리주의가 오늘날 사회 운영원리의 기본이 되었다. 이런 공리주의의 원칙은 경제학에서 중시하는 한계효용 체감의 법칙과 결합하여 형평성을 중시하는 논리가 될 수도 있다. 부자들의 추가 소득 대비 가난한 사람들의 추가 소득이 훨씬 더 높은 효용·쾌락을 제공하기 때문에 소득 수준을 가능한 한 균등화하는 것이 사회 전체의 쾌락 총량을 증가시키게 된다.[4]

그러나 경제학자들은 호모 이코노미쿠스라는 합리적인 인간 개념을 추가하면서 자유주의적 원칙을 공리주의와 결합시켰다. 자유방임주의를 주창하는 경제학자들은 정부의 개입 없는 자유로운 경제시스템 하에서 사회 전체의 효용(행복·쾌락)이 극대화 된다고 말한다. 즉, 시장이 알아서 하도록 놔두면 모두의 효용이 극대화 된다는 것이다. 그러나 이 때 극대화의 개념은 일반적인 극대화가 아니라 파레토 효율(Pareto Efficiency)이라는 개념을 담고 있다. 파레토 효율이란 아무에게도 손해가 가지 않으면서 어떤 사람에게 이득을 가져다주는 새로운 배분상태로 변화시키는 것이 불가능한 상태를 의미한다. 이 개념에서는 누군가의 효용을 증가시키기 위해서는 다른 누군가의 효용을 감소시켜야 하는 상황이라면 효용이 극대화 된 것으로 본다. 예를 들어 한 사람의 효용을 한 단위만큼 감소시킴으로써 다른 사람의 효용을 열 단위 증가시킬 수 있는 대안은 배제한 효용의 극대화를 의미하는 것이다.

이 논리 속에서는 사람들 간의 효용의 크기를 비교하거나 전체적인 효용을 증가시키기 위해 부를 재분배하는 것은 불가능하거나 옳지 않다는 사고가 내포되어 있다. 정부의 강제적인 개입, 사회적 정의·선의에 입각한 행복 수준의 개선 가능성을 고려하지 않으며, 각자가 자신의 효용만을 극대화 하는 것이 최선이라는 것이다. 자유방임적 경제가 최선이라는 개념은 한계를 내포하고 있다.

역시 공리주의자로 분류되었던 존 스튜어트 밀(John Stuart Mill)은 쾌락의 양을 중시했던 제레미 벤담(Jeremy Bentham)과 달리 쾌락의 질을 중시하여 "만족한 돼지보다는 불만족한 인간이 더 낫고, 배부른 돼지보다는 배고픈 소크라테스가 더 낫다"고 주장했다. 그러나 역시 돼지가 될지 소크라테스가 될지는 개인의 선택이지 누가 나서서 이래라 저래라 할 것이 못 된다.

다만 기업의 경쟁력은 국가적 관심사이다. 기업들이 잘못 판단해서, 마케팅을 잘못 해서 물건들이 안 팔리면 파산하는 기업과 실업자가 생긴다. 결국 수요도 줄어서 새로운 일자리가 만들어지지도 않는다. 경쟁력이 없는 기업은 사회적 자원을 낭비하고 불황을 초래하는 근원이 되는 것이다. 반면 경쟁력 있는 기업들은 일자리, 높은 임금, 결과적인 소비 창출의 일등공신으로 받아들여진다. 이제 기업이 살아야 사람이 산다는 생각이 자리 잡게 되었다.

정리하자면 개인의 행복 문제는 자유로운 선택에 맡기는 것이므로 정부의 주된 관심 대상이 아니다. 문제는 일자리이고 이는 경쟁력 있는 기업에 의해 만들어진다. 이런 관점은 전 세계적인 경쟁시스템에 의해 강화된다. 특히 수출로 수요를 창출해온 한국의 경우 수출을 할 수 있는 기업은 사회적 선이다. 기업의 경쟁력이 우리 국가의 경쟁력이다.

결과적으로 기업 중심적인 사고는 일종의 이데올로기가 되었다. 앞서 (신)고전파와 케인스 학파의 차이에서 논했던 것처럼 정부의 역할이 얼마나 적극적이어야 하는지에 대해 다소 견해의 차이가 있다. 그러나 방임이 되었든 개입이 되었든 수요 창출을 포함해 기업을 지원하고 육성하는 것을 정부의 역할로 보고 있다는 점은 다르지 않다. 방법론의 문제일 뿐이다. 방임이라는 개념 또한 기업들을 도와줄 뿐이지 간섭해서는 안된다는 의미이다.

이런 논리 구조하에서 정부가 추구하는 정책은 사람을 위하기보다 기업을 위한 것이 된다. 기업을 위하는 것이 곧 사람을 위한 것이 되기 때문에 오늘날 우리가 생각하는 사회적 문제들은 문제가 아니다. 기업이 매출을 올리는 데 부자에게 팔리든 가난한 자에게 팔리든 문제가 되지 않는다. 따라서 양극화의 심화는 문제가 되지 않는다. 기업은 지치지 않는 성장 욕구를 지녀 24시간 일하고자 하며, 도덕률로부터 상대적으로 자유롭다. 따라서 지나친 노동이나 노동 불안정성도 관심의 대상이 될 수 없다. 기업의 세계는 매출과 이윤으로 말하기 때문에 모든 가치는 가격으로 환산되며, 가격을 받을 수 있다면 만들어진 것이 진정 가치 있는지 물어볼 필요가 없다. 기업에게는 오늘만이 중요해서 장기적 환경문제를 고려하지도 않는다. 소비는 기업을 키우는 모유(母乳)와 같은 것이고 사람들의 욕망을 쥐어짜 소비를 만들어내는 것은 의심의 대상이 아니다. 기업의 번영이 사람의 번영이라면 현대 경제는 건강하다.

그러나 우리 사회 내에는 기업과 사람 간의 이해 대립이 수시로 발생한

마케팅 지배사회

다. 환경문제, 노동 안정성, 소득 형평성의 문제는 근본적으로 기업 중심의 성장 전략과 이의 부작용에 대한 논의이다. 의료, 교통 등에 대한 민영화 논의, 사교육에 대한 규제 같은 개별 산업 단위의 문제들도 심각한 대립을 만들어내고 있다.

기업의 성장이 반드시 개개인의 행복으로 이어지는 것은 아니다. 또한 기업에게 생존의 필수 조건인 소비의 증대가 사람들에게도 반드시 필요한 것은 아니다. 우리 사회의 운영원리에 대해 다시 생각해보아야 한다.

3. 경제적 영향력과 문화적 영향력

전 세계적인 현상으로 볼 수도 있으나 한국은 특히 소수의 대기업들에 의한 경제력 집중이 심한 나라이다. 그리고 경제력 집중의 정도는 더 심해지고 있다. 이미 1990년대에 재벌 위주 경제성장의 문제점이 지적되었다. 그러나 그림 9-2를 보면 광업·제조업 분야에서 상위 50개 기업의 매출액 점유율은 1990년 30.0%에서 2013년 45.2%로 크게 증가하였다.

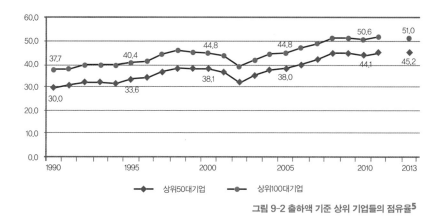

그림 9-2 출하액 기준 상위 기업들의 점유율[5]

또 다른 자료에 따르면 재벌 기업에 속하는 100대 기업이 한국 기업 전체 매출액의 29%를 차지한다고 한다. 한국에는 약 50만 개의 기업이 있다고 하니 기업 수로는 0.02%가 29%의 매출을 차지하는 셈이다. 반면 이들 100대 기업이 고용하는 노동자의 비율은 4%에 불과하다.[6]

이런 경제력 집중은 현대 경제의 일반적 특징이기도 하다. 자본집약적 혁신과 생산시스템을 포함하여 누적된 브랜드 가치나 대규모 유통망의 장악 여부 등의 진입 장벽은 대다수 산업에서 신규 진입을 어렵게 만들고 기존 기업의 지위를 강화한다. 이런 문제와 더불어 대기업 중심의 수출 의존적 성장 전략을 추구해온 한국의 특성이 이렇듯 높은 대기업 집중을 만들어냈다.

경제적 차원에서의 영향력과 함께 주목해야 할 부분은 문화가 경제의 한 부분으로 통합되고 있다는 점이다. 과거에는 문화가 경제와는 독립적인 영역으로 간주되고 경제적 합리성과는 다른 가치를 제공하는 역할을 수행했다.[7] 그러나 현재 문화는 문화산업으로 존재하며, 자본주의 경제체제의 영향력하에 놓여졌다.

대규모 기업 집단들의 시장에서의 영향력은 고스란히 문화의 영역에 전이된다. 민주주의를 지키는 보루로서 공영방송의 입지는 성장과 일자리의 논리에 의해 너무나 좁아졌다. 이 책의 앞부분에서 논의해온 마케팅의 이슈들은 기업들이 소비자본주의 문화를 형성하고 강화하는 방식을 설명하는 것이었다. 문화산업에의 영향력은 사람들의 사고방식을 통제하는 힘을 의미한다.

문화라는 포괄적인 개념 외에도 기업들은 법·제도에 직접적인 영향력을 발휘할 수 있다. 기업들 또는 경제단체들에 의해 많은 연구소들이 운영되고 있다. 또 얼핏 독립적으로 보이는 국책연구소들이나 대학들도 연구비의 상당 부분을 기업에 의존하고 있다. 이런 기업들의 투자는 사회를 조직하는 법·제도, 관행의 형성에 직접적인 영향을 미치기 위한 것이다.

관련하여 인지포획이라는 개념이 있다. 인지포획이란 특정 경제주체에게 유리한 사고방식을 유포하여 궁극적으로 해당 경제주체에 유리한 법·제도를 형성하는 방식을 의미한다. 기업들의 문화적 영향력, 연구기관들에 대한 영향력은 인지포획을 통해 기업에게 유리한 법·제도를 유도하기 위해 활용된다.

사실 현대 사회에서 법·제도의 형성도 시장원리를 따른다. 경제의 각 주체들은 법·제도를 자신에게 유리하게 형성하기 위해 논리를 개발하고 경쟁하며, 이 과정에서 최선의 대안이 찾아지기를 기대한다. 그러나 사회단체들을 비롯한 시민사회의 노력에도 불구하고 기업들을 견제할 수 있는 힘은 상대적으로 너무 미약하다. 더욱이 정부가 경제적 성장과 그를 위한 소비 진작을 정책의 최우선 과제로 삼고 있는 마당에 기업의 단기적 이익에 반하는 불평등의 개선 시도는 힘을 얻기 어렵다.

한국에서 경제, 문화, 정치적 힘의 집중은 1997년 IMF 구제금융 시대 이후 신자유주의가 사회운영 철학으로 확고히 자리 잡으면서 더욱 강화된 것으로 보인다. 신자유주의는 정부의 개입을 옹호한 수정자본주의의 실패를 지적하고 경제적 자유방임주의로 회귀를 지향한다. 세계화, 개방화라는 이름으로 더 친숙한 신자유주의는 국제적 경제 경쟁에서 승리하는 것을 전 사회적 과제로 삼으면서 기업 중심의 사회를 강화했다. 또 IMF 구제금융이 상징하는 경제적 위기감은 이런 변화에 대한 저항을 무력화시켰다.[8]

또한 신자유주의는 스스로를 통제하는 주체로서 개인들의 자유를 부각시킴으로써 일반 대중의 비판의식을 제어한다.[9] 개인의 욕망을 철저히 우선시하고 소비를 통해 개인의 자존감과 성취를 달성하라는 신자유주의적 사고는 일종의 자유를 선사한다. 이런 자유감은 그 반대급부로 사회적 문제 해결의 힘을 약화시킨다.

시민사회의 권력 약화를 『성장숭배』의 저자 클라이브 해밀턴(Clive Hamilton)은 "자유방임의 철학이 도리어 대중의 권력을 빼앗고 시장에서의 소비의 자유만을 남겨두었다"라고 표현한다.[10] 대중은 소비를 통한 경쟁적 자기표현만을 강요당한다는 것이다. 이때 개인은 시민이 아니라 소비자이다. 소비자에게 권력을 주자는 명분은 교육과 환경, 정부의 공공서비스를 비롯한 모든 것을 상품화하자는 근거가 된다. 이전까지 개인들은 정치에 참여하는 시민으로서의 권리를 가지고 있었지만 이제는 시장에서의 권리만을 가진다. 또 다른 학자는 이를 "소비주의적 자유가 정치적 자유와 동일시되는 현상"이라고 표현한다.[11]

소비자의 권력은 소득에 정비례하기 때문에 소비자 권력의 부여는 불평등의 고착을 의미한다. 시민들은 무력감을 느끼고 소비자로 변해간다. 1960년대 중반부터 미국의 1학년 대학생들 20만 명 이상을 대상으로 그들의 삶에 무엇이 중요한지를 조사해온 한 연구에 의하면 "삶의 의미 있는 철학을 발전시키는 것(develop a meaningful philosophy of life)"이 중요하고 필수적이라고 답변한 학생들의 비중이 60년대 후반에는 80% 이상이었지만 90년대 후반에는 40% 수준으로 감소하였다. 반면 같은 기간에 "재무적인 부유함(be very well off financially)"을 꼽은 학생들의 비중은 40%에서 70%로 증가하였다.[12]

소수 기업으로의 경제력 집중은 사회, 문화, 정치적 차원의 영향력 집중을 의미한다. 이 소수의 기업들은 현대 사회의 기득권 집단이며, 사회, 문화, 정치적 영향력을 기존 체제를 유지·강화하기 위한 수단으로 활용한다. 성장이 유일한 해답이고 기업이 잘되는 것이 국민이 잘되는 것이라고 끊임없이 주입한다. 마케팅으로 대표되는 미디어의 힘은 사람들에게 소비에 매진하고 개인으로서 각자의 행복에 충실할 것을 요구한다.

4. 변화에 대한 생각

소비욕구는 두 가지 관점에서 경제성장의 핵심 동력이다. 첫 번째, 소비는 생산의 전제조건이며, 더 많은 소비는 더 많은 생산을 의미한다. 현대 경제는 소비의 부족이 생산을 제약하는 단계에 이르러 있다. 소비욕구의 창출이 성장의 필수적 수단이다. 두 번째, 소비욕구는 소비를 위한 소득의 창출, 물질적 성공을 위해 끊임없이 분투하는 인간을 창출한다. 소비욕구의 창출로 인해 쾌락 추구자로서의 소비자와 자기규율과 절제의 인간인 생산자라는 이중적인 모습의 경제인이 만들어진다.

더 많은 소비와 생산만을 추구하는 경제인이 우리의 본질적인 모습일까? 경제인은 기업의 존속 관점에서 이상적이지만 과연 행복한 삶을 살고 있는 것일까? 우리는 지금껏 우리 사회를 이끌어온 논리가 국민들보다는 소수의 기업들을 위한 것은 아니었는지 생각해보아야 한다.

우리의 생각과 행동들은 환경에 의해 많은 부분 결정된다. 우리는 오랜 기간 국가경제의 성장을 최고의 목표로 받아들여왔고 언론과 교육은 이를 당연한 진리로 묘사해왔다. 신자유주의 체계는 언뜻 보기에 개인의 자유로운 선택에 기초한 개인의 행복 극대화를 표방한다. 많은 사상가들은 역사의 발전을 개인의 권리와 자유를 확보해나가는 과정으로 이해한다. 신자유주의는 자유방임의 철학을 내세우고 있으며 이는 상당 부분 개인의 자유를 보장하고 있다. 실제로 우리는 정치, 직업 선택과 소비의 자유를 누리고 있다.

그러나 성장이 최고의 목표라고 받아들이는 순간 실질적인 정치적 선택 권한이 사라진다. 모든 의사결정은 경제 엔지니어들에게 맡겨야 한다. 경쟁과 성과주의 시스템에 의한 강한 압력 속에서는 개인만이 존재하며 집단으로서 의사결정의 중요성은 배제된다. 이미 심각해진 소득의 양극화는 사람들에게 정규직과 대기업의 관문을 통과하고 그 안에 남아 있는 것 외에 다른 선택을 제공하지 않는다.

부를 창출하는 주체인 기업의 발전이 의제가 되고 사람들은 기업에 의해 평가된다. 우리에게 남은 자유는 특별한 의미를 지니지 않는다. 사실상 성장을 위해 더 많이 생산하고 생산된 물건들을 소비시켜야만 하는 현대 경제에서 사람들의 행복이 정책의 목표가 되지 못하였다. 이제 우리는 형평성과 공정성, 조화로움이 강조되는 시스템을 창출해야만 한다. 더 많음에 대한 욕구가 우리의 선택을 가로막고 과시적이고 경쟁적 소비로 내모는 악순환에서 벗어나야만 한다.

필자가 성장을 무턱대고 반대하는 것은 아니다. 성장하는 동안은 누군가의 큰 희생을 요구하지 않고도 변화가 가능하다. 성장은 우리에게 변화의 기회를 줄 것이다. 하지만 성장 자체가 목적일 수는 없다. 또한 필자는 자본주의 체제를 부정하지 않는다. 자본주의 개념을 정립한 아담 스미스는 개인의 이기주의를 억제하는 것이 아니라 풀어줌으로써 이를 긍정적인 힘으로 전환하였다는 점에서 위대하다. 사적 재산권에 근거한 선택의 자유는 그 자체로 바람직하며, 현대의 물질적 풍요를 만들어낸 핵심 원리이다.

하지만 노벨 경제학 수상자인 조지프 스티글리츠(Joseph E. Stiglitz)는 순수한 자유경제는 허구라고 생각한다. "시장의 힘은 실제로 존재하지만 그것은 정치적 과정에 의해 형성되는 것이다. 시장은 법률 및 규정 그리고 제도에 의해 만들어진다. 모든 법률, 모든 규정, 모든 제도가 분배방식에 영향을 미친다."[13] 우리는 자유경제의 원칙을 지키면서도 성장만이 아닌 다양한 목적의 조화를 위해 시장을 통제할 수 있다.

그러나 소수 개인의 금욕주의나 희생을 통해 변화가 만들어지지는 않을 것이다. 우리를 둘러싼 문화와 경제적 힘들을 변화시켜야 한다. 개인이 아닌 우리의 변화가 있어야 하며, 우리는 고민하고 토론해야 한다. 변화를 두려워해서는 안 된다. 변화는 필수적인 것이다. "관념이 느리게 변화하는 이유는 관념과 인식은 사회적 구성물이라는 데에 있다. 어떤 신념을 지지하는 나의 생각은 비슷한 신념을 지지하는 사람들이 있는가와 관련되어 있다."[14] 이 책 또한 많은 훌륭한 책들로부터 얻어진 생각들의 부족한 재구성일 뿐이다. 변화의 단초는 만들어지고 있다. 같이 생각하고 공유해야 한다.

인간이 어릴 때는 배우는 게 너무나 어렵다고 불평한다. 하지만 나이가 들면 배운 것을 버리기가 너무 어려워진다고 한다. 다음의 이야기를 생각해보라. 햄을 오븐에 굽기 전에 항상 아내가 햄의 끝부분을 2인치 정도 잘라내는 모습을 보고서 궁금해하던 남편이 하루는 왜 끝부분을 잘라내느냐고 물었다. 그러자 아내는 무심하게 원래 그렇게 하는 거라고 대답했다. 몇 달 후, 그는 장모도 아내와 똑같이 하는 모습을 보고서, 신기한 나머지 같은 질문을 던졌다. 그러자 장모 역시 똑같은 대답을 했다. 1년 후 아내의 외할머니 집 부엌에서도 똑같은 모습을 목격하고서, 역시 같은 질문을 던졌다. "그렇게 안 하시면 안 되나요?" 그러자 외할머니가 대답하셨다. "안 그러면 우리 집에 있는 가장 큰 오븐 그릇에도 안 들어간다니까." 이처럼 우리는 이따금 이유도 모른 채 학습한다.[15]

우리가 알고 있는 믿음을 때로는 다시 숙고해보아야 한다. 과학철학자 장하준은 "패러다임은 그 패러다임이 담을 수 있는 것들만을 보여준다"고 하였다. 우리는 이제 낡은 패러다임을 버리고 새로운 패러다임을 찾아야 한다.

10

미래에 대하여

성장의 한계와 불평등, 소비자본주의 | 변화와 관련된 논점들 | 결언

위대한 사람은 없다.
다만 평범한 사람이 일어나 맞서는
위대한 도전이 있을 뿐이다.

윌리엄 프레더릭 홀시 주니어(태평양 전쟁 당시 미해군 제 3항대 사령관)

마케팅은 우리의 소비욕구를 부풀리고 더 많은 소비와 그를 위한 소득 창출에 매진하게 만든다. 우리의 소비는 많은 부분 상징적·경쟁적인 것이다. 또 각종 매체와 공간들을 가득 채우는 마케팅 메시지들은 이미 가진 것을 낡고 의미 없는 것으로 만들고 과소비와 충동구매를 유발한다. 우리는 물건을 소비하기보다 소비행위 자체를 소비하는 듯하다.

개개인의 여가와 가족에 대한 배려, 공동체에 대한 공헌, 사회적 약자의 배려, 환경보호와 같은 문제들을 외면하고 소비와 소득 증가에 매진하는 사이 우리는 악순환의 과정에 빠져들었다. 우리의 문화는 부와 소득을 통해 사람들을 평가하는 물질지향적 가치를 강화하고 있다. 성장 중심의 경제는 불평등을 악화시켰다. 이제 정규직과 대기업이라는 관문을 통과하기 위해, 그 안에 남아 있기 위해 매진하는 길 외에는 선택의 길이 없는 것처럼 보인다.

우리에게는 변화가 필요하다. 실제 우리 사회는 많은 발전을 이루어왔다. 이제 우리의 발전을 더 현명하게 모두의 행복을 증진하는 방향으로 활용할 수 있어야 한다. 변화를 위해서는 우리가 무엇을 원해야 하는지 성찰해보아야 한다. 물질주의를 버리고 다른 사람들을 위한 이타적인 삶을 추구하자는 것은 아니다. 개인적인 금욕과 도덕심만으로 세상이 변할 수 없다고 생각한다. 우리가 제1장과 제2장을 통해 토론한 내용은 의식적이든 무의식적이든 환경은 우리에게 강력한 영향력을 미친다는 것이다.

우리는 우리를 둘러싼 시스템을 바꿔야 한다. 양극화된 사회에서는 부와 소비만이 자신을 증명한다. 형평성과 기타의 가치를 더 중시하는 문화와 법·제도를 지향해야만 한다. 우리의 의식과 사회의 변화가 선순환을 만들어내야 한다. 지금보다 평등한 사회에서는 다양한 가치가 피어나고 다른 가능성을 모색할 수 있다.

그러나 앞으로 우리가 마주칠 미래에는 불평등의 문제를 더 심화시킬 요인들이 많아 보인다. 이번 장에서는 불평등을 심화시키는 요인들을 짚어볼 것이며, 형평성 지향과 관련된 논점들을 논의할 것이다.

1. 성장의 한계와 불평등, 소비자본주의

1) 성장의 한계

자본주의하에서의 성장과 불평등의 문제를 역사적인 관점에서 검토한 토마 피케티(Thomas Picketty)는 향후 전 세계적인 성장률의 둔화를 예측하고 있다. 그는 지금 사람들이 저성장이라 부르는 1~1.5%의 성장은 긴 역사의 관점에서는 놀라운 성장률이라고 말한다. 이보다 더 빠른 3~4% 혹은 그 이상의 성장은 다른 나라들을 급속하게 따라잡고 있던 나라들에서만 나타나는, 제한적이고 과도기적인 현상이다. 이런 따라잡기는 전 세계적으로 일어날 수 없는 현상이다. 1990~2012년 1인당 생산의 증가는 서유럽에서 1.6%, 북미에서 1.4%, 일본에서는 0.7%에 불과하다.[1]

한국의 경우 1인당 GDP의 실질성장률은 1994~1997년(IMF 구제금융 이전 시기) 7.1%, 2000~2008년(구제금융 이후 시기) 4.6%, 2011~2015년(2008년 금융위기 이후 시기) 2.5% 수준이다.[2] 2011년 이후 과거 대비 눈에 띄게 낮은 성장률을 보이고 있는 것이 사실이지만 역사적 경험으로 비추어볼 때 이는 결코 낮은 성장률이 아니다. 실제 매년 2% 성장을 할 경우 한 세대 (30년)가 지나면 1인당 생산은 1.8배를 넘어선다.

과거 한국은 전형적인 선진국 따라잡기 방식으로 성장하였다. 그러나 이런 방식의 성장이 지속될 수 없다는 것은 자명하다. 한국은 이제 선진국에 도달했으며, 기타 선진국의 성장률과 비교하는 것이 타당하다.

피케티는 향후 선진국들의 성장률은 현재 대비 크게 낮아질 것이라고 예측하며 2050~2100년에는 연 0.5% 이하로 떨어질 수 있다는 연구결과를 소개하기도 했다.[3] 한국을 포함한 대다수 선진국들은 이제 저성장에 대비해야 한다.

2) 저성장과 불평등의 심화

피케티는 광범위한 통계 분석을 통해 저성장이 불평등을 심화시킬 수 있다고 지적한다. 그의 핵심 주장은 자본수익률이 경제성장률보다 높을 때 경제의 불평등 수준이 심화된다는 이야기다. 이 주장은 매우 간단한 논리로 설명 가능하다. 자본의 수익률이 높고 성장이 낮다면 성장의 대부분은 자본의 몫으로 돌아갈 것이다. 따라서 자본을 가지지 못한 대다수의 사람들이 얻는 성장의 혜택은 적어질 수밖에 없다. 만약 자본수익률이 크게 변화하지 않는다면 미래의 저성장은 불평등의 문제를 더 심화시킬 것이다.

추가로 상속되는 부의 중요성과 관련하여 인구 성장의 정체도 생각해볼 문제이다. 한 가구가 4명의 자녀를 낳는 사회에서는 부모 세대로부터 물려받는 부가 큰 의미가 없다. 단순히 생각하면 부모 재산의 1/4만을 받을 수 있을 뿐이며, 스스로의 부는 스스로 축적해야 한다. 결국 인구가 빠르게 증가하는 사회에서는 상속받는 부의 중요성이 낮다. 반대의 경우로 자녀의 수가 급격히 감소한 중국이나 한국의 경우 자녀들이 3개의 주머니를 가지고 있다는 말을 한다. 부모와 친가 및 외가의 조부모님들을 말한다. 상속된 부의 영향력이 개인의 노력보다 더 중요해지는 것이다.

한국의 경제성장률은 갈수록 줄어들 전망이다. 그리고 2011~2015년 한국의 평균 인구 성장률은 0.43%에 불과하다. 결국 향후 물려받는 부가 중요해지고 불평등의 문제는 심화될 것으로 우려된다.

경제와 인구의 구조적인 문제와 별개로 정치와 제도의 문제를 추가로 거론할 필요가 있다. 성장의 추구와 저성장이 맞물릴 경우 기대와 현실의 불일치로 인해 성장률을 끌어올리기 위한 법·제도의 변화가 요구되기 쉽다. 과거 경험은 성장의 추구가 불평등을 심화시키는 방향으로 작용했음을 알 수 있다.

1997년 IMF 구제금융 신청 이후 기업 경쟁력 제고를 위한 노동 유연성의 문제가 대두되었고, 1998년에는 정리해고제와 근로자파견제가 합법화되면서 비정규직 문제를 만들어냈다. 2008년 금융위기 이후 한국에서는 경제의 성장률과 실질임금 상승의 괴리가 극단적으로 커졌다. 2008년부터 2013년까지 누적 경제성장률은 17.1%였으나 누적 실질임금의 상승률은 8.5%에 불과하다. 결국 일반 노동자들의 상대적인 소득이 크게 감소한 것이다.[4]

앞으로 저성장의 시대에 우리의 경제 운영원칙과 추구하는 바가 달라지지 않는다면 불평등은 훨씬 심각하게 악화될 것이다.

3) 기술의 변화와 불평등의 심화

법·제도, 사회적 문제들과 함께 우리는 기술의 변화도 주목해야 한다. 이미 생산 및 사무기능들을 기계가 대체해나감에 따라 매우 전문적인 고소득 기술과 보편적 단순 기술로의 양극화를 경험해왔다. 현대 경제에서는 중간 기술의 비중이 점차 사라지고 있는 것이다. 자본집약적 산업과 노동집약적 산업의 분화, 고소득 전문 서비스업과 단순 서비스업의 분화 과정에서 많은 기술자들이 단순 노동자가 되었다. 이런 변화가 불평등의 심화에 지대한 영향을 미쳤다.

과거의 추세와 더불어 우리가 기대와 우려를 품고 바라보는 기술이 4차 산업혁명이라고 명명되고 있는 인공지능의 발전이다. 인공지능의 개발은 현재 우리가 전문, 고소득 직종이라 생각하는 수많은 직업들을 대체할 것으로 예견된다. 702개 직업을 분석한 보고서에 따르면 요리사, 기자, 예술가들을 포함한 47%의 직업이 인공지능으로 대체될 것이라고 한다.[5]

소수의 전문 노동자와 대다수의 단순 노동자로 사회적 분화가 심화될 것이라는 우려가 확산되고 있다. 기술의 발전은 사람들에게 혜택이 되어야 하지만 실제 우리는 이런 발전들을 두려워해야 할 상황이다. 분배시스템에 문제가 있는 것이다.

업종 단위에서의 양극화 심화와 함께 기업 단위에서의 양극화도 더 심화될 것이다. 이미 오래전부터 알려진 개념이 정보통신 분야에서의 쏠림현상이다. 이 쏠림현상을 이해하기 위해서는 망외부성(Network Externality)의 개념을 이해해야 한다.

망외부성이란 특정 서비스의 이용자가 증가할수록 그 서비스의 가치가 증가하는 현상을 의미한다. 간단한 사례로 '아래ᄋ한글'과 같은 워드프로세서를 생각해보자. 만약 한 사람만이 아래ᄋ한글을 사용한다면 파일을 만들어도 다른 사람들이 이 파일을 받아 읽어볼 수 없다. 현재의 네트워크 사회에서 이 워드프로세서는 이용가치가 없어지는 것이다. 대다수 사람들이 사용하고 있기 때문에 이 워드프로세서는 가치를 가진다.

만약 특정 산업이 망외부성을 갖는다면 이 산업에서는 대규모 이용자를 확보한 소수의 제품, 서비스만이 생존할 수 있게 된다. 컴퓨터나 핸드폰의 운영체계(Operating System), 페이스북과 같은 사회관계망(Social Network Service), 구글과 네이버 같은 포털, 옥션과 같은 오픈마켓 등 대다수 정보통신 서비스는 망외부성과 쏠림현상을 특징으로 한다. 최근에는 '배달의 민족'이나 '카카오택시'와 같이 온라인에서 고객을 모아 오프라인으로 서비스를 제공하는 O2O 서비스가 활성화되고 있다. 이런 O2O 서비스들도 망외부성을 가진다. 따라서 소규모 기업, 개인 서비스들에 대한 대규모 기업들의 영향력이 확대되고 경쟁 강화와 이윤율 하락의 문제가 제기되고 있다.[6]

또한 현대의 경제에서 대규모 자본의 역할은 더욱 중요해졌다. 인공지능과 관련하여 구글은 지난 14년간 약 33조 원을 기술개발에 투자해왔다고 한다.[7] 전자, 자동차, 의약 등 대다수 산업에서 대규모 연구개발은 필수적이다. 소규모 기업들의 혁신이 지속되기도 하지만 기존 독과점 기업들에 의해 인수/합병으로 끝나는 경우가 대부분이다. 연구개발에서 민간의 역할과 지적재산권을 강화한 신자유주의 체제하에서 소수 기업으로의 기술력 집중은 기업들 간 양극화를 심화시키는 핵심 요인이 된다.

이상의 논의는 다만 일부의 예일 뿐이다. 통상적인 기술의 문제뿐 아니라 브랜드 가치, 유통망의 독과점화, 체계적인 마케팅 능력의 보유 등 기타 기업자원의 문제들도 소수의 기업들로 경제력을 집중시키는 요인이 된다.

4) 불평등과 소비자본주의의 지속가능성

저성장과 사회구조적 문제들, 기술의 변화와 기업 간 경쟁의 메커니즘 등 불평등의 문제를 심화시킬 강력한 요인들이 존재한다. 이런 불평등의 심화는 소비자본주의의 유지 가능성에도 의문을 부여한다.

현재에도 양극화가 소비력을 제약하고 생산, 성장을 저해한다는 지적들이 많다. 일반적으로 부유한 사람들은 소득 중 소비하는 비율이 낮다. 반면 저소득층은 대부분의 소득을 지출하는 경향이 있다. 따라서 양극화가 심화되고 부유층이 차지하는 소득의 비중이 증가하면 소득 중 소비로 지출되지 않는 비중이 증가한다. 부유층의 소득 중 일부만이 소비에 사용되고 많은 부분은 단지 부의 축적으로 남을 것이다. 소비되지 않은 부분들은 그만큼의 잉여생산물을 만들어낸다. 아무리 소비를 부추겨도 전반적인 소비 수준의 증가를 도모하기 어려울 것이다. 따라서 공급 대비 수요가 부족하게 되고 불황, 생산의 감소가 발생한다. 단순히 생각해서 현재의 추세가 계속되고 대다수 국민들이 단순 근로자일 때 소수 부유층의 소비가 얼마만큼의 생산을 보장할 수 있겠는가?

특히 인공지능의 발전을 비롯한 향후의 기술 변화는 아마도 일부 집단에 의한 생산 집중 현상을 강화할 것이다. 이 과정에서 배제된 사람들은 생산에 참여하지 못하므로 소득 또한 창출하지 못한다. 결과적으로 생산뿐 아니라 소비에도 참여하지 못하며, 소비력을 감소시키는 요인이 될 것이다.

또한 지금보다 훨씬 심각해지는 불평등하에서 사회시스템의 안정성을 유지할 수 있을까? 지금처럼 미디어를 뒤덮은 마케팅 메시지들이 소비의 욕을 불러일으키고 형평성은 후퇴한다면 채워지지 않은 욕구들은 어디로 향하게 될 것인가? 극도로 불안한 사회일 것이다.

개개인의 이기심이 모두에게 이익이 될 것이라는 자유방임적 자본주의 철학이 미래에도 작동할 수 있으리라 생각되지 않는다. 현재의 사회운영 시스템으로 이 문제들이 해소되기를 바라는 것은 단지 요행을 바라는 것이다. 우리에게는 불평등의 문제를 효과적으로 통제할 수 있는 정치적 힘이 필요하다.

최근 스위스에서는 매달 성인에게 2,500 스위스프랑(약 300만 원), 어린이와 청소년들에게는 650 스위스프랑(약 78만 원)을 지급하자는 기본소득(Universal Basic Income) 지급 정책이 국민투표에 부쳐졌다. 이런 배경에는 인공지능으로 대표되는 향후의 변화와 그에 따른 일자리 위기에 대한 사회적 인식이 자리 잡고 있다.

한국인들에게는 당황스러울 만큼 급진적인 복지제도이다. 혹자는 이를 소수의 급진적인 복지주의자들의 의견이라고 생각할 수 있지만 핀란드, 네덜란드에서도 유사한 기본소득 논의가 진행되고 있다.[8]

구체적인 방법론에서 많은 논의가 있어야 하겠지만 미래 사회의 변화를 앞서 예견하고 준비해야만 한다. 우리는 지나치게 현실에 붙잡혀 있다.

2. 변화와 관련된 논점들

우리는 더 평등한 사회를 위해 변화를 계획해야 한다. 그러나 사회 운영 방식의 변화는 단기간에 이루어지지 않는다. 많은 이해관계의 대립을 풀어나가야 한다. 많은 문제들이 산적해 있지만 그중 중요하게 짚어봐야 할 몇 가지 주제들을 다루어보자.

1) 성장과 실업, 환경

실업의 문제는 소비를 증가시키는 문제와는 다른 차원의 문제이다. 개인은 일을 통해 기본적인 물질적 요구를 충족시키고 삶의 보람을 느낀다. 경제가 사람들에게 지속적인 일자리를 제공하지 못한다면 어떤 성과에도 불구하고 실패라고 평가해야 할 것이다.

앞서 인공지능의 발전이 양극화를 심화시킬 것이라는 우려를 언급했다. 더 많이 생산해낼 수 있다는 것이 두려움을 해소하지는 못한다. 생산된 것을 현명하게 나누고 소외되는 계층이 발생하지 않도록 보장하는 경제시스템이 없는 한 기술의 발전은 재앙으로 인식될 것이다.

현재의 신자유주의 패러다임은 생산의 증대가 실업문제를 해결하는 유일한 방안이라고 주장한다. 하지만 실제 그러했는가? 1990년 대비 2015년의 1인당 GNI(Gross National Income: GDP 대용치)는 실질가치로 2.67배에 해당한다.[9] 하지만 1990~1997년, IMF 구제금융 이전까지 8년간 평균 실업률은 2.46%인 반면 2008~2015년 최근 8년간의 평균 실업률은 3.43%이다.[10]

경제의 성장이 실업을 자동적으로 해소하지 않는다. IMF 구제금융 이후 노동 유연성을 통해 경제를 성장시키고 그를 통해 실업을 해소하자는 주장은 노동의 불안정성만을 심화시켰다.

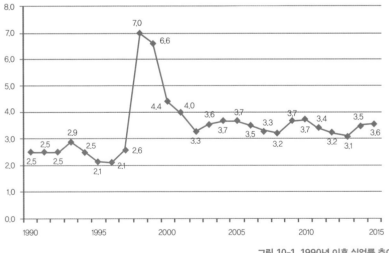

그림 10-1. 1990년 이후 실업률 추이

실업 문제에서 가장 중요한 이슈는 공급과 수요의 균형이다. 주어진 생산력으로 모두가 생산에 참여하고 그것이 모두 소비된다면 모두가 일할 수 있게 된다. 하지만 일반적으로 생산된 모든 것이 소비되지 않는다. 그렇다면 기업의 파산과 실업의 문제가 발생한다. 이 문제는 생산력의 수준 자체와는 무관하다. 생산과 수요의 균형 문제인 것이다.

이 균형의 문제에서 중요하게 부각되는 것이 집단 간 소비성향의 차이이다. 바로 앞 절에서 부유한 사람들은 소득의 많은 부분을 소비하지 않는 반면 저소득층은 대부분의 소득을 지출하는 경향이 있음을 언급하였다. 결과적으로 양극화가 심화되면 소득 중 소비로 지출되지 않는 비중이 증가하며, 생산과 수요의 불균형이 심화된다. 성장을 지향하여 형평성을 희생시킬 경우 실업이 증가할 개연성이 크다.

신자유주의 정책은 또한 성장을 위해 노동시장의 유연성을 추구한다. 이는 기본적으로 경쟁에 기초한 성과지상주의를 의미하며, 결국 일할 기회의 쏠림현상을 발생시킨다. 개별 업체가 일시적인 수요의 감소를 경험할 때 다 같이 나누어 노동의 양을 줄이는 방식이 아니라 정규직 노동자들은 동일 강도로 일을 계속하고 비정규직 노동자들은 해고당한다. 현재는 비정규직이 정규직으로 전환되는 것을 막기 위해 정기적으로 해고를 반복하는 왜곡 현상까지 발생하고 있다. 이런 직업의 불안정성이 효율성이나 장기적인 생산성 향상을 저해하는 부작용도 발생한다. 역시 앞 절에서 언급한 인공지능을 비롯한 기술의 변화와 그에 따른 일부 집단에 의한 생산 집중 현상도 실업 문제를 심화시킨다. 일자리의 분배를 강화하지 않는다면 상황은 악화될 것이다.

한편 신자유주의 정책이 근본적으로 추구하는 것은 더 높은 효율성을 달성하여 경쟁국가 대비 상대적 경쟁력을 확보하는 것이다. 한국의 생산력 수준이 경쟁국들을 더욱 앞서나간다면 우리는 수출을 통해 더 많은 생산의 기회를 가지게 될 것이다. 전 세계적인 신자유주의 정책은 국가 간 경쟁을 심화시켜왔으며, 이런 국제경쟁력 문제는 더 중요하게 되었다.

하지만 전 세계적인 경쟁은 제로섬 아니 마이너스섬 게임에 가깝다. 모든 국가들이 경쟁을 위해 개인의 행복을 희생하는 모습이다. 또한 모든 국가들이 더 많은 성장을 추구하는 현상은 지구 환경문제에 대한 협력을 저해하고 상황을 더욱 악화시키고 있다. 우리는 성장과는 다른 방식의 일자리 창출을 생각해야 한다.

지구온난화를 비롯한 환경오염의 문제가 대두된 것은 어제 오늘의 일이 아니다. 환경파괴의 진행과 그 결과에 대한 예측들을 보면 그 위협의 수준은 상상조차 두렵다. 그럼에도 환경보호에 대한 우리의 대처는 너무나 안이하고 모순적이다. 멀리는 〈투모로우〉에서부터 가깝게는 〈인터스텔라〉, 〈메이즈러너〉까지 전 지구적 대재앙을 다룬 영화들이 줄지어 흥행에 성공한다. 대재앙의 현실성이 문화에 반영되는 것으로 보이지만 우리는 그저 영화 속 이야기로 치부하는 것 같다. "개인으로서의 종말을 근심하던 인류가 핵폭탄이 투하된 이후 종으로서 인류 종말을 우려하게 되었다"라는 글을 접한 적이 있다. 진심으로 인류의 미래에 대해 근심해야 할 때가 아닌가 싶다.

하지만 현재의 경제운영 시스템하에서 환경문제는 앞으로 더 악화될 가능성이 높다. 중국, 인도를 비롯한 개발도상국들의 빠른 경제성장이 만들어내는 환경적 부담은 과연 앞으로의 개선이 가능할지 의심스럽게 만든다. 또한 환경파괴를 수반하는 산업들의 규제에 대한 저항은 정부에 대한 로비나 여론 왜곡의 형태로 강력한 힘을 발휘한다. 2015년 11월 6일

《연합뉴스》 기사에 의하면 뉴욕 주 검찰은 1970년대 후반부터 엑슨모빌이 기후변화의 영향에 대한 각종 과학적 연구에 반대하거나, 이들 연구의 결과를 왜곡하려 부당한 자금을 지원했는지를 조사하고 있다. 실제로 엑슨모빌은 1970년대 후반부터 진행된 각종 기후변화 관련 과학적 연구에 막대한 자금을 지원한 뒤 연구결과보고서를 투자자들에게 제공해왔다. 또한 뉴욕 주 검찰은 2년 전부터 미국 최대 석탄 생산업체인 '피바디 에너지'를 상대로 엑슨모빌에 적용한 것과 같은 혐의로 수사를 벌이고 있다고 《뉴욕타임스》는 전했다.

우리는 이미 기후변화, 자원의 고갈, 생물 다양성의 훼손, 환경파괴로 인한 삶의 질 악화와 같은 문제를 익숙하게 알고 있다. 다만 당면 경제문제에 집착하여 그 문제를 회피하고 있을 뿐이다. 혹자는 인류가 기술발전을 통해 위험들을 잘 관리해왔고 환경문제 또한 그럴 것이라는 매우 낙관적인 견해를 펼치기도 한다. 하지만 이런 부류의 낙관적인 견해는 인류의 미래를 건 도박과도 같은 것으로 단호히 배격되어야 한다. 일단 경제를 성장시키고 환경문제는 지켜보면서 천천히 해결하자고 생각하기에는 위험의 신호들이 너무 명백하다. 지금과 같은 성장지향적 정책하에서 인류의 미래는 암담하다.

국가경쟁력의 문제를 들면서 환경문제를 경제성장에 앞세울 수 없다고 주장할 수도 있다. 그러나 이런 국가 수준에서의 NIMBY(Not In My Back Yard) 현상에 의해 문제가 악화되어왔다. 문제의 해결은 궁극적으로 국제적 협력을 전제로 할 수밖에 없다. 이 과정에서 성장지향적 정책의 폐기는 필연적이다. 어쩌면 저성장에 먼저 적응하는 국가가 경쟁력을 가지는 상황이 될 것이다.

2) 세계화와 국가경쟁력

성장에 대한 비판, 형평성의 문제가 제기되면 언제나 제일 먼저 언급되는 문제가 국가경쟁력이다. 노동의 유연성이나, 특목고의 도입과 같은 수월(秀越)성 위주의 교육, 성과주의 등의 사안이 다루어질 때 국가경쟁력을 높여 경제전쟁에서 이겨야 한다는 주장은 중요한 역할을 한다. 실제 세계화가 진척될수록 국가경쟁력 문제가 중요해진다.

세계화란 세계 각국의 경제가 긴밀한 통합을 이루는 상태를 의미한다. 관세의 인하를 통한 상품의 교역 활성화, 교육/의료 등 서비스 영역의 상호 진출, 금융시장의 전 세계적인 통합, 나아가 경제제도의 전 세계적 표준화와 같은 방식으로 국가 간 관계성이 강화되고 있다.

세계화는 세계경제에 크게 기여하고 있음에도 불구하고 여러 가지 문제점을 내포하고 있다. 가장 중요하게 언급해야 할 문제는 자본을 유치하기 위한 국가 간 경쟁을 부추긴다는 점이다. 이 문제는 형평성의 문제와 밀접한 관련이 있다.

기본적으로 세계화는 자본에게 국가를 선택할 권리를 주었다. 따라서 국가가 기업에게 유리한 환경을 제공할 필요성이 과거 대비 훨씬 커졌다. 이를 위해 주로 언급되는 것이 세금 인하나 규제 완화이다. 국가 간 조세 정책이 단일화되지 않고 규제의 수준이 다른 상황에서 기업이나 부유한 개인들이 세율이 낮고, 규제가 적은 국가를 찾아 이동할 것이다. 조세제도나 규제의 문제가 거론될 때 우리는 실제 이런 협박이 동원되는 것을 많이 지켜보았다. 세계화의 이런 성격은 형평성을 지향하는 경제체제를 도모할 때 중요한 걸림돌이 된다.

이런 세계화는 노동과 자본 간 관계에서 근본적으로 불평등한 방식이다. 자본은 자유롭게 국가를 선택할 수 있지만 대다수 노동자들은 국가를 선택할 방법이 없다. 노동자들이 임금을 비롯한 권리를 요구할 때 자본이 철수할 수 있다는 불안감을 가지게 함으로써 노동자들의 임금을 낮게 유지한다. 국가 간 투자 유치 경쟁은 임금 삭감뿐 아니라 노동 보호의 후퇴 등 다양한 형태로 나타난다.

결국 세계화는 조세수입의 감소로 인한 정부의 재분배 역량의 감소, 노동환경의 악화, 제반 사회적 부작용을 막기 위한 규제제도의 후퇴를 야기한다. 그러나 국내에 유치된 기업들이 국가에 기여하는 바는 점점 감소하고 있다.

세계화 시대가 되면서 시장가치의 창출과 고용 창출의 상관관계가 무너지고 말았다. 정책을 통해 기업을 지원해도 기업의 투자가 국내에 머무르지 않는다. 대다수 원자재는 해외에서 도입되고 생산도 해외에서 이루어진다. 2015년 8월 기준으로 코스피 및 코스닥 시장의 시가총액 중 외국인 보유율은 29.59%에 달한다.[11] 특히 중요 기업들에서 외국인 지분율이 높게 나타난다. 2016년 6월 14일 기준 삼성전자의 외국인 지분율은 50.66%, 현대자동차의 경우 43.43%에 달한다. 국가의 재정을 갉아먹으면서 외국인들에게 혜택을 주는 모순이 생긴다.

추가로 언급되어야 할 문제는 국가들이 자신의 경제를 통제할 수 있는 수단들을 상실해가고 있다는 점이다. 이를 극단적으로 보여주는 것이 통화 통합이 이루어진 유로존의 상황이다. 단일 통화가 사용되다 보니 유럽 국가들 내에서는 환율이라는 개념이 없어졌다. 또한 개별 국가가 통화를 마음대로 찍어낼 수 없다. 다른 국가와 다른 이자율이 적용될 경우 통화가 몰리거나 대폭적으로 빠져나가는 상황이 발생한다. 본래 환율, 통화량,

이자율은 경제의 불황이나 과열 상황에서 이를 완화하기 위한 수단으로 사용되는데 이를 활용할 수 없게 된 것이다. 2008년 미국 발 금융위기 여파 이후 유럽의 경제위기 상황은 이런 문제점들을 적나라하게 보여주었다.

금융의 세계화는 자본의 자유로운 이동을 지향함으로써 화폐통합과는 수준이 크게 다르지만 유사한 효과를 갖는다. 한국에서 최근 미국의 금리 인상에 촉각을 곤두세우는 것이 금융 세계화의 결과이다. 자본의 유출입에 대한 통제가 약화되었다는 점에 주목할 필요가 있다.

이와 밀접히 연결되어 있는 문제가 경제의 안정성이다. 자유로운 자본 이동을 허용하고 있기 때문에 은행 시스템에 대한 신뢰가 하락할 경우 자본이 쉽게 빠져나갈 수 있다. 우리가 이미 수차례 외환위기를 겪으면서 경험했듯이 급격한 자본의 이탈은 엄청난 경제적 문제를 야기한다. 또한 국제적 투기자본의 자유로운 움직임은 국부의 유출 문제를 낳는다.

금융시장의 안정성 문제와 관련하여 단기성 외환거래에 세금을 부과하는 토빈세(Tobin's Tax)와 같은 수단이 제안된 바 있으나 신자유주의 체제하에서 그다지 받아들여지고 있지 않다. 그러나 많은 학자들이 자본의 변덕스러운 국경 이동을 제한하는 자본 통제 방식을 지지하고 있다.[12]

거시정책 수단들 외에도 세부적인 규제에서 통제권 상실의 문제가 발생한다. 세계화의 과정에서 만들어지는 각종 협정들은 직접적으로 국가의 자주권을 제한하고 있다. WTO 금융서비스 협정은 금융시스템 안정 유지를 위한 정책을 제한하고 있다. 우루과이라운드 무역협정이 세계 전역의 국가들에게 부과한 지적재산권 협정은 지식의 흐름을 방해하고 독점력을 강화하였다. 미국과의 FTA(Free Trade Agreement)에는 규제의 변경에 의해 피해를 입은 기업들에게 손실을 배상할 것을 요구하는 규정이 포함되어 있다.[13]

세계화가 우리의 문제를 해결하기 위한 국제적 협력을 강화할 수도 있다. 그러나 성장을 제일 목표로 하는 세계화는 많은 문제점을 내포하고 있다. 아무런 규제가 없는 세계화는 결코 대안이 될 수 없다. 특히 지난 수십 년간 심화된 불평등의 문제를 해소하고 미래를 준비하기 위해서는 통제된 세계화가 필요하다. 물론 세계화의 추세가 한국만의 변화를 통해 가능한 것이 아니며, 국제환경의 급격한 변화를 기대하기는 어렵다. 그러나 세계화의 문제점 인식은 전 세계적인 것이며, 장기적인 안목을 가지고 변화를 추구해야 한다.

3) 결과의 불평등과 기회의 불평등

앞서 스위스, 핀란드, 네덜란드의 기본소득 논의를 언급하였다. 이런 복지제도를 논함에 있어 일하지 않고도 먹고사는 사람들의 문제가 거론된다. 불로(不勞)계층은 사회의 효율성 문제를 넘어서 도덕적으로 비난받아야 온당하다. 개인의 역량과 노력에 따라 차등적인 성과를 얻게 되는 결과의 불평등은 자본주의 시스템의 핵심적인 원리이다.

다만 이런 결과의 불평등은 기회의 평등이 보장될 때만 정당화될 수 있다. 우리는 이미 제8장에서 한국에서 결과의 불평등이 기회의 불평등을 만들어내고 있음을 언급한 바 있다. 그렇다고 급진적인 복지제도가 옹호될 수 있는가? 이번 절에서는 결과와 기회의 불평등이 통계가 보여주는 것 이상으로 크다는 점을 다시 짚고 넘어가고자 한다.

기회의 불평등은 객관적인 교육기회의 차이에서만 발생하는 것이 아니다. 사람들은 스스로를 어떻게 인식하는지에 따라 행동이 크게 바뀐다. 어려운 환경에서 자라고 패배감에 젖어 있는 사람은 더 많은 패배의 악순환을 경험한다. 이런 현상을 잘 보여주는 실험이 있다. 말콤 글래드웰은 그의 저서 『블링크』에서 다음과 같은 실험을 소개했다.[14]

아프리카계 미국인 대학생들에게 졸업인증시험 문제를 풀도록 요구하였다. 이때 한 그룹에게는 사전 설문을 통해 자신의 인종을 밝히라고 주문했고 다른 그룹의 경우 인종을 묻지 않았다. 시험의 결과 인종을 밝힐 것을 요구받는 학생들은 맞힌 문항의 수가 다른 그룹의 절반으로 떨어졌다고 한다. 저자는 인종을 묻는 단순한 질문만으로도 아프리카계 미국인과 학업성적에 관련된 온갖 부정적인 인식을 사전에 주입할 수 있었고 그 인식이 시험결과의 차이를 만들었다고 해석한다.

우리는 이 책의 제1장, 제2장을 통해 환경의 조그만 차이에도 사람들의 행동이 크게 바뀐다는 다양한 연구결과들을 살폈다. 만약 결과에 차이가 있다면 그것이 다만 개인의 능력과 노력만의 차이일까?

일부 학자들은 실험을 통해서 궁핍한 상황에서 살아가는 사람은 궁핍한 상황을 더욱 악화시키는 선택을 한다는 사실을 확인했다. 바쁜 사람, 시간이 부족한 사람은 짬이 나지 않는다고 일을 미루었다가 더욱 바빠질 뿐이다. 궁핍한 상황에 몰리면 더 큰 불안감에 사로잡히고 그런 불안감에 쏠리는 에너지가 많을수록 직장에서 생산에 투입되는 에너지는 줄어든다. 또한 불안과 스트레스는 새로운 기술과 지식의 습득을 방해할 수 있다. 행복한 근로자의 생산성이 더 높다.[15]

제5장 7절에서 자제력이 한정된 자원이라는 것을 보여주는 실험을 제시했었다. 가난에 쪼들리고 미래가 불안한 사람들이 각고의 노력을 통해 기회의 불평등을 극복하는 것은 쉬운 일이 아니다. 우리는 이미 한국에서 사교육이 얼마나 큰 힘을 발휘하는지 잘 알고 있다. 대학 진학이 주는 경제적 부담도 세계 최고 수준이다. 대학을 가도 학비를 어떻게 조달할지

걱정해야 하는 학생들은 객관적인 교육 환경보다 더 심각한 불리함을 경험한다.

성공에 대한 해석도 능력, 노력의 차이와는 다를 수 있다. 개개인이 가진 부의 수준은 부모의 부와 운에 크게 의존한다. 한국의 계층 이동은 많은 부분 부동산 가격 상승의 결과이다. 열심히 부동산 정보를 뒤졌던 노력을 인정해주지 않고 이를 운이라고 한다면 지나친 편견일까? 위험을 감수한 투자의 결과가 보장되지 않는다면 누가 위험을 감수하는 용기를 보일지 우려할 수도 있다. 그렇지만 위험을 감수하는 행위가 보상받아야 한다면 실패한 사람을 구제할 방법도 있어야 하지 않는가? 같은 대학을 졸업하고 약간의 차이로 대기업 정규직이 된 사람과 그렇지 못한 사람이 엄청난 연봉의 차이를 보이는 현실이 정당화될 수 있는가?

사람들은 자신의 성공을 자신이 이룬 성과라고 생각하기 쉽지만 반드시 그런 것은 아니다. 폴 피프(Paul Piff)는 한 강의에서 서로 모르는 대학생들 백 쌍에게 모노폴리 게임(블루마블과 유사한 게임)을 시키고 관찰한 결과를 소개했다.[16]

게임에서는 동전뒤집기를 통해 한 명은 처음부터 돈이 많은 플레이어가 되고 다른 한 명은 가난한 플레이어가 되었다. 시간이 지날수록 부자 플레이어의 재산은 많아졌다. 일정 시간이 지나자 부자 플레이어는 큰 소리로 가난한 플레이어에게 말하기 시작했고 자신들의 성공을 과시하고자 했다. 그들은 성공하기까지 했던 일들에 대해 설명하면서 자신들이 얼마나 잘하는지 보여주려고 했다. 하지만 게임의 성공은 대부분 동전뒤집기의 결과였을 뿐이다.

단순히 부유한 사람들을 폄훼하기 위한 언급은 아니다. 우리는 스스로를 긍정적으로 평가하는 경향을 가지며 이런 경향성은 우리의 행복에 중요한 부분이다. 성공한 사람이 성공의 원인을 스스로에게 돌리는 현상은 자연스러운 것이다. 하지만 우리는 정당한 평가를 위해 냉철해질 필요도 있다. 자본주의 이전의 사회에서는 훨씬 심각한 불평등이 나타났다. 그시절에는 종교가 불평등을 변명하고 정당화했으며, 부와 권력은 신이 내려준 축복 덕분이라고 믿었다. 자본주의 사회는 훨씬 더 평등해졌고 더합리적이다. 하지만 여전히 신화는 남아 있다.

개인의 부는 상당 부분 사회에 진 빚이다. 우리는 어느 한 사람의 기여와 나머지 사람들의 기여를 정확히 분리해낼 수 없다. 새로운 발명도 알고 보면 국가가 지원한 기초연구에 토대를 두고 다른 사람들의 성과를 종합한 데서 나온다. 기업의 성공은 물리적, 지적, 문화적으로 사회가 가진하부구조를 바탕으로 일구어진 것이다. 사업가들의 성공 여부는 선대로부터 물려받은 과학기술, 제도적 환경(법규), 양질의 노동력, 양질의 기간시설(교통 및 통신)의 이용 가능성 등에 좌우된다.

더 근본적으로 개인의 재능을 개인의 소유로 볼 수 있는지 자체가 생각해볼 문제이다. 롤스(John Rawls)와 같은 철학자는 사회 구성원들의 재능을 사회의 공동 자산으로 보았다. 따라서 개인의 재능으로 인해 발생하는 이득도 정의의 원칙에 따라 적절히 재배분될 대상으로 생각하였다.[17] 실제 어떤 재능이 소중한 재능으로 인정받는지는 사회시스템에 따라 달라지는 사회 의존적인 것이다.

이런 논점들에 대해 더 심도 있는 논의를 다루지는 않을 것이다. 그러나 결과의 차별을 당연하게 받아들여야 하는지 생각해보아야 한다. 필자는 일정 수준의 결과 차별에 동의하지만 심각한 결과의 차별은 결코 정당하지 않다고 생각한다. 자본주의를 통해 절대적인 부가 증가한 것 이외에도 보편적인 인간의 권리가 확립되었다는 것에 큰 의미를 부여해야만 한다. 효율성을 추구하여 과도한 경제적 불평등을 용인하는 행위는 평등과 기회의 확대, 인간 해방의 과정을 역행하는 일이다.

한편 형평성을 강조하다 보면 사회 전체의 효율성이 감소할 것이라는 논리에 대해서도 생각해볼 필요가 있다. 민간이 감당할 수 없는 사회보험의 문제, 복지정책의 거시경제 안정성 기여 효과 등 형평성을 강조하는 정책이 경제적 효율성을 초래할 수 있다는 근거도 매우 많다.[18] 필자는 특히 현재의 심각한 불평등 상황이 경제의 역동성을 저해하고 사회적 갈등을 낳는다는 점을 지적하고 싶다.

학자들은 산업혁명이 유독 잉글랜드에서 싹이 터 가장 크게 발전할 수 있었던 것은 독보적이라고 할 만큼 포용적인 경제제도 덕분이었다고 말한다. 일부 계층이 점유했던 독점권을 와해시키고 산업 확장을 가로막는 진입 장벽을 제거했던 포용적 경제제도가 새로운 혁신을 추동하는 신규 진입과 경쟁을 낳았다는 것이다.[19] 지속적인 창조적 혁신은 기회의 균등에서 발생한다.

우리 사회는 소수의 대기업이 장악한 경제구조로 인해 불평등이 강화되면서 역동성을 잃어가고 있다. 중소기업들의 혁신도 대기업에 쉽게 이용되고 말며, 브랜드를 앞세운 기업들의 힘에 새로운 비즈니스를 시도하는 것이 쉽지 않다. 학생들의 꿈은 공무원이거나 대기업 정규직이다.

또한 형평성의 악화는 계층 간 갈등, 높은 범죄율과 사회불안을 야기하며, 사회적 결속을 저해한다. 남미와 아프리카의 경우 이런 현상이 극단화되어 경제발전의 가능성을 앗아간 상태이다. 역동적인 자본주의는 이기심의 발현만으로 가능한 것이 아니다. 자신을 위하되 정당성과 도덕성

마케팅 지배사회

이 뒷받침되는 행위들만이 인정되어야만 경제는 발전될 수 있다. 불평등이 심한 사회에서 도덕의 힘은 약할 수밖에 없다. 동일 노동에도 정규직과 비정규직이 다른 임금을 받아야 한다면 정당성도 의욕도 부여될 수 없다. 현재 그리고 미래의 불평등이 우리사회의 역동성을 앗아가지 않을까 우려해야 한다.

사람들에게 일이란 기본적인 소득을 제공할 뿐 아니라 삶의 보람을 제공한다. 높은 수준의 복지에서 불로(不勞)계층의 도덕적 해이가 없으리라 생각지는 않는다. 그러나 높은 복지·형평성을 가능케 하는 사회의 도덕성은 이를 제어할 수 있을 것이다. 스위스의 기본소득 논의 과정에서 시행된 설문 결과 기본소득이 보장되면 일을 그만두겠다는 사람은 2%에 불과했으며, 8%는 "상황에 따라 다르게 결정할 것"이라고 답했다.[20] 일을 그만두겠다는 사람도 하루 종일 놀고먹겠다는 의미는 아닐 것이다. 그들도 다른 방식으로 의미를 찾고 사회에 기여할 것이다.

우리 사회가 스위스에서 논의되고 있는 복지 단계에 도달하기에는 많은 시간과 시행착오가 필요할 것이다. 우리는 형평성이 가지는 의미를 다시 생각해보고 변화의 방향성을 잡아가야 한다.

4) 시장의 실패와 정부의 실패

형평성을 강조하다 보면 재분배의 강화, 정부 역할의 강화가 수반될 것이다. 그러나 많은 사람들은 정부, 규제기관을 비효율성, 부패의 온상 같은 개념과 연관시킨다. 특히 국민연금제도와 관련하여 고령화사회로 진입하는 과정에서 연금기금 고갈 문제가 화두가 되고 있다. 연금부담금을 납입하고 있는 국민의 입장에서 향후 기금이 고갈되고 연금을 받을 수 있을

지 모른다는 불안감이 있으며, 정부에 내 미래를 맡길 수 없다는 인식이 퍼지고 있는 것으로 보인다. 또한 성실하게 일하는 국민들의 세금이 일을 하지 않으려는 사람들을 지원하거나 경제위기 상황에서 부유한 금융업자들을 구해주는 데 쓰이는 등 부당하게 이용되고 있다고 생각할 수 있다.

경제학에서는 '시장의 실패' 개념에 대응하여 '정부의 실패'라는 용어가 사용된다. 일반적으로 정부는 경제의 효율성과 공정한 소득 분배를 목적으로 시장에 개입한다. 그런데 이런 개입이 의도한 결과를 내지 못하거나, 기존의 상태를 더욱 악화시킬 수 있는데 이를 정부의 실패라고 한다. 뉴스를 뒤덮는 정부의 무능력, 관료주의의 폐단, 정경유착과 같은 개념들은 정부의 실패라는 개념을 사람들에게 깊이 각인시킨 듯하다.

OECD는 2014년 갤럽(Gallup)에 의뢰해 국가신뢰도("Do you have confidence in national government?")를 조사하였다. 국가별로 각각 1,000명의 시민들에게 질문한 결과 한국은 OECD 41개국 중 26위로 중하위권에 포함되었다. 정부를 신뢰한다는 답변은 34%에 불과했다. 상위 10개국의 평균 64.8%와는 현격한 차이이다.[21]

물론 정부의 운영에 문제가 없지 않겠지만 이런 인식이 자유방임적 경제를 옹호하고 형평성을 지향하는 정책에 반대하는 논리로 쓰여서는 안 된다. 이와 관련하여 몇 가지 논점을 짚어보고자 한다.

우선 불평등의 개선은 정부의 통제력 강화만을 의미하지 않는다. 장하성 교수는 정부의 소득 재분배에 우선하여 원천적 분배, 즉 고용구조, 기업 간 불평등의 문제가 개선되어야 한다고 말한다. 정규직과 비정규직, 대기업과 중소기업 간 극심한 임금의 격차가 존재하는 한 재분배 정책이 불평등을 개선하는 데 한계가 있다는 것이다. 이런 불평등의 개선은 정부의 직접 개입을 요구하는 것이 아니다. 기본적인 시장의 운영원칙, 법률, 제도에 대해 사회적 합의를 이루고 변화를 꾀하는 문제이다. 비정규직 관련 법규 개정, 기업 간 불평등을 개선하기 위한 공정거래법의 강화 및 실행, 최저임금 상향 조정 등은 정부의 권한 강화와는 구별되는 국민적 합의, 정치적 선택의 문제이다.

우리는 경제를 별도의 그 무엇이라고 생각하는 경향이 있다. 하지만 경제는 정치, 법률, 제도, 문화 하에서 이루어지는 사람들의 활동이다. 게임의 규칙하에서 사람들의 경제활동이 이루어지는 것이다. 오늘날 불평등은 우리가 선택한 게임의 규칙이 만든 결과이지 보이지 않는 손이 만들어낸 것이 아니다.

지난 수십 년간 진행된 신자유주의 체제는 정부의 영향력을 배제하고 시장의 힘을 채택한 것이다. 그러나 조금 다른 각도에서 보면 이는 시장에 대한 강력한 개입이다. 예를 들어 비정규직 문제는 1998년에는 정리해고제와 근로자파견제를 합법화시킨 법률, 제도의 변화에 기인한 것이다. 경제위기 상황의 타개, 기업 살리기의 일환으로 게임의 룰을 바꾸어버린 것이다. 법인세 인하, 금융자유화와 같은 법·제도 측면의 시장 개입은 그 영향이 강력하고 지속적이다.

정부의 실패와 관련하여 규제포획이라는 말이 있다. 이는 특정 주체가 정부에 정치적 영향력을 행사해 해당 주체에게 유리한 경쟁방식, 규제를 도입하는 행위를 말한다. 그림 10-2에서 혜택은 소수에 집중되지만 비용은 다수에게 배분되는 '고객 정치'는 소수 집단이 낮은 저항으로 문제를 유리하게 끌고 갈 수 있는 상황을 의미한다. 소수 재벌과 불특정 다수의 국민들이 이해관계가 다를 때 고객 정치의 양태를 띠게 되며, 소수에 유리한 결과가 나타난다. 국민들의 정치적 입장이 명확하지 않을 때 법·제

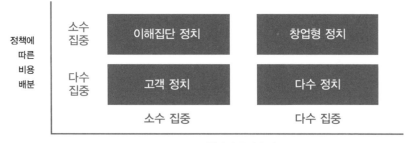

정책에 따른 비용 배분	소수 집중	이해집단 정치	창업형 정치
	다수 집중	고객 정치	다수 정치
		소수 집중	다수 집중

정책에 따른 혜택 배분

그림 10-2. 정치전략에 대한 윌슨-로위 행렬[22]

도는 기업 친화적으로 변화하기 쉽다.

법·제도의 변화 외에도 시장의 실패를 완화하기 위한 정부의 역할 강화가 필요하다. 시장의 실패와 정부 실패의 개념적 대응은 시장과 정부 중 무엇이 더 효율적인가의 비교로 이어진다. 그러나 시장의 실패는 누가 더 잘하느냐의 문제가 아니라 시장이 해결할 수 없는 문제라는 의미가 내포되어 있다. 대표적으로 세 가지 문제가 거론된다.

첫 번째는 불완전 경쟁의 문제이다. 자본주의 초반에는 야수적 자본주의라고 불러도 좋을 만한 횡포가 넘쳐났다. 그 목적은 독점권의 창출이었다. 1890년대 미국에는 거의 모든 경제 부문에서 대형 트러스트(독점력을 목표로 한 기업 간 결합)가 고개를 들었고, 그중 상당수가 해당 시장을 70% 이상 점유하고 있었다.[23] 이런 문제점은 정치적 저항과 규제를 통해 점진적으로 차단되었다. 신자유주의 체제하에서 대기업 간, 대기업과 중소기업 간 격차가 심하게 발생했으며, 미래에 이런 경제력 집중이 심화될 개연성이 높다. 공정거래법을 비롯해 불완전 경쟁을 제어할 수단들이 강화되어야 한다.

두 번째는 공해문제로 대표되는 외부효과이다. 제3자에게 편익이나 불편익을 제공하고도 그 대가가 지불되지 않는 것을 외부효과라고 한다. 정부가 개입하지 않는 한 기업들은 공해라는 불편익을 사회에 발생시키면서 그 해소 비용을 지불하지 않으려 한다. 지금까지 정부가 개입을 시도해왔지만 지구온난화를 비롯한 환경문제는 더 심화되고 있다. 더 강력한 개입이 필요하다.

세 번째 정부는 도로, 교육, 치안과 같은 기본적인 공공서비스를 제공해야 한다. 본래 공공서비스는 그 의미가 민간이 제공하기엔 비효율적인 서비스를 말한다. 우리는 도로, 철도 등의 설치·유지의 효율화를 목적으로 도입된 민자사업(민간투자사업)에서 위험은 정부가 지고 수익은 기업이 가져가는 문제점을 수없이 보고 있다. 민자사업은 정치권이 기업에게 특혜를 부여하고 정경유착을 만들어내는 핵심 수단이다. 교육에서 사교육이 가지는 문제점, 치안이 민간업체에 의해 수행될 때 나타나는 치안 불균형 등을 생각하면 정부에 의한 공공서비스는 더 강화되어야 한다.

기업에게 세금을 깎아주고 성장을 지향하면 실업과 빈곤층의 문제가 시장의 힘으로 해결될 수 있을까? 자본주의 초기의 야수적 자본주의는 경제력 집중과 엄청난 노동착취를 양산했다. 사회주의·공산주의의 자양분은 자유방임적 자본주의가 제공한 것이다. 불평등은 일종의 시장의 실패이다.

다음으로 지적해볼 문제는 시장은 생각보다 효율적이지 않다는 사실이다. 예를 들어 이동전화서비스 요금의 인하는 선거철에는 공약으로 거론될 만큼 많은 국민들의 관심사이다. 하지만 통신사업자들의 높은 이윤을 차치하더라도 단말기 보조금, 거리를 촘촘히 채우고 있는 이동전화 대리점을 유지하기 위한 비용들 덕에 요금을 내리는 것에 한계가 있다. 반면 단말기 보조금으로 인해 이동전화 단말기 가격은 비용보다 낮아지고 낭비적인 단말기 소비라는 비효율이 발생한다. 제4장 2절에서는 경쟁 상황에서 왜 이동전화사업자들이 전화요금을 낮추기보다 단말기 보조금 증가를 선택하는지 논한 바 있다. 때로는 시장이 자발적으로 이런 비효율을 선택한다.

새 신용카드를 가입하면 상당한 선물을 제공한다. 가입하고 나중에 버리면 된다고 한다. 그렇게 가입하고 버려지는 과정에서 발생하는 비용들은 중소 상인들의 신용카드 결제 수수료나, 살인적인 카드론 이자율로 충당된다. 신용불량자를 양산하는 엄청난 대출 광고, 스팸메시지도 마찬가지다. 기업의 자유경쟁은 경쟁비용을 발생시키고 때로 경쟁비용은 매우 소모적이다.

금융 부문의 혁신을 통해 경제의 생산성이 높아졌다고 주장하지만 불안정과 불평등을 초래한 주역이 금융 부문인 것은 틀림없다. 금융권이 효율적인 자산 배분을 실현했다면 부동산이나 주식의 거품이 발생할 수 없어야 한다. 그러나 금융권은 이런 거품을 만들어내는 데 앞장섰고 2008년 미국 발 금융위기의 핵심 원인이 되었다. 기본적으로 민간기업은 단기 이윤을 추구하는 경향을 보이며 이는 장기적 관점의 효율성을 희생하는 경우가 많다.

신자유주의 체제하에서 이루어진 국영 서비스의 민영화도 유심히 살펴볼 필요가 있다. 앞에서 언급한 민자사업은 대표적인 문제이다. 또 전력 민영화와 관련해 캘리포니아의 정전사태(Black Out)는 효율성만을 추구한 위험한 운영의 결과였다. 민영화된 기업의 이윤은 상당 부분 위험을 감수한 운영, 종업원에 대한 착취의 결과일 수 있다. 또 민영화된 기업의 이윤 자체가 특혜의 문제와 연관된다.

이 절의 초반에 언급한 국민연금제도에 대해 다시 생각해보자. 국민연금의 문제점은 인구구조의 변화에서 발생하는 필연적인 고통 분담이다. 세부적인 문제점들이 있겠지만 필수적인 것이다. 노령사회 진입이 발생시키는 문제를 보험회사들을 통해 해결할 수 있겠는가? 보험회사들의 영업비와 이윤의 문제를 차치하더라도 기업에 의한 해법의 한계를 생각해야 한다.

정부의 개입, 규제는 경쟁을 보장하여 힘의 남용을 막고, 스스로를 보호할 능력이 없는 사람들을 보호하기 위해, 우리의 시스템이 보다 원활하게 작동하도록 고안된 규칙이다. 앞서 우리는 인지포획이라는 개념을 살펴보았다. 정부의 실패가 없지 않겠지만 인지포획에 의해 과장된 것은 아닌지 돌아볼 필요가 있다. 향후 불평등의 문제에 대응하기 위해 다방면에서 정부의 역할이 필요하다. 그리고 올바른 정부의 역할을 기대하기 위해 경제적·문화적 영향력이 극대화된 기업들을 견제하기 위한 시민사회의 힘, 정치적 영향력을 강화해야 한다.

3. 결언

이미 우리 사회 내에는 변화를 시도하는 다양한 모습들이 발견된다. 그런 변화의 시도들이 지향하는 공통분모를 확인하고 하나의 힘으로 뭉쳐가는 노력이 실질적인 변화를 만들어갈 것이다. 필자는 그 핵심 개념이 형평성에 있다고 생각한다. 더 평등한 사회의 지향은 물질에 희생된 다른 가치들을 부활시킬 수 있다고 생각한다.

앞서 다루지 못했지만 형평성을 지향하는 데 있어 가장 큰 장애물은 이해관계의 대립이다. 가장 부유한 계층은 현재 가진 기득권을 상당 부분 포기해야만 한다. 중산층들의 입장에서도 미래의 변화에 대한 두려움이 있을 수밖에 없다. 그러나 우리 사회는 일순간에 변하지 않을 것이다. 우리는 스스로의 관점에서가 아니라 아이들에 대해서 생각해야 한다.

우리의 아이들에게 현재의 각박한 경쟁과 미래의 불안감을 그대로 물려주어야 하는가? 이 책은 논의의 집중을 위해, 한편으로는 많은 분들이 이미 공감할 것으로 생각하여 환경의 문제를 많이 다루지 않았다. 그러나 미래에는 환경문제가 모든 논의에 앞선 지상의, 절체절명의 과제가 될지 모른다. 현대의 소비사회를 지속하는 것은 인류의 미래를 건 도박과 같다.

그럼에도 불구하고 우리는 소비, 성장지향성을 버리기가 너무 어렵다. 이 책이 다루었던 최근 마케팅, 뇌과학, 심리학의 연구들은 사람들이 얼마나 환경에 민감한지를 보여주고 있다. 우리를 둘러싼 문화, 사회 운영원리들은 우리의 사고방식과 행동을 규정한다. 이 책의 많은 부분은 우리가 가진 물질적 욕구들이 마케팅으로 대표되는 소비문화에 의해 주입되었음을 설명하기 위한 것이었다.

한국 사회는 이미 기본적인 물질적인 욕구를 만족시킬 수 있는 생산력을 확보하였다. 그러나 사회적 불평등은 여전히 빈곤 문제를 만들어내고 있다. 그리고 이런 불평등은 우리의 물질주의, 소비지향성을 강화한다.

우리 대다수는 여전히 물질적 결핍을 느끼지만 표면적으로 느끼는 물질의 결핍은 근본적으로는 상대적 비교에서 오는 것이고 심리적인 문제이다. 우리 소비의 많은 부분이 상징적·경쟁적 소비라는 것은 물질을 통해 심리적 욕구를 충족시키려는 것임을 의미한다. 더 많은 부와 소비를 통해 소속되고, 인정과 존경을 얻고자 하는 것이다. 그러나 근본적인 욕구를 등한시하고 그 수단만을 추구하는 지금의 방식은 서로에게 상처를 주고 있다. 더 많은 소득·부를 추구하는 것은 한편으로 불안한 사회를 반영하는 것이다.

우리는 소비 수준을 둘러싼 경쟁의 소모성을 이해하고 아이들과 지구의 미래를 위해 사회를 변화시켜야 한다. 우리는 수단으로서의 돈보다는 소속감, 사랑, 존경, 자아실현을 직접 추구해야만 한다.

이 책은 우리에게 정말 득이 되는 것이 무엇인지, 따라서 무엇을 지향해야 할지 논해보고자 하는 데 목적이 있다. 그러나 코넬 웨스트(Cornel West)의 다음 발언은 무척이나 마음에 와 닿으며, 필자의 의도에 대해 의구심을 품게 만들었다.[24]

> "노예제 폐지 운동, 시민권 운동, 여성 운동, 성소수자 인권 운동 등 미국에서 전개되어온 위대한 운동들은 개인적 이익에 대한 올바른 이해의 필요성을 거론한 적이 없다. 개인적 이익에 대한 올바른 이해를 부각시킨다고 해서 흑인 차별의 관행이 사라지지는 않을 것이다. 이런 운동들을 추동한 것은 전혀 다른 힘, 즉 강한 도덕적 힘과 강한 정신적 힘이었다.… 삶의 기술, 사랑의 기술, 다른 사람에게 봉사하는 기술과 관련한 풍요로운 이야기들이 뒷받침되지 않는 한, 〈개인적 이익에 대한 올바른 이해〉는 아무런 역할도 할 수 없다."

우리는 제1장을 존 메이너드 케인스의 글로 시작하였다. "새로운 이념을 찾아내기가 어려운 것이 아니라 오래된 이념에서 벗어나기가 어려운 것이다." 우리는 두려움을 버리고 변화를 시도해야 한다.

머리말_마케팅과 우리의 행복

1. 우벨 (2009), 118쪽.
2. 우벨 (2009), 28-29쪽
3. 안광호 (2011), 68-71쪽.
4. Lasn (1999) 및 Wilson and Wilson (1998). Jansson-Boyd (2014), 114쪽에서 재인용.
5. 강승구 (2014), 163쪽에서 재인용.

1장. 소비문화의 형성과 문화의 힘

1. 강준만 (2007), 55쪽.
2. 매크래켄 (1996), 50쪽.
3. 매크래켄 (1996), 88쪽.
4. 매크래켄 (1996), 33쪽, 41-42쪽.
5. 일루즈 (2014), 서론과 제1장(17-93쪽).
6. 《동아일보》 1994.8.4. 일자에서 인용.
7. 1980년대 로레알(Loreal)이 나는 소중하니까!(Because I'm worth it!) 캠페인을 시작했고 한국 로레알이 1993년에 설립되었다.
8. 김낙회 http://3sang4.blog.me/40033396721.
9. 강석원 (2014), 29쪽.
10. 이 사례는 세틀·알렉 (2003), 73-75쪽의 내용을 필자의 입장에서 재편집하였다.
11. 이 사례는 세틀·알렉 (2003), 62-64쪽의 내용을 재편집한 것이다.
12. Salganik·Dodds·Watts (2006).
13. 본래 논문에서는 지니계수 값만이 그래프로 제시되었다. 그러나 지니계수에 대한 배경지식이 없는 독자들이 직관적으로 파악하기 어려우므로 점유율이 가장 낮은 음원에서 가장 높은 음원으로 점유율의 증가가 지수적으로(Exponentially) 발생하는 상황을 가정하여 지니계수를 점유율로 해석한 결과이다.
14. 강준만 (2007), 190쪽.
15. 강석원 (2014), 29쪽.

16. EBS 자본주의 제작팀 (2013), 226쪽.

17. 마이어스 (2016), 642-643쪽.

18. 스티글리츠 (2013), 45쪽.

19. Asch (1951), pp.177-190; Asch (1956).

20. Skewes et al. (2013).

21. Tafarodi et al. (2002).

22. Janes and Olson (2000).

23. 드 무이 (2007), 65쪽.

24. 글래드웰 (2005), 121-124쪽 인용 및 편집.

25. 글래드웰 (2005), 86-90쪽 인용 및 편집.

26. Deutsch·Gerard (1955); Festinger (1957); Kelly·Shapiro (1954); Nickerson (1998).

27. 강준만 (2007), 5쪽.

2장. 광고의 원리: 경제적 합리성 vs. 감정과 무의식

1. 고승연 (2014), 32쪽.

2. 레러 (2009), Chapter 1 참조.

3. 호이젤 (2008), 94쪽.

4. 루이스 (2014), 143쪽.

5. 마이어스 (2016), 44쪽.

6. Jansson-Boyd (2014), 21쪽.

7. Brunel et al. (2004). Jansson-Boyd (2014), 71쪽에서 재인용.

8. 전우영 (2013), 43-47쪽.

9. Mehta·Purvis (2006). 루이스 (2014), 283쪽에서 재인용.

10. 마이어스 (2016), 639쪽.

11. 호이젤 (2008), 228쪽.

12. 마이어스 (2016), 452-455쪽.

13. 마이어스 (2016), 455쪽.

14. Zajonc (1980). 우벨 (2009), 179쪽에서 재인용.

15. 세틀·알렉 (2003), 125쪽.

16. 리스·트라우트 (1991), Chap 2.

17. 세틀·알렉 (2003), 25쪽.

18. 루이스 (2014), 12쪽.

19. 루이스 (2014), 제8장.

20. Karremans et al. (2006).

21. Jansson-Boyd (2014), 132쪽; 마이어스 (2016), 640쪽.
22. 세틀·알렉 (2003), 59쪽.
23. Dhar·Gorlin (2013), p.530.
24. Wegener et al. (2010 a); Wegener et al. (2010 b)
25. Brasel·Gips (2014). 주재우 (2015), 18-20쪽에서 재인용.
26. Johnson et al. (1993). 우벨 (2009), 98쪽에서 재인용.
27. 카쿠 (2015), 64쪽.
28. Furnham·Boo (2011); Wegener et al. (2010 a); Wegener et al. (2010 b). 이 연구들에서는 Selective Accessibility에 의한 Anchoring 사례들을 언급하고 있다. 이런 사례들은 상당히 많은 인지자원을 소비하는 의사결정도 결국은 직관적인 System 1적 사고를 정당화하는 역할만을 할 수 있음을 의미한다.
29. 루이스 (2014), 139쪽.
30. 《조선일보》 2009.5.2. 일자 자료를 안광호 (2011), 11쪽에서 재인용.
31. Ariely·Loewenstein·Prelec (2006).
32. Brehm·Weinraub (1977). 우벨 (2009), 193쪽에서 재인용.
33. 강석원 (2014), 22쪽.
34. 카쿠 (2015), 62-63쪽에서 재인용.
35. 데일리뉴스팀 (2015), "한국 자살율 1위, 세계자살예방의 날", 《WOW한국경제TV》, 2015.9.10.

3장. 소비는 나를 표현한다: 상징적, 경쟁적 소비

1. Knight·Willigan (1992). 루이스 (2014) 201쪽에서 재인용.
2. Knight·Willigan (1992). 루이스 (2014) 201쪽에서 재인용.
3. 코틀러·암스트롱 (2008), 287쪽.
4. 정수남 기자 (2016), "삼성전자 브랜드가치 124조 1위 고수", 《한국금융신문》, 2016.2.5.
5. 루이스 (2014), 214쪽을 재편집.
6. 우벨 (2009), 222쪽.
7. Helliker (2006). 우벨 (2009), 221쪽에서 재인용.
8. Jansson-Boyd (2014), Chap 4 참조.
9. 애리얼리 (2012), 154-158쪽.
10. Dittmar (2008). Jansson-Boyd (2014), 68쪽에서 재인용.
11. 밀러 (2010), Chap. 6 참조.
12. 파운드스톤 (2011), 220-224쪽 재편집과 인용.
13. 밀러 (2010), p.146.
14. Holbrook (1996).

15. Soat (2015).

16. 전선규 (2014), 105쪽.

17. 서용구 (2009), 127쪽.

18. 서용구 (2009), 99-100쪽.

19. 전선규 (2014), 108-109쪽.

20. 서용구 (2009), 98쪽.

21. 서용구 (2009), 146쪽.

22. 전선규 (2014), 118쪽.

23. 박웅현·강창래 (2009), 48쪽에서 재인용.

24. 박웅현·강창래 (2009), 65쪽에서 재인용.

25. 최경운 (2013).

26. 최경운 (2013).

27. 최경운 (2013).

28. 일루즈 (2014), 167쪽.

29. Larson-Kelley (2015).

30. 안광호 (2011), 17-18쪽에서 인용 및 재편집.

31. 코틀러·암스트롱 (2012), 16-17쪽 사례를 재편집.

32. 《우먼센스》 "왜 사람들은 명품에 열광할까: 명품 전문가 4인 솔직 토크", http://navercast.naver. com/magazine_contents.nhn?rid=1089&contents_id=38231.

33. 정성민·조성도·김상희 (2015).

34. 강승구 (2014), 155쪽.

35. Dittmar (2008), p.104. Jansson-Boyd (2014), 76쪽에서 재인용.

36. 강승구 (2014), 162쪽.

4장. 계획적 진부화: 가치의 소멸

1. 스트레서 (2010), 13쪽.

2. 스트레서 (2010), 29쪽.

3. 손용엽·이상호 (2001), 171쪽.

4. 손용엽·이상호 (2001), 172쪽.

5. 스트레서 (2010), 29쪽.

6. 라투슈 (2014), 41쪽.

7. 라투슈 (2014), 40쪽.

8. 라투슈 (2014), 41쪽, 93쪽.

9. EBS 자본주의 제작팀·정지은·고희정·EBS Media (2015), 175쪽.

10. 루이스 (2014), 70쪽.
11. 라투슈 (2014), 41쪽, 32쪽.
12. 라투슈 (2014), 80쪽.
13. 송재도·김주한 (2010).
14. 이승일 (2014), Chap. 2의 2절.
15. 김병도 (2003), 216쪽.
16. 김상훈 (2008), 75쪽.
17. Solomon·Rabolt (2006), 9쪽.
18. Solomon·Rabolt (2006), 23-24쪽.
19. Solomon·Rabolt (2006), 24-25쪽.
20. 바우만 (2011), 12쪽.
21. Solomon·Rabolt (2006), 26쪽.
22. Rayport·Jaworski (2004).

5장. 마케팅 기법의 다양성

1. 우벨 (2009), 232쪽.
2. 강준만 (2007), 375쪽.
3. 강석원 (2014), 68쪽에서 재인용.
4. 루이스 (2014), 46쪽.
5. 글래드웰 (2005), 212-214쪽.
6. Tversky·Kahneman (1974).
7. Tversky·Kahneman (1974).
8. Ariely et al. (2003), Mussweiler et al. (2000), Northcraft·Neale (1987).
9. Hsee et al. (2003). 우벨 (2009), 157-158쪽에서 재인용.
10. Bertini·Wathieu (2010).
11. 루이스 (2014), 53쪽에서 재인용.
12. 루이스 (2014), 54쪽.
13. Mazumdar et al. (2005).
14. Thaler (1985).
15. 서찬주 (2001); Della Bitta et al. (1981); Fry·McDougall (1974); Urbany et al. (1988).
16. Anderson·Simester (2001).
17. 셸 (2010), 144쪽 등.
18. Schindler (1989).
19. 코틀러·암스트롱 (2012), 158쪽.

20. 루이스 (2014), 42-43쪽.

21. 루이스 (2014), 45쪽.

22. 호이젤 (2008), 289쪽.

23. 호이젤 (2008), 289쪽.

24. 언더힐 (2011), 29쪽.

25. 호이젤 (2008), 294쪽.

26. Wirtz et al. (2011), 307쪽.

27. Kosfeld et al. (2005). 루이스 (2014), 190-191쪽에서 재인용.

28. Wirtz · Chew · Lovelock (2011), 306쪽.

29. EBS 〈자본주의〉 제작팀 · 정지은 · 고희정 (2014), 106쪽.

30. Wansink (2006). 우벨 (2009), 113쪽에서 재인용.

31. Levy · Weitz (2011), 546쪽.

32. 허지성 · 김국태 (2014).

33. 코틀러 · 암스트롱 (2015), 147쪽.

34. 코틀러 · 암스트롱 (2012), 594쪽.

35. EBS 〈자본주의〉 제작팀 · 정지은 · 고희정 (2014), 131쪽에서 재인용.

36. 이동은 (2014), 재편집.

37. 루이스 (2014), 299-302쪽 재편집.

38. 제윤경 (2015), 134쪽에서 재인용.

39. 임일 (2014).

40. 코틀러 · 암스트롱 (2008), p.121.

41. 루이스 (2014), 318쪽.

42. 루이스 (2014), 321-322쪽.

43. 루이스 (2014), 323쪽.

44. 윤덕환 (2014).

45. EBS 〈자본주의〉 제작팀 · 정지은 · 고희정 (2014), 172쪽.

46. EBS 〈자본주의〉 제작팀 · 정지은 · 고희정 (2014), 142쪽.

47. Jansson-Boyd (2014), 214쪽.

48. 이승희 · 박지은 (2007).

49. 이민규 · 김교헌 · 권선중 (2013).

50. 송인숙 (1993); Faber et al. (1987).

51. Baumeister et al. (1998). 우벨 (2009), 134쪽에서 재인용.

1. 성낙환 (2014).
2. Gourville (1998); Gourville (2003).
3. 이승일 (2014), 74쪽.
4. 윤덕환 (2014).
5. Gourville·Soman (2002).
6. 네이시 (2008), 118쪽에서 재인용.
7. EBS 자본주의 제작팀 (2013), 250쪽.
8. Helion·Gilovich (2014). 곽승욱 (2014)에서 재인용.
9. 김철중 기자 (2016), "7개 카드사, 최고 연체이자율 年27.9%로",《동아일보》, 2016.3.8.
10. 제윤경 (2015), 101쪽.
11. 제윤경 (2015), 103~104쪽.
12. 장윤정 기자 (2016), "한국 가계부채, GDP의 87%… 13년째 신흥국중 최고",《dongA.com 뉴스》, 2016.3.9.
13. 제윤경 (2015), 47쪽.
14. 제윤경 (2015), 118쪽.
15. Jansson-Boyd (2014), 108쪽, 196쪽.
16. Schor (2005). 루이스 (2014), 275쪽에서 재인용.
17. 루이스 (2014), 277쪽.
18. Schor (1999). 루이스 (2014), 203쪽에서 재인용.
19. Saranow (2006). 우벨 (2009) 228쪽에서 재인용.
20. 라파이유 (2007), 23쪽.
21. 바칸 (2013), 64쪽.
22. Kanner·Gomes (1995). Jansson-Boyd (2014) 206쪽에서 재인용.
23. Kasser (2002).
24. 코틀러 (2010), 21쪽.
25. 김재휘·김수정 (2005); 서구원·진용주 (2008); 박상록·박현숙 (2013); Lou·Bhattacharya (2006); Russo·Fouts (1997); Waddock·Graves (1997).
26. 이수열·홍미경 (2015), 678쪽.
27. 이상민 (2002).
28. 이수열·홍미경 (2015), Kotchen·Moon (2012).
29. 권한용 (2011).
30. 안영도 (2011), 29-30쪽 참조.
31. 김재문 (2013).
32. Habel et al. (2016). 홍진환 (2016)에서 재인용.
33. 이영자 (2012).

34. 일루즈 (2014), 116쪽.

35. 한병철 (2012).

36. 라투슈 (2014), 23쪽에서 재인용.

37. Vohs et al. (2014). 안도현 (2014)에서 재인용.

38. Wan et al. (2014). 류주한 (2014)에서 재인용.

39. 페르하에허 (2015), 133쪽.

7장. 소비, 부와 개인의 행복

1. Kasser (2002), Chap. 1.

2. 이번 절의 아래 내용들은 Kasser (2002), Chap. 4~6의 내용들을 기초로 재정리한 것이다.

3. Kasser et al. (1995).

4. Williams et al. (2000).

5. Cohen · Cohen (1996).

6. Kasser (2002), Chap. 4.

7. 강승구 (2014), 127쪽에서 재인용.

8. Kasser · Ryan (2001).

9. 이은정 (2003). 강승구 (2014), 172쪽에서 재인용.

10. Cerbin (2000). Kasser (2002), p.67에서 재인용.

11. Kasser (2002), p.78에서 재인용.

12. Kasser (2002), p.78.

13. Frei (2005).

14. 애리얼리 (2012), 43-44쪽.

15. 애리얼리 (2012), Chap. 2.

16. Myers · Diener (1996), pp.70-71. Kasser (2002), p.3에서 재인용

17. 행복경제연구소(소장 조승헌)이 2006년 7월 통계청이 시행한 사회통계조사 18,095명의 자료를 재분석한 결과를《한겨레 신문》에서 재인용. 남종영 기자 (2009), "대한민국 1%로 부자는 행복할까?",《한겨레 신문》, 2009.5.14.

18. 노리오 (2007), 107-109쪽 참조.

19. http://www.ted.com/talks/paul_piff_does_money_make_you_mean.

20. 네이시 (2008), 148쪽.

21. 이동철 (2014), 204쪽에서 재인용

22. 한병철 (2012).

23. http://www.ted.com/talks/alain_de_botton_a_kinder_gentler_philosophy_of_success?language=ko.

24. 예일 대학의 폴 브룸(Paul Bloom) 교수의 강의(15개 강의 중 11번째)를 참조, http://www.

academicearth.org/lectures/bloom-intro-to-psychology.

25. 예일 대학의 폴 브룸(Paul Bloom) 교수의 강의(15개 강의 중 11번째)를 참조, http://www.
academicearth.org/lectures/bloom-intro-to-psychology.

8장. 소득과 형평성, 사회의 행복

1. http://news.bbc.co.uk/nol/shared/bsp/hi/pdfs/29_03_06_happiness_gfkpoll.pdf.
2. 해밀턴 (2011), 75쪽에서 재인용.
3. 변미리 (2015).
4. 통계청 국가통계포털 자료 이용. 2015년 총인구는 추계. GNI는 1990년 486,033.9십억 원, 2015년 1,510,626.5십억 원, 총인구는 1990년 43,410,899명, 2015년 50,617,045명이다. GNI는 한 나라의 국민이 생산 활동에 참여한 대가로 받은 소득의 합계로서, 국내 총생산 중에서 해외로부터 국민(거주자)이 받은 소득(국외수취요소 소득)은 포함되고 외국으로 지급한 소득(국외지급 요소소득)은 제외된다.
5. KLI(한국노동연구원), "2016 KLI 노동통계 엑셀자료 – 임금 및 노동생산성"의 표 3-3 임금소득분배 추이: 고용형태별근로실태조사,' KLI 노동통계 Archive 게시.
6. 발라허 (2011), 7-8쪽 참조
7. 페르하에허 (2015), 128쪽.
8. 김학일 기자,《CBS 노컷뉴스》, 2014.10.26.
9. 해밀턴 (2011), 47쪽.
10. Inglehart et al. (2008)을 인용하여 제시한 The World Watch Institute (2008)의 내용을 정리. 행복과 복지 관련 데이터는 1995-2007 사이에 진행된 설문결과이며, 1인당 GDP는 행복과 복지 관련 설문 시행 대비 5년 전 구매력 환산 $환율 데이터를 이용.
11. 마이어스 (2016), 664-665쪽.
12. 마이어스 (2016), 665쪽에서 재인용.
13. The World Watch Institute (2008), Chap.4, P50.
14. The World Watch Institute (2008), Chap.4, p.50.
15. Inglehart et al. (2008)에서 5년 전 GDP 자료를 이용한 방식과 같음.
16. 2011년 PPP $(2011년 미국 $를 기준으로 구매력평가 환율 적용).
17. 1인당 GDP를 독립변수로 본 회귀분석에서 회귀계수의 P-value들이 각각 인간개발지수의 경우 17.4%, 기대수명에서 28.4%, 영아사망률 28.5%, 교육지수 18.6%로 나타났다.
18. Hagerty·Veenhoven (2003); Hagerty·Veenhoven (2006); Stevenson·Wolfers (2008).
19. 소득 5분위 수 비율(Income quintile ratio : 상위 20% 소득자 평균소득과 하위 20% 소득자 평균소득의 비율)을 사용하는 것도 고려하였으나 통계가 확보된 국가 수가 지니계수에 비해 많지 않았다. 소득 5분위 수 비율과 지니계수 모두에서 한국의 통계는 UNDP에서 제시되지 않

왔다.

20. Argyle (1998); Easterlin (1995); Wilkinson·Pickett (2009).

21. 김득갑·박현수·김정근·이종규·김경훈 (2012).

22. 피케티 (2014), 176쪽 참조.

23. 박노자·이경민 (2015).

24. 김득갑·박현수·김정근·이종규·김경훈 (2012).

25. UN 산하 유엔 자문기구인 지속가능 발전해법 네트워크 발표.

26. 1인당 GDP 자료는 International Monetary Fund 포털의 World Economic Outlook Database 2014년 10월 자료를 참조.

27. 이들 국가의 1인당 GDP 자료는 International Monetary Fund 포털의 World Economic Outlook Database 2016년 4월 자료를 참조.

28. 변미리 (2015).

29. 스티글리츠 (2013), 61-68쪽. 또한 피케티는 그의 책『21세기 자본』에서 50년대 이후 미국, 유럽 국가들의 불평등도가 악화되어 왔음을 보여주었다. (피케티, 2014).

30. 장하성 (2015), 58쪽.

31. 장하성 (2015), 58쪽.

32. 장하성 (2015), 81쪽의 자료에 기초한 재분석. 상위 10%는 1997년 144.1에서 2014년 212.4로 변화하였으며, 최하위 10%는 1997년 154.1에서 2014년 144.8로 변화하였음.

33. 장하성 (2015), 92쪽, 106쪽.

34. 장하성 (2015), 120쪽.

35. 장하성 (2015), 27쪽.

36. 장하성 (2015), 97쪽.

37. 장하성 (2015), 267-268쪽.

38. 장하성 (2015), 268쪽.

39. 장하성 (2015), 31쪽.

40. 조민성 기자 (2016), "학비 부담에 '슈가 대디' 찾는 美 여대생들 급증",《세계일보》, 2016.5.5.

41. 교육부·한국교육개발원 (2015).

42. 스티글리츠 (2013), 17쪽의 선대인 경제연구소 소장의 글에서 참조.

43. 박정경 기자 (2016), "강남은 재수 필수? 대학 진학률 전국 꼴찌",《중앙일보》, 2016.6.4.

44. 교육부 (2016), "대학 등록금과 생활비가 부족할 때 학자금 대출을 알아보자",《보도자료》, 2016. 4. 6.

45. 안대용 기자 (2016), "학업도 '빚'… 학자금 대출 못 갚아 소송당하는 청년들",《news1뉴스》, 2016.4.3.

46. 스티글리츠 (2013), 53쪽.

9장. 성장의 수단이 되어버린 소비와 행복

1. 애쓰모글루·로빈슨 (2012), 297쪽.
2. 라투슈 (2014), 23쪽에서 재인용.
3. 코틀러 (2010), 54쪽.
4. 신정완 (2014), 35-36쪽.
5. 통계청 국가통계포털, "광업·제조업 통계조사(매년실시)"를 기초로 작성하였으며, 건설, 도소매, 금융, 통신 등 서비스 업종은 포함되어 있지 않다.
6. 장하성 (2015), 27쪽.
7. 이영자 (2012), 83쪽 참조.
8. 강내희 (2000), 서문 참조.
9. 이영자 (2012), 83-112쪽.
10. 해밀턴 (2011), 53쪽 참조.
11. Miles (2006). 이영자 (2012), 100쪽에서 재인용.
12. Myers (2000). Kasser (2002), 104쪽에서 재인용.
13. 스티글리츠 (2013), 149-150쪽.
14. 스티글리츠 (2013), 286쪽.
15. 세틀·알렉 (2003), 123쪽.

10장. 미래에 대하여

1. 피케티 (2014), 117-119쪽.
2. 국가통계포털의 GDP 실질성장률을 인구증가율 값으로 나누어 연도별 1인당 GDP성장률을 구하고 이를 기간별로 단순 평균하여 산출.
3. 피케티 (2014), 119쪽.
4. 장하성 (2015), 76-77쪽.
5. Frey· Osborne (2013).
6. 장재현·문병순 (2015).
7. 이경탁 기자 (2016), "글로벌 IT 기업 인공지능 어디까지 와있나? IBM 왓슨, 구글 알파고, 페이스북, MS, 애플 등 각축", 《아이티투데이》, 2016.3.19.
8. 문재용 기자 (2016), "스위스 포퓰리즘 논란: 핀란드·네덜란드서도 변형된 기본소득 논의 중", 《매일경제》, 2016.6.5.
9. 통계청 국가통계포털 자료 이용. 2015년 총인구는 추계. GNI는 1990년 486,033.9십억 원, 2015년 1,510,626.5십억 원. 총인구는 1990년 43,410,899명, 2015년 50,617,045명. 한 나라의 국민이 생산 활동에 참여한 대가로 받은 소득의 합계로서, 해외로부터 국민(거주자)이 받은 소득(국

외수취요소 소득)은 포함되고 국내총생산 중에서 외국인에게 지급한 소득(국외지급 요소소
득)은 제외된다.

10. 통계청 국가통계포털 1990~2013년까지는 OECD 조화실업률 자료를 사용하였으나 조화 실업
   률 자료의 미비로 2014년과 2015년은 통계청의 국가통계포털 일반 실업률 자료 사용, 일반 실
   업률 자료는 2000부터만 존재.

11. 이재욱 기자 (2015), "외국인 주식보유 비중 30% 밑으로",《한겨레》, 2015.8.26.

12. 스티글리츠 (2013), 160쪽.

13. 스티글리츠 (2013), 262쪽.

14. 글래드웰 (2005), 91쪽.

15. 스티글리츠 (2013), 214쪽.

16. Piff, P.의 TED 강연, http://www.ted.com/talks/paul_piff_does_money_make_you_mean.

17. 신정완 (2014), 53쪽.

18. 신정완 (2014), 제4장.

19. 애쓰모글루·로빈슨 (2012), 302쪽.

20. 양태삼 기자 (2016), "스위스, '전국민에 월300만원 기본소득 지급' 국민투표로 정한다.",《연합
   뉴스》, 2016.2.1.

21. OECD (2015).

22. 문정빈·고승연 (2014).

23. 애쓰모글루·로빈슨 (2012), 456쪽.

24. West, C의 강연을 스티글리츠 (2013), 59쪽에서 재인용.

참고문헌

EBS 자본주의 (2013), 『자본주의 EBS 다큐프라임, 쉬지 않고 일하는데 나는 왜 이렇게 살기 힘든가』, 가나출판사.

EBS 자본주의 제작팀·정지은·고희정·EBS Media (2014), 『자본주의 사용 설명서』, 가나출판사.

Jansson-Boyd, C. V. 지음, 양병화·김재휘·이병관 옮김 (2014), 『소비자심리학』, 시그마프레스.

Michael Levy·Barton A. Weitz 지음, 오세조·박진용·송영욱 옮김 (2011), 『소매경영』, 한올.

Piff, Paul "돈이 사람을 비열하게 하는가?(Does money make you mean?)", TED 강연, http://www.ted.com/talks/paul_piff_does_money_make_you_mean.

Solomon, M. R.·Rabolt, N. J. 지음, 이승희·김미숙·황진숙 옮김 (2006), 『패션과 소비자 행동』, 시그마프레스.

Wirtz, J.·Chew, P.·Lovelock, C. 지음, 김재욱·김종근·김준환 외 옮김 (2011), 『서비스 마케팅』, 시그마프레스.

강내희 (2000), 『신자유주의와 문화』, 문화과학사.

강석원 (2014), 『광고는 밥이다』, 한신대학교 출판부.

강승구 (2014), 『광고와 철학적 사고』, 에피스테메.

강준만 (2007), 『광고, 욕망의 연금술사』, 인물과 사상사.

고승연 (2014), "깜찍한 거짓말은 10년 전에나 통했다. 선도기업일수록 속성 아닌 가치로 승부하라", 《동아비즈니스리뷰》 1(160), 26-32쪽.

곽승욱 (2014), "급여로 생필품, 선물카드로 사치품, 돈의 형태가 소비행태 결정", 《동아비즈니스리뷰》 155(2), 18-20쪽.

교육부 (2016), "대학 등록금과 생활비가 부족할 때 학자금 대출을 알아보자", 《보도자료》, 2016.4.6.

교육부·한국교육개발원 (2015), "2015년 OECD 교육지표 조사결과 발표".

권한용 (2011), "기업의 사회적 책임에 대한 국제적 논의와 법적 과제", 《동아법학》 53, 717-752쪽.

글래드웰, 말콤 지음, 이무열 옮김 (2005), 『블링크』, 21세기북스.

김낙회, "시대변화와 광고크리에이티브 변화", http://3sang4.blog.me/40033396721.

김득갑·박현수·김정근·이종규·김경훈 (2012), "북유럽 경제에서 배우는 교훈", 《삼성경제연구소 CEO Information》 (제847호), 2012.3.28.

김병도 (2003), 『코카콜라는 어떻게 산타에게 빨간 옷을 입혔는가? : 위기를 돌파하는 마케팅』, 21세기 북스.

김상훈 (2008), 『하이테크 마케팅(개정판)』, 박영사.

김재문 (2013), "전기차 시장의 테슬라 돌풍: 하이테크 마케팅이란 이런 것", 《LG Business Insight》

2-14쪽, 2013.6.26.

김재휘·김수정 (2005), "마케팅 커뮤니케이션 메시지가 기업태도에 미치는 영향: 소비자 가치에
　　의한 상호작용 효과를 중심으로",《광고학연구》69, 33-54쪽.

네이시, 존 지음, 강미경 옮김 (2008),『이너프(enough): 불만족의 심리학』, 예담.

도모노 노리오 지음, 이명희 옮김 (2007),『행동경제학』, 지형.

드 무이, 마리케 지음, 김유경·이상훈·김병희 옮김 (2007),『소비자행동과 문화』, 나남.

라투슈, 세르주 지음, 정기헌 옮김 (2014),『낭비사회를 넘어서』, 민음사.

라파이유, 클로테르 지음, 김상철 옮김 (2007),『컬처코드』, 리더스북.

레러, 조나 지음, 강미경 옮김 (2009),『탁월한 결정의 비밀: 뇌신경과학의 최전방에서 밝혀낸 결
　　정의 메커니즘』, 위즈덤하우스.

루이스, 데이비드 지음, 홍지수 옮김 (2014),『뇌를 훔치는 사람들』, 청림출판.

류주한 (2014), "남성누드 마케팅에 여성 고객 반응은? 시큰둥!",《동아비즈니스리뷰》160(1),
　　18-19쪽.

리스, 알 지음, 곽준상 옮김 (1991),『마케팅 전쟁』, 원음사.

마이어스, 데이비드 G.·네이선 드월 지음, 신현정·김비아 옮김 (2016),『마이어스의 심리학』, 시그
　　마프레스.

매크래켄, 그랜트 지음, 이상률 옮김 (1996),『문화와 소비』, 문예출판사.

문정빈·고승연 (2014), "시장·비시장 전략은 하나다",《동아비즈니스리뷰》151(2), 54-62쪽.

밀러, 제프리 지음, 김명주 옮김 (2010),『스펜트: 섹스, 진화 그리고 소비주의의 비밀』, 동녘사이언
　　스.

바우만, 지그문트 지음, 유태준 옮김 (2011),『유행의 시대: 유동하는 현대 사회의 문화』, 오월의봄.

바칸, 조엘 지음, 이창신 옮김 (2013),『기업에 포위된 아이들: 내 아이를 위협하는 나쁜 기업에 관
　　한 보고서』, 알에이치코리아.

박노자·이경민 (2015), "북유럽 복지국가를 말하다",《월간 복지동향》203(2015.9), 36-41쪽.

박상록·박현숙 (2013), "기업의 사회적 책임활동을 통한 이미지 형성이 기업성과에 미치는 영향
　　에 관한 연구",《대한경영학회지》26(4), 961-985쪽.

박웅현·강창래 (2009),『인문학으로 광고하다』, 알마.

발라허, 요하네스 지음, 박정미 옮김 (2011),『경제학이 깔고 앉은 행복』, 대림북스.

변미리 (2015), "서울시민의 행복 체감도와 행복지표 활용방안",《서울연구원 정책리포트》,
　　2015.11.16.

서구원·진용주 (2008), "기업의 사회적책임(CSR) 유형이 기업평판, 사회적 연결감 및 구매의도에
　　미치는 영향: 대학생의 실증 연구",《광고학 연구》19(4), 149-163쪽.

서용구 (2009),『브랜드 아우라의 비밀』, 서울경제경영.

서찬주 (2001), "신제품의 소비자권장가격이 소비자내부준거가격에 미치는 영향",《마케팅연구》
　　16(4), 1-25쪽.

성낙환 (2014), "공유경제: 소비자들의 롱테일 수요를 깨운다",《LG Biz Insight》, 2014.7.23.

세틀, 로버트 B.·페널라 L. 알렉 지음, 대홍기획 마케팅컨설팅그룹 옮김 (2003),『소비의 심리학』,

세종서적.

셸, 엘렌 레벨 지음, 정준희 옮김 (2010), 『완벽한 가격: 뇌를 충동질하는 최저가격의 불편한 진실』, 알에이치코리아.

손용엽·이상호 (2001), 『사이버 시장의 경쟁원리』, ㈜시그마인사이트컴.

송인숙 (1993), "소비자의 구매중독성향 및 영향요인", 서울대학교 대학원 박사학위논문.

송재도·김주한 (2010), "단말기 보조금의 특성 및 경쟁효과", 《상업교육연구》 24(3), 293-323쪽.

스트레서, 수전 지음, 김승진 옮김 (2010), 『낭비와 욕망: 쓰레기의 사회사』, 이후.

스티글리츠, 조지프 지음, 이순희 옮김 (2013), 『불평등의 대가』, 열린책들.

신정완 (2014), 『복지국가의 철학』, 인간과복지.

안광호 (2011), 『정서지배 소비자행동』, 학현사.

안도현 (2014), "여성들, 성적묘사에 다른 반응: 비싼 제품은 관대, 싼 제품엔 분노", 《동아비즈니스리뷰》 150(1), 20-21쪽.

안영도 (2011), 『전략적 사회책임 경영: 기업의 사회적 책임과 전략적 선택』, 필맥.

애리얼리, 댄 지음, 이경식 옮김 (2012), 『거짓말하는 착한 사람들』, 청림출판.

애쓰모글루, 대런·제임스 A. 로빈슨 지음, 최완규 옮김 (2012), 『국가는 왜 실패하는가』, 시공사.

언더힐, 파코 지음, 신현승 옮김 (2011), 『쇼핑의 과학』, 세종서적.

우벨, 피터 지음, 김태훈 옮김 (2009), 『욕망의 경제학』, 김영사.

윤덕환 (2014), "돈, 시간 쪼들리면 사회적 관심도 없다", 《동아비즈니스리뷰》 147(2), 109쪽.

이동은 (2014), "수정테이프 광고에 왜, 사냥꾼과 곰이 등장할까?" 《동아비즈니스리뷰》 150(1), 62-69쪽.

이동철 (2014), 『한덩이 고기도 루이비통처럼 팔아라』, 오우아.

이민규·김교헌·권선중 (2013), "쇼핑중독(구매중독)을 설명하기 위한 심리학적 모형의 탐색: 우울, 자기조절, 충동, 동기 및 쇼핑중독 간의 관계 모형", 《사회과학연구》 24(3), 425-444쪽.

이상민 (2002), "기업의 사회적 책임: 미국과 한국 기업의 사회공헌활동 비교" 《한국사회학》 36(2), 77-111쪽.

이수열·홍미경 (2015), "기업의 사회적 책임, 무책임, 그리고 기업성과: 이론과 측정도구의 타당성에 대한 실증분석", 《경영학연구》 44(3), 677-711쪽.

이승일 (2014), 『소비의 미래』, 한스미디어.

이승희·박지은 (2007), "패션상품 쇼핑중독에 대한 영향요인: 일반쇼핑과 인터넷쇼핑의 비교", 《한국의류학회지》 31(2), 269-279쪽.

이영자 (2012), "신자유주의 시대의 문화자본주의", 《현상과 인식》 겨울호, 83-112쪽.

이은정(2003), "한국 소비자의 현시적 소비형태에 대한 연구: 장 보드리야르의 시뮬라시옹 개념을 중심으로", 홍익대학교 석사학위 논문.

일루즈, 에바 지음, 박형신·권오헌 옮김 (2014), 『낭만적 유토피아 소비하기』, 이학사.

임일 (2014), "빅데이터에서 개인화 자료부터 확보, 소규모로 시작해 최적 솔루션을 찾아라", 《동아비즈니스리뷰》 146(1), 99-103쪽.

장재현·문병순 (2015), "O2O 서비스의 두 얼굴: 한계성과 혁신성", 《LGERI Report》, 25-31쪽,

2015.10.21.

장하성 (2015), 『왜 분노해야 하는가』, 헤이북스.

전선규 (2014), 『소비자는 좋은 제품을 선택하지 않는다』, 마인드탭.

전우영 (2013), 『나를 움직이는 무의식, 프라이밍』, 21세기북스.

정성민·조성도·김상희 (2015), "모바일 쿠폰에 대한 소비자 심리 반응의 구조적 관계와 종이 쿠폰과의 비교 연구", 《경영학연구》 44(1), 27-53쪽.

제윤경 (2015), 『빚 권하는 사회』, 책담.

주재우 (2015), "화면 터치하는 휴대폰, 태블릿 높은 비용쓰도록 유도하는 효과 커", 《동아비즈니스리뷰》 143(2), 18-20쪽.

최경운 (2013), "고객의 라이프스타일을 만드는 기업들", 《LG Business Insight》, 2013.10.16.

카쿠, 미치오 지음, 박병철 옮김 (2015), 『마음의 미래』, 김영사.

코틀러, 필립 지음, 안진환 옮김 (2010), 『마켓 3.0』, 타임비즈.

코틀러, 필립·게리 암스트롱 지음, 안광호·유창조·전승우 옮김 (2008), 『Kotler의 마케팅 원리 (12판)』, 시그마프레스.

코틀러, 필립·게리 암스트롱 지음, 안광호·유창조·전승우 옮김 (2012), 『Kotler의 마케팅원리 (14판)』, 시그마프레스.

코틀러, 필립·게리 암스트롱 지음, 안광호·유창조·전승우 옮김 (2015), 『Kotler의 마케팅 원리 (15판)』, 시그마프레스.

파운드스톤, 윌리엄 지음, 최정규·하승아 옮김 (2011), 『가격은 없다』, 동녘사이언스.

페르하에허, 파울 지음, 장혜경 옮김 (2015), 『우리는 어떻게 괴물이 되어가는가: 신자유주의적 인격의 탄생』, 반비.

피케티, 토마스 지음, 장경덕 외 옮김 (2014), 『21세기 자본』, 글항아리.

한병철 지음, 김태환 옮김 (2012), 『피로사회』, 문학과지성사.

해밀턴, 클라이브 지음, 김홍식 옮김 (2011), 『성장숭배』, 바오출판사.

허지성·김국태 (2014), "초연결 시대의 마케팅 키워드는 진정성", 《LG Business Insight》, 25-31쪽, 2014.1.15.

호이젤, 한스 게오르크 지음, 배진아 옮김 (2008), 『뇌, 욕망의 비밀을 풀다』, 흐름출판.

홍진환 (2016), "돈, 시간 쪼들리면 사회적 관심도 없다", 《동아비즈니스리뷰》 204(1), 16-17쪽.

Anderson, E. T.·Simester, D. I. (2001), "Are sale signs less effective when more products have them", *Marketing Science* 20(2), pp.121-142.

Argyle, M. (1998), "Source of Satisfaction", in Christie, I.·Nash, L. (Eds.) *The Good Life* (London: Demos Collection 14).

Ariely, D.·Loewenstein, G.·Prelec, D. (2003), "Coherent arbitrariness: Stable demand curves without stable preferences", *Quarterly Journal of Economics* 118(1), pp.73-105.

Ariely, D.·Loewenstein, G.·Prelec, D. (2006), "Tom sawyer and the construction of value", *Journal of Economic Behavior & Organization* 40(1), pp.35-42.

Asch, S. E. (1951), "Effects of group pressure upon the modification and distortion of judgment", in H. Guetzkow (eds.) *Groups, Leadership, and Men* (Pittsburgh, PA: Carnegie Press).

Asch, S. E. (1956), "Studies of independence and conformity: A minority of one against a unanimous majority", *Psychological Monographs* 70, pp.1-70.

Baumeister, R. F.·Bratslavsky, E.·Muraven, M.·Tice, D. M. (1998), "Ego depletion: Is the active self a limited resource?", *Journal od Peronality and Social Psychology* 74(5), pp.1252-1265.

Bertini, M.·Wathieu, L. (2010), "How to stop customers from fixating on Price", *Harvard Business Review* May 2010, pp.85-91.

Brasel, A.·Gips, J. (2014), "Tablets, touch-screens, and touchpads: How varing touch interfaces trigger psychological ownership and endowment", *Journal of consumer psychology* 24(2), pp.226-233.

Brehm, S. S.·Weinraub, M. (1977), "Physical barriers and psychological resistance: Two-year-old's responses to threat of freedom", *Journal of Personality and Social Psychology* 35, pp.830-836.

Brunel, F. F.·Tietje, B. C.·Greenwald, A. G. (2004), "Is the implicit association test a valid and valuable measure of implicit consumer social cognition?", *Journal of Consumer Psychology* 14, pp.385-404.

Burkholder, R. (2005), "Chinese far wealthier than a decade ago-but are they happier?", *Gallup Poll News Service*(www.gallup.com), p.182.

Burkholder, R. (2005, January 18), "China's citizens optimistic, yet not entirely satisfied", *Gallup Poll News Service*(www.gallup.com), p.541.

Cerbin, C. (2000), "Move over, marry poppins", *American Way* October issue, p.54.

Chun, W. Y.·Kruglanski, A. W.·Keppler, D. S.·Friedman, R. S. (2011), "Multifinality in implicit choice", *Journal of Personality and Social Psychology* 101, pp.1124-1137.

Cohen, P.·Cohen, J. (1996), "Life values and adolescent mental health", *Mahwah* (NJ: Erlbaum).

Della Bitta, A. J.·Monroe, K. B.·McGinnis, J. M. (1981), "Consumer perceptions of comparative price advertisements", *Journal of Marketing Research* 18(4), pp.416-427.

Della Bitta, A. J.·Monroe, K. B.·McGinnis, J. M. (1981), "Consumer skepticism of advertising claims: Testing hypotheses from economics of information", *Journal of Consumer Research* 16(March), pp.433-441.

Deutsch, M.·Gerard, H. B. (1955), "A study of normative and informational social influences upon individual judgment", *The Journal of Abnormal and Social Psychology* 51(3), pp.629-636.

Dhar, R.·Gorlin, M. (2013), "A dual-system framework to understand preference construction processes in choice", *Journal of Consumer Psychology* 23(4), pp.528-542.

Dittmar, H. (2008), "Understanding the impact of consumer culture", in H. Dittmar (Eds.) *Consumer*

Culture, Identity and Well-being, pp.1-23, (Hove: Psychology Press).

Easterlin, R. (1995), "Will raising the incomes of all increase the happiness of All?", *Journal of Economic Behavior and Organization* 27, pp.35-47.

Faber, R. J.·O'Guinn, T. C.·Krych, R. (1987), "Compulsive consumption", in Wallendorf, M.·Anderson, P. (Eds.) *Advances in Consumer Research,* pp.132-135, Provo, UT Association for Consumer Research.

Festinger, L. (1957), *A Theory of Cognitive Dissonance* (Stanford, CA: Stanford University Press).

Frei, F. X. (2005), "Zipcar: Influencing customer behavior", *Havard Business Review Case,* 9-605-054.

Frey, C. B.·Osborne, M. A. (2013), "The future of employment: How susceptible are jobs to computerization?", http://www.oxfordmartin.ox.ac.uk/downloads/academic/The_Future_of_Employment.pdf.

Fry, J. N.·McDougall, G. H. (1974), "Consumer appraisal of retail price advertisements", *Journal of Marketing* 38(July), pp.64-67.

Furnham, A.·Boo, H. C. (2011), "A literature review of the anchoring effect", *Journal of Socio-Economics* 40(1), pp.35-42.

Gourville, J. T. (1998), "Pennies-a-day: The effect of temporal reframing on transaction evaluation", *Journal of Consumer Research* 24(March), pp.395-408.

Gourville, J. T. (2003), "The effects of monetary magnitude and level of aggregation on the temporal framing of price", *Marketing Letters* 14(2), pp.125-135.

Gouville, J.·Soman, D. (2002), "Pricing and the psychology of consumption", *Harvard Business Review* September, pp.91-96.

Habel, J.·Schons, L. M.·Alavi, S.·Wieseke, J. (2016), "Warm glow or extra charge? The ambivalent effect of Corporate Social Responsibility activities on customers' perceived price fairness" *Journal of Marketing* 80(1), pp.84-105.

Hagerty, M.·Veenhoven, R. (2003), "Wealth and happiness revisited: Growing national income does go with greater happiness", *Social indicators research* 64, pp.1-27.

Hagerty, M.·Veenhoven, R. (2006), "Rising happiness in nations 1946-2004: A reply to Easterlin", *Social indicators research* 79, pp.421-436.

Helion, C.·Gilovich, T. (2014), "Gift cards and mental accounting: Green-lighting hedonic spending", *Journal of Behavioral Decision Making* DOI:10.1002/bdm.1813.

Helliker, K. (2006), "This is your brain on a strong brand: MRIs show even insurers can excite", *Wall Street Journal* November 28, 2006.

Holbrook, M. B. (1996), "Special session summary customer value a framework for analysis and research", *Advances in Consumer Research* 23(1), pp.138-142.

Hsee, C. K.·Yu, F.·Zhang, J.·Zhang, Y. (2003), "Medium maximization", *Journal of Consumer Research* 30, pp.1-14.

Inglehart, R. F.·Foa, R.·Peterson, C.·Welzel, C. (2008), "Development, freedom, and happiness: A global perspective", *Perspectives on Psychological Science* 3(4), pp.264-285.

Janes, L. M. · Olson, J. M. (2000), "Peer pressure: The behavioral effects of observing ridicule of others", *Personality Social Psychology Bulletin* 26, pp.474-85.

Johnson, E. J. · Hershey, J. · Meszaros, J. · Kunreuther, H. (1993), "Framing, probability distortions, and insurance distortions", *Journal of Risk and Uncertainty* 7, pp.35-51.

Kanner, A. D. · Gomes, M. E. (1995), "The all-consuming self", in Roszak, T., Gomes, M.E. · Kanner, A. D. (Eds.) *Ecopsychology: Restoring the Earth, Healing the Mind* (San Francisco: Sierra Club Books).

Karremans, J. C. · Strobe, W. · Claus, J. (2006), "Beyond vicary's fantasies: The impact of subliminal priming and brand choice", *Journal of Experimental Social Psychology* 42, pp.792-798.

Kasser, T. (2002), *The high price of materialism* (Cambridge, MA: MIT Press).

Kasser, T. · Ryan, R. M. (2001), "Be careful what you wish for: Optimal functioning and the relative attainment of intrinsic and extrinsic goals", in Schmuck, P. · Sheldon, K. M. (Eds.) *Life Goals and Well-being: Toward a Positive Psychology of Human Striving*, pp. 116-131, (Goettingen, Germany: Hogrefe & Huber).

Kasser, T. · Ryan, R. M. · Zax, M. · Sameroff, A. J. (1995), "The relations of maternal and social environments to late adolescents' materialistic and prosocial values", *Developmental Psychology* 31, pp.907-914.

Kelly, H. H. · Shapiro, M. M. (1954), "An experiment on conformity to group norms where conformity is detrimental to group achievement", *American Sociological Review* 19(6), pp.667-677.

Knight, P. · Willigan, G. E. (1992), "High performance marketing: An interview with Nike's Phil Knight", *Harvard Business Review* July, p.92.

Kosfeld, M. · Henrichs, M. · Zak, P. J. · Fischbacher, U. · Fehr, E. (2005), "Oxytocin increases trust in humans", 435(2), pp.673-676.

Kotchen, M. · Moon, J. J. (2012), "Corporate social responsibility for irresponsibility", *The B.E. Journal of Economic Analysis and Policy* 12(1), Article 55 (DOI: 10.1515/1935-1682.3308.).

Larson-Kelley, L. (2015), "Mastering the art and science of brand visuals with Canva", *American Marketing Association, 2015 Annual Conference*(Inspired Marketing).

Lasn, K. (1999), *Culture jam: The uncoiling of America* (New York: Eagle Book).

Lou, X. · Bhattacharya C. B. (2006), "Corporate social responsibility, customer satisfaction, and market value", *Journal of Marketing* 70, pp.1-18.

Mazumdar, T. · Raj, S. P. · Sinha, I. (2005), "Reference price research: Review and propositions", *Journal of Marketing* 69, pp.84-102.

Mehta, A. · Purvis, S.C. (2006), "Reconsidering recall and emotion in advertising", *Journal of Advertising Research* March, pp.49-56.

Michell, D. B. (2006), "Nonconscious priming after 17 years: Invulnerable implicit memory?", *Psychological Science* 17, pp.925-929.

Miles, S. (2006), "Consumerism: As a way of lofe", Sage.

Mussweiler, T.·Strack, F.·Pfeiffer, T. (2000), "Overcoming the inevitable anchoring effect: Considering the opposite compensates for selective accessibility", *Personality and Social Psychology Bulletin* 26(9), pp.1142−1150.

Myers, D. G. (2000), "The funds, friends, and faith of happy people", *American Psychologist* 55, pp.56-67.

Myers, D. G.·Diener, E. (1996), "The pursuit of happiness", *Scientific American, May*, pp.70-72.

Nickerson, R. S. (1998), "Confirmation bias: A ubiquitous phenomenon in many guises", *Review of General Psychology* 2(2), pp.175-220.

Northcraft, G. B.·Neale, M. A. (1987), "Experts, amateurs, and real estate: An anchoring-and-adjustment perspective on property pricing decisions", *Organizational Behavior and Human Decision Processes* 39(1), pp.84-97.

OECD (2015), "Government at a glance 2015", http://www.oecd-ilibrary.org/governance/government-at-a-glance_22214399.

Rayport, J. F.·Jaworski, B. J (2004), "Best face forward", *Harvard Business Review* December, pp.47-58.

Russo, M.·Fouts, P. (1997), "A resource-based perspective on corporate environmental performace and profitability", *Academy of Marketing Research* 38, pp.225-243.

Salganik, M. J.·Dodds, P. S.·Watts, D.J. (2006), "Experimental study of inequality and unpredictability in an artificial cultural market", *Science* 311(5762), pp.854-856.

Saranow, J. (2006), "This is the car we want, mommy. Car makers direct more ads at Kids(and their parents)", *Wall Street Journal* November 9.

Schindler, R. M. (1989), "The excitement of getting a bargain: Some hypotheses concerning the origins and effects of smart-shopper feelings", *Advances in Consumer Research*, 16(1), pp.447-453.

Schor, J. B. (1999), *The overspent american* (Newyork: HarperCollins).

Schor, J. B. (2005), *Born to Buy: The Commercialized Child and the New Consumer Culture*, Simon and Schuster.

Skewes, J. C.·Skewes, L.·Roepstorff, A.·Frith, C. D. (2013), "Doing what others see: Visuomotor conversion to informational social influence", *Journal of Experimental Psychology: Human Perception and Performance* 39(5), pp.1291−1303.

Soat, M. (2015), "Lessons from uber brands, for the rest of us", *American Marketing Association* 2015 Conference Video, https://www.ama.org/events-training/Pages/lessons-ueber-brands-prestige-branding.aspx.

Stevenson, B.·Wolfers, J. (2008), "Happiness inequality in the united states", *Journal of Legal Studies* 37(2), pp.33-79.

Tafarodi, R. W.·Kanf, S. J.·Milne, A. B. (2002), "When different becomes similar: Compensatory conformity in bicultural visible minorities", *Personality Social Psychology Bulletin* 28, pp.1131−1142.

Thaler, R. (1985), "Mental accounting and consumer choice", *Marketing Science* 4(3), pp.199-214.

The World Watch Institute (2008), "State of the world: Innovation for a sustainable Economy".

Tversky, A.·Kahneman, D. (1974), "Judgment under uncertainty: Heuristics and Biases", *Science* 185(4157), pp.1124-1131.

Urbany, J. E.·Bearden, W. O.·Weilbaker, D. C. (1988), "The effect of plausible and exaggerated reference prices on consumer perceptions and price search", *Journal of Consumer Research* 15(June), pp.95-110.

Vohs, K. D.·Sengupta, J.·Dahl, D. W. (2014), "The price had better be right: Women's reactions to sexual stimuli vary with market factors", *Psychological Science* 25(1), pp.278-283.

Waddock, S. A.·Graves, S. G. (1997), "The corporate social performace – financial performance link", *Strategic Management Journal* 18(4), pp.303-319.

Wan, W. W. N.·Luk, C. L.·Chow, C. W. C. (2014), "Consumer responses to sexual advertising: The intersaction of modernization, evolution and international marketing", *Journal of International Business Studies* 45, pp.751-782.

Wansink, B. (2006), *Mindless Eating: Why We Eat More Than We Think*, Bantam.

Wegener, D. T.·Petty, R. E.·Blankenship, K. L.·Detweiler-Bedell, B. (2010 a). "Elaboration and numerical anchoring: implications of attitude theories for consumer judgment and decision making", *Journal of Consumer Psychology* 20(1), pp.5-16.

Wegener, D. T.·Petty, R. E.·Blankenship, K. L.·Detweiler-Bedell, B. (2010 b). "Elaboration and numerical anchoring: Breadth, depth, and the role of (non-)thoughtful processes in anchoring theories", *Journal of Consumer Psychology*, 20(1). pp.28-32.

Wilkinson, R.·Pickett, K. (2009), *The Spirit Level: Why More Equal Societies Almost Always Do Better* (London: Allen Lane).

Williams, G. C.·Cox, E. M.·Hedberg, V. A.·Deci, E. L. (2000), "Extrinsic life goals and health risk behaviors in adolescents", *Journal of Applied Social Psychology*, 30, pp.1756-1771.

Wilson, J. R.·Wilson, S. L. R. (1998), *Mass media/mass culture* (4th ed.), (New York: McGraw-Hill).

Zajonc, R. B. (1980), "Feeling and thinking: Preferences need no inferences", *American Psychologist* 35, pp.151-175.

찾아보기

마케팅 지배사회